日本経営学基礎シリーズ3

コーポレート・ファイナンス論

小椋康宏 編著

学文社

執筆者紹介

小椋	康宏	東洋大学教授	第1・2・4・7・10・12章
木村	敏夫	流通科学大学教授	第3・5・8章
董	晶輝	東洋大学准教授	第6・9・11章
藤井	辰朗	東洋大学非常勤講師	第10・12章
松本	健児	東洋大学大学院2003年経営学研究科博士課程修了	第13章

(執筆順)

はしがき

　2015年乙羊（きのとひつじ）の年を迎え，経営学の世界も新しい時代に入ったと考える．20世紀型経営から21世紀型経営への理論展開を志向する経営学を考えるうえで，われわれは実践経営学の方法が適切であり，その展開として経営実践学の方法を基本的立場としてきた．

　コーポレート・ファイナンス研究を行う場合においてもこの経営実践学の方法が有効である．経営財務，特にファイナンスにかかわる研究は，この50年間飛躍的に展開を遂げてきた．しかし，財務・ファイナンスに対する研究方法は，ここで取り上げる経営実践学の方法からの研究はきわめて少なかったといえる．

　本書は，コーポレート・ファイナンスの基礎理論として，企業価値最大化のもとで，資本コスト，キャッシュ・フローの財務理論を中核において展開したものである．特に，資本コストの理論は，経営財務の意思決定基準としてきわめて重要な概念を有しており，コーポレート・ファイナンスの経営実践においても重要な位置を示しているといえる．本書は，財務論研究者のみならず経営実践家（特に最高財務責任者：CFO）の経営財務原理としての活用を狙っている．

　以上みてきたように，本書の内容は，コーポレート・ファイナンスの基礎理論を経営実践学の立場から展開したものである．

　本書は，13章から構成されている．本書の内容は，次の通りである．
　第1章「コーポレート・ファイナンスの枠組みと経営財務」では，経営実践学の立場を明らかにし，その立場から経営財務を展開し，コーポレート・ファイナンスの枠組みを明らかにした．
　第2章「現在価値とキャッシュ・フロー」では，財務で必要な現在価値の概

念とキャッシュ・フローの概念を明らかにしている．

　第3章「利益計画と財務計画」では，利益計画の基礎理論と資金計画を中心に展開している．

　第4章「財務分析」では，財務分析の基礎理論と財務の体系分析を明らかにしている．

　第5章「運転資本管理」では，運転資本の基礎理論を明らかにしている．

　第6章「リスクとリターン分析」では，ファイナンスの基礎理論であるリスクとリターンの概念を明らかにし，市場ポートフォリオ理論を展開している．

　第7章「資本コスト」では，資本コストの基礎概念を明らかにし，伝統的加重平均資本コストの計算を展開している．

　第8章「確実性下における投資決定」では，投資と投資意思決定の問題から具体的な投資意思決定基準を明らかにしている．

　第9章「不確実性下の投資決定」では，不確実性下の投資タイミングと不確実性下の投資決定基準を中心に展開している．

　第10章「資本調達と資本構成」では，資本調達の制度論から資本調達と資本コストに関する若干の研究を展開している．

　第11章「企業価値評価」では，現在のファイナンス理論における企業価値評価の基礎理論を展開している．

　第12章「ペイアウト政策」では，ペイアウト政策（配当政策）の制度論とファイナンス理論として展開されてきた配当政策論を企業価値との関連で展開している．

　第13章「知的財産の価値評価」では，知的財産の価値評価手法を明らかにし，知的財産を活用したファイナンスを論じている．

　本書は，日本経営学基礎シリーズの第3巻として，上梓することにした．本書の企画以来10年以上の歳月を経過したが，本書の完成により日本経営学基礎シリーズ全5巻が完成できたことは，われわれにとってこの上もない喜びで

ある．本書は，東洋大学大学院で小生のゼミナールで研究活動を共にした新鋭の研究者に援助を頂いている．また，木村敏夫先生は東洋大学大学院の出身であり，長年研究交流してきた間柄である．

　本書制作にわたる全体の基本方針とその企画からようやくここに全5巻が完成に至った．ひとえに学文社社長田中千津子氏のお陰である．あわせて感謝の意を表したい．

2015年1月5日

編著者　小椋　康宏

目　次

第1章　コーポレート・ファイナンスの枠組みと経営財務……………………1

1　コーポレート・ファイナンス研究方法……………………………………2

2　コーポレート・ファイナンス研究の流れ…………………………………5

　　2—1．企業金融論的財務論……6／2—2．管理論的財務論……9／2—3．意思決定論的財務論……12

3　コーポレート・ファイナンスの枠組み……………………………………14

　　3—1．ファイナンスとは何か……14／3—2．ファイナンスの体系……15／3—3．コーポレート・ファイナンスの体系……16

4　経営財務の組織と最高財務責任者…………………………………………18

　　4—1．経営財務組織……18／4—2．トレジャラー，コントローラー，最高財務責任者……21

第2章　現在価値とキャッシュ・フロー………………………………………29

1　現在価値の概念………………………………………………………………30

　　1—1．複利計算……30／1—2．現在価値計算……32

2　キャッシュ・フロー…………………………………………………………33

　　2—1．キャッシュ・フローと生成循環……33／2—2．資金運用表の基本……35／2—3．会計利益と経済利益……36／2—4．キャッシュ・フローの予測……37

第3章　利益計画と財務計画……………………………………………………41

1　利益計画………………………………………………………………………42

2　利益の構成項目………………………………………………………………44

　　2—1．損益分岐点分析……45／2—2．損益分岐点図表……45／2—3．損益分岐点公式……47／2—4．損益分岐点分析の限界……48／2—5．営業梃子率（営業レバレッジ）……49／2—6．営業梃子率の効果……50

　　　　／2—7．営業梃子率の分析……51／2—8．営業梃子率と損益分岐点分析……52

　3　財務梃子率（財務レバレッジ）…………………………………………53
　　　　3—1．財務梃子率の効果……53／3—2．財務梃子率の分析……54／3—3．レバレッジ効果……55

　4　資金計画………………………………………………………………………56
　　　　4—1．見積貸借対照表……58／4—2．売上高予測手法……58／4—3．売上予測と外部資金調達……59

第4章　財務分析……………………………………………………………………65

　1　財務分析の基礎………………………………………………………………66
　2　比率分析と趨勢分析…………………………………………………………67
　　　　2—1．比率分析……67／2—2．趨勢分析……77
　3　総資産利益率の理論…………………………………………………………79
　4　自己資本利益率の理論………………………………………………………83
　5　財務の体系分析への若干の考察……………………………………………89

第5章　運転資本管理………………………………………………………………93

　1　企業の資本循環………………………………………………………………94
　2　流動資産の管理………………………………………………………………96
　　　　2—1．現金預金と短期証券投資の管理……96／2—2．売上債権の管理……101／2—3．棚卸資産の管理……103
　3　流動負債の管理…………………………………………………………… 106
　4　資金計画と資金繰り表…………………………………………………… 108
　5　資金予測シミュレーション……………………………………………… 112

第6章　リスクとリターン分析………………………………………………… 117

　1　リスクとリターンの概念………………………………………………… 118

     2　リスク回避 120
     3　リスク回避度と資産配分 121
     4　リスクの分散と最適ポートフォリオの選択 123
     5　市場ポートフォリオのリスク・プレミアム 127
     6　個別の投資プロジェクトのリスクと要求収益率 128

第7章　資本コスト 133
     1　資本コストの概念 134
     2　資本コストの計算 137
         2―1．債務のコスト……138／2―2．優先株のコスト……139／2―3．税金の調整……139／2―4．自己資本コスト……141／2―5．加重平均資本コスト……145
     3　実践経営学の視点からのコスト 150

第8章　確実性下における投資決定 153
     1　資金運用 154
     2　投資と投資意思決定 155
     3　企業の投資（資金運用）行為と投資意思決定基準 157
         3―1．経営資産の取得（実体資産投資）……157／3―2．企業の投資（資産運用）行為と投資意思決定基準……158／3―3．資本支出意思決定方法……159
     4　投資方法の選択順位 167
         4―1．投資規模の相違……169／4―2．現金流入の時間パターンの相違……170／4―3．複数の収益率の可能性……171
     5　経営外資産投資 172

第9章　不確実性下の投資決定 177
     1　単純な正味現在価値法 178

2　不確実性下の投資タイミング………………………………………… 180
　3　投資価値の最大化問題………………………………………………… 188
　4　不確実性下の投資決定基準…………………………………………… 190
　5　結　　　び……………………………………………………………… 191

第10章　資本調達と資本構成 ……………………………………………… 193
　1　資本調達の制度論……………………………………………………… 194
　　　1―1．株　　式……195／1―2．社　　債……199／1―3．メザニン債
　　　……201
　2　資本構成の理論………………………………………………………… 202
　　　2―1．財務レバレッジの理論……202／2―2．資本調達と資本コスト
　　　……205
　3　資本調達に関する若干の考察………………………………………… 211

第11章　企業価値評価 ……………………………………………………… 215
　1　貸借対照表上の企業価値……………………………………………… 216
　2　株式の市場価格………………………………………………………… 217
　3　配当割引モデル………………………………………………………… 219
　4　定成長配当割引モデル………………………………………………… 220
　5　投資機会と企業価値…………………………………………………… 222
　6　結　　　び……………………………………………………………… 227

第12章　ペイアウト政策 …………………………………………………… 229
　1　経営体と株主…………………………………………………………… 230
　　　1―1．企業体と経営体……230／1―2．経営体と株主主体……231／1
　　　―3．アメリカにおける株価極大化論……232
　2　分配論としての配当政策……………………………………………… 235
　　　2―1．ペイアウト政策と環境主体……235／2―2．わが国企業体のペ

イアウト政策……238

  3 株価極大化とペイアウト政策……………………………………… 243
    3－1．配当政策無関連説……243／3－2．最適配当政策……252
  4 自己株式取得と株式消却………………………………………… 254
    4－1．自己株式取得の基礎理論……254／4－2．自己株式取得に関する諸仮説の整理……259
  5 ペイアウト政策と企業価値……………………………………… 262
    5－1．M-M 理論と企業価値……262／5－2．配当対自己株式取得……267
  6 ペイアウト政策に関する若干の整理…………………………… 270

第13章　知的財産の価値評価 ……………………………………… 277

  1 知的財産の価値評価手法………………………………………… 278
    1－1．知的財産の経済的寄与率……280／1－2．ロイヤルティ・レートの評価手法……284／1－3．その他の知的財産の評価手法……288
  2 知的財産を活用したファイナンス……………………………… 291
    2－1．知的財産を活用した資金調達手法……291／2－2．知的財産の証券化主要事例……292

付表1　複利表……………………………………………………………… 297
付表2　年金終価表………………………………………………………… 298
付表3　複利原価表………………………………………………………… 299
付表4　年金現価表………………………………………………………… 300

第1章　コーポレート・ファイナンスの枠組みと経営財務

コーポレート・ファイナンス

企業金融論的財務論

管理論的財務論

意思決定論的財務論

財務職能　　CFO

1 コーポレート・ファイナンス研究方法

　コーポレート・ファイナンスの研究方法を述べるうえで，まず実践経営学の方法についてみておこう．

　実践経営学的アプローチは，いわゆるアメリカで展開してきた経営学の研究方法のなかにみることができ，いわゆるマネジメント・アプローチ（management approach）を意味する．このマネジメント・アプローチは，「能率がグループ化した経営活動によって増大される」という仮説をもとに組み立てられている．したがって，財務（finance）は，グループ化した経営活動のひとつの職能としてみなされることになる．したがって簡単には，財務職能は，資金の調達（the acquisition of funds）を中心とした活動を意味することになる．

　次に実践経営学的方法に関し，もう少し明確にしておくことにしよう．

　実践経営学的方法は，経営学研究にとって基本的かつ有効な接近方法であると，われわれは考える．したがって，経営財務研究においてもまた，この実践経営学的方法がとられるのである．

　山城章は，この実践経営学的方法に関し，「経営実践学」として，次のように説明している．「実践的学問方法をしばしば，KAEの表式をもって説明する．……Kは，knowledge，Aはability，Eはexperienceであり，知識・能力・経験の表式である．これは，『原理と実践と実際』の関係を表式したものである．……この知識は，自然科学的には，普遍性を有する因果の法則としてとらえられるのであるが，実践科学においては，これを知識として把握するとしても，これを原理（principles）と解するのである．……しかしこの基礎となるもの，つまり実践性発揮に役立つ基礎となるものは，KだけでなくEもまたそうである．Kという知識とEの実際・経験の両者を基盤にした上で，実践能力が啓発せられうる．……つまりAという実践能力を啓発することができるところまで研究をすすめるのが，研究の態度であり，またこれが学問的研究である．

……経営学の研究特色は，このようにKAEのAという実践能力を主軸とした，学問的研究をおこなうものであるから実践経営学とよぶわけである」[2]
KAEの原理の枠組みについては，図表1—1に示した通りである．この場合，重要な点は，行動主体が何であるかということである．この行動主体は，「経営体」であると考える[3]．経営体は，作業職能，管理機能，経営機能の全経営職能がすべてその道の専門家によって担当せられているところの集団を意味する．また，それは主体的な経営体であり，山城章がいうところの「経営自主体」をさしている．

図表1—1　KAEの原理の関係図

K ＝ knowledge ＝ 知　識 ＝ 原　理
　　　　↓
Ⓐ ＝ ability　　 ＝ 能　力 ＝ 実　践
　　　　↑
E ＝ experience ＝ 経　験 ＝ 実　際

出所）山城（1970：67）

　さて，以上みてきた実践経営学の方法を使って実践経営学的財務とみると，次のようになる．すなわち，図表1—1で表すKである原理は，経営財務原理となり，財務の一般原理である．次に，Aの実践は，Aの経営財務実践であり，日本型（あるいはアメリカ型，その他の国々）の経営財務実践であり，実践的には，競争優位をもつことが必要である．Eである実際は，実際の現場で行われている経営財務の実際であり，日本流（あるいは各国流）のやり方が強く残る現状のやり方であり，改善の余地のあるものである．
　さて，もうひとつの面では，この「経営体」は，企業体制の発展過程のなかで展開されてきたものであると考えておきたい[4]．つまり，この場合，企業体制発展のなかでの「現代経営体」が主体的役割を果たしていることが重要である．そして，この「経営体」の立場から経営財務を考え，展開するのである．それ

はまさしくここでいうところの「実践経営学的方法」である．最近においては，新しい意味での対環境（ステークホルダー）の問題を考えた経営財務を展開しなければならない．この場合，経営体が環境と何らかの関係をもつ，つまり何らかの働きかけをなすということになれば，図表1－2で示すように，環境を何らかの主体をもったものと考え，それとの主体的な関係のなかで検討を加えることが必要になる．

換言すれば，経営主体と環境主体との関係でこの問題をとらえるということが大切である．経営主体に対し，環境主体もひとつの行動原理が存在するのであり，その環境主体の行動原理を尊重しながら，経営体は自己の立場を主張し，行動をなすのである[5]．

環境は従来から一部で考えられてきたように，経営体にとっては，単なる制約要因として考えることでは不十分である．環境もまた，主体的な行動原理が存在しうると考えてみる見方が必要であると考える．したがって，現在における経営体に課せられた役割としては，環境主体に対し積極的に働きかけ，自己

図表1－2　経営体と環境（ステークホルダー）との関係

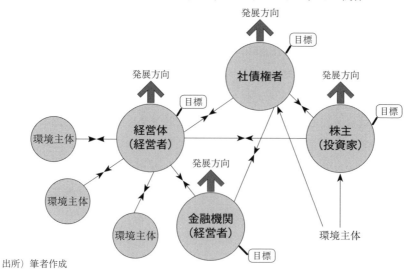

出所）筆者作成

の目標に向かって行動することにあると考える．経営体が環境主体との積極的な接触によって，経営体と環境の問題を解決する原理がつくり出され，そこに新しい枠組が構築されるのであると考えたい．この環境主体は，経営財務の領域に限定してみれば，資本市場であり，金融市場であり，あるいは株主集団，金融機関などを考えてみてもよい．それ以外に従来から取り上げられてきた利害者集団（interest group）の一部が関係をもつことになろう．そこでは，経営体にとっては，こういった対境関係をもつ環境対応の理論あるいは環境対応の原理として考えることが重要である．

ところで，実践経営学的方法による財務論とは，一体，何を意味することになるのであろうか．すでにみてきたように，経営体がまず主体としての役割をもつ．そして，具体的には，経営者（管理者を含む）の立場からの財務研究が中心となる．すなわち，そこでは，財務職能（finance function）の伝統的概念を活かしながら，それと経営機能および管理機能とを結びつけたものを構築することになる．経営体には，もちろんその相当機関としての経営者，あるいは，経営財務に係りをもつ財務管理者であるトレジャラー（treasurer）およびコントローラー（controller）も含まれる．日本的経営財務組織では財務部および経理部が関係する．しかしながら，実践経営学的方法においては，経営体（経営者）が主体的役割をもっていることを再度，強調しておくことにしたい．

2　コーポレート・ファイナンス研究の流れ

経営財務研究の流れとしては，次のように3つのものをあげることができる．この分け方は，アメリカ経営財務研究の流れを基本とするものであるが，それと同時に，わが国の経営財務研究の流れを整理するうえでも役立つことになる．
① 企業金融論的財務論
② 管理論的財務論
③ 意思決定論的財務論

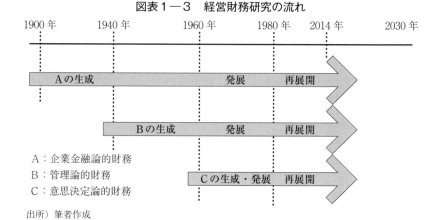

図表1―3　経営財務研究の流れ

A：企業金融論的財務
B：管理論的財務
C：意思決定論的財務

出所）筆者作成

また，この3つの財務論の歴史的展開は，図表1―3のようになる（なお，A：企業金融論的財務論，B：管理論的財務論，C：意思決定論的財務論）．

2―1．企業金融論的財務論

企業金融論的財務論は，アメリカにおいては，1900年前後から生成したコーポレーション・ファイナンス（会社財務，corporation finance）をさし[6]，主として，長期資本調達（long-term financing）の問題に研究の中心点がおかれてきた．当時，これは，経営財務が一研究領域として出現したとき，合併，合同，新会社の設立および会社によって発行される各種の証券の型といった法律問題に関心が払われたこととも関係する．またこの時点において，会社が直面する決定的に重要な問題は，企業拡張のための資本を獲得することであった．それには，特に，資本調達手段としての株式（stock）と社債（bond）を取り上げる必要があった．他方，ここでは，主として企業（資本主義的企業）と株主，企業と社債権者との関係領域が会社財務の主要領域となった．したがって，当時の経営者や財務管理者にとっては，財務職能の中身は資本調達問題であり，対株主，対社債権者への対応が主な仕事であった．もちろん，銀行を中心とする金融機関は，長期借入金（あるいは短期・中期借入金）の提供者として重視された点は見逃せない．

このようなコーポレーション・ファイナンスは，アメリカにおいて1920年代から1940年代にいたるまで，大きな発展を遂げることになる．特に，この財務論が，企業体制の発展に力を貸した点については忘れることはできない．また，企業体の大規模化あるいは企業体の成長は，量的にも質的にも，このタイプの財務論の研究が大きな援助になったことはいうまでもない．他方，このような財務論は，ハント（Hunt, P.）が従来の財務論（コーポレート・ファイナンス）に対する批判論文で示したように，一方では投資銀行（investment bankers）の主体的役割を通じて展開してきたことにも注意しておかなければならない．ハントは，それらの状況を次のように述べている．

「証券資本主義（finance capitalism）の最盛期というような環境のもとでは，会社財務（corporation finance）における研究内容は，事業会社の財務部長にとってよりも，あるいは象牙の塔のなかの観察者よりも，むしろ投資銀行にとって最大の関心事を強調するであろうということが，ただ予想されるはずである．」

さて，このような財務論は，アメリカにおいては1940年代を境にして，次に示す管理論的財務論の挑戦をうけることになり，相対的地位が幾分弱くなる．しかしながら，1970年代以降，金融・財務の国際的な意味で，この財務論の再展開が始まったことについては注目しておく必要がある．つまり，企業体の多国籍化，財務の国際化がそれをもたらしている．たとえば，わが国では，1970年代に時価発行増資の普及，また転換社債（convertible bonds）による資金調達の一般化，ワラント債（新株引受権付社債，warrants）の発行もみられるようになった．また2001年からは株式の額面制度が廃止され無額面株式となり，株式による資金調達も金融市場との関係も一層，強くすることになった．それらは，わが国企業体の国外での資金調達形態としても重要な位置を占めるようになったのである．もちろん，外国企業においても，わが国の金融・資本市場において，これらの資金調達手段を使って資金調達することも増大するであろう．このような資金調達の国際化・グローバル化は，まさしく企業金融論的財

務論の現代的意味を示したのである．

ところで，このような企業金融論的財務論を代表する文献は，アメリカでは，デューイング（Dewing, A. S.）の『会社財務論』[9]と，ガスマンとドゥゴール（Guthmann, H. G. & H. E. Dougall）の「会社財務論」[10]が取り上げられてきた．このうち，デューイングのものは，この財務論における最初のアカデミックな取扱いを受けたとハントは記述し[11]，またアーチャーとダンブロシオ（Archer, S. H. & C. A. D'Ambrosio）は，この書物は，発刊以後30年間の財務文献の型を確立したと述べている[12]．また，ガスマンとドゥゴールの文献については，ケッチャム（Ketchum, M. D.）やドナルドソン（Donaldson, G.）の文献解題において，その業績が高く評価されたものである[13), 14)]．そこで，企業金融論的財務論の特徴をガスマンとドゥゴールの財務職能の概念規定からみておこう．

ガスマンとドゥゴールは，財務職能に関し，次のように述べる[15]．「経営財務（business finance）は，概していえば，経営において使われる資金（funds）の計画，調達，統制，処理に関する活動として定義されることができる．……第一義的な重要点は，企業体が経営するのに必要な資金（funds）や財産（property）をいかにして獲得するかにある．……一般に資金の獲得とは証券の販売（selling of securities）——これは，すべての経営のうち少数に関係するものであるが，大会社には大多数に関係するものである——だけでなく，経営内で使われる現金需要ならびにその他の諸資産を調達するためのすべての手段をも含むものである．……資本供給の長期的型——株式，社債，長期の手形，留保利益——と一時的・短期的資金源——銀行，取引業者などとが——研究される．」

ガスマンとドゥゴールの叙述からも理解できるように，資本調達の問題を財務活動の中心におくことになる．また，ガスマンとドゥゴールは，財務担当経営者の職務に関し，「財務担当経営者は，主に，企業体の循環する長期・短期の必要な資金の計画，調達の問題に関係しているけれども，合併とか財務的再建といったような頻繁には起こらないけれども，等しく重要な問題は，十分な注意を必要とする．実際，財務担当者の熟練と能力が，もっとも強く試される

のは，こういったより複雑な問題の処理にある」とし，ここでの財務担当経営者がその職務としてとりあげた合併・買収（M&A）や財務的再建（リストラクチャリング）の課題は，現在の経営環境のもとでも引き継がれており，今日においても財務担当経営者の職務を重視していることがわかる．

また，わが国では，その代表的文献として，増地庸治郎の『経営財務論』[17]，岡村正人の『株式会社金融の研究』[18]およびいわゆる批判経営学の立場を貫く馬場克三の『株式会社金融論』[19]をあげることができる．日本のコーポレート・ファイナンスについては，文献の指摘だけにとどめる．

2―2．管理論的財務論

管理論的財務論は，アメリカにおいては，1940年前後から生成したビジネス・ファイナンス（business finance）にみることができる[20]．そして，前述のハントの論文の発表以来，いわゆる管理的側面（いいかえれば管理者的観点）を強調した財務論が展開することになった．この財務論は資本の運用過程がその研究対象の中心をなし，主として運転資本管理の問題が長期資本調達問題とともに中心的なものとなる[21]．ここでは，財務に対する管理論的接近から，財務計画，資金調達，財務統制が3つの主要活動となる．しかしながら，この財務論は会計数値を媒体として内部統制を行ったり，財務分析や予算統制を中心におくところから，企業金融論的財務論とはかなりの性格を異にするものであると考えることができよう．したがって，この財務論では，財務管理者としては，トレジャラーよりはむしろコントローラー（controller）が主体的役割を演ずることになる．

ところで，1940年代および1950年代を通じて，財務論は・記述的・制度的主題として教えられ，経営者の見地よりはむしろ外部者の見地からみなされ続けてきたといえる．これに対して1950年代後半を通じて，会社の利益や株価極大化に役立つよう設計された財務分析の方法に関心がもたれはじめたのである．そこでは，初期において貸借対照表の貸方（負債および資本）が関心をもって受け入れられたが，しかし主要な強調点は資産分析（asset analysis）に移り

始めたのである．また，数学モデルが開発され，それは在庫，現金，受取勘定および固定資産に応用されることになった．会社内での財務的意思決定（financial decision）が会社財務論における決定的問題として認識されるにつれて，財務論の焦点は次第に，外部者の見地から内部者の見地に移ったのである．

このようにして，管理論的財務論はアメリカにおいて，1940年代，1950年代を通じてコントローラー制度の発展とともに展開することになる[22]．また1960年代以降，コンピュータの発展によって，経営内における財務管理問題，たとえば会計システム，予算システム，財務分析，運転資本管理の面で新しい展開を遂げることになる．また，事業部制などにおいてみられるコントローラーの役割，管理会計や内部監査の仕事の面でのその役割は特に重要なものとなった．

ところで，このような管理論的財務論を代表する文献は，アメリカでは，ハワードとアプトン（Howard, B. B. & M. Upton）の『財務管理論』[23]をあげることができる．これは，ケッチャム，ドナルドソンなどが，前掲の文献解題において，その業績を高く評価したものである．

ハワードとアプトンは，彼らの基本的立場は，その序文からも明らかなとおり，まず何よりも経営者的観点からなされなければならないとし，従来のいわゆる伝統的会社財務論（traditional corporation finance）の欠陥を次のように指摘する[24]．

第1に，この伝統的会社財務論は，一般の大学生の経験に不適当であり，大学の経営教育の目的にも一致しないものである．第2に，その主題を大会社の財務に限定していたことによって，本質を誤らせる傾向にあるということであり，また，これらの一般的テキストと課程が，会社財務の制度と手段に集中することによって，経営財務（business finance）よりも，むしろ一般の投資問題に関係していたことに求められる．

このような財務論の一面は，会社をひとつの社会的制度（a social institution）として発展させる方向にあり，そのアプローチが，内部管理的アプローチから

遊離したものになっているということである．こういった研究は，性格上，経営・管理的というよりは，むしろ社会経済的であるといわなければならない．そこで，彼らは，どのような企業体にも適用でき，どのような状況にも適用できる財務管理，原理，制度，手段の研究でなければならないとし，このような点から，一般的でかつ終始一貫した経営・管理的アプローチ（managerial approach）を確立する方向に視点を求めたのである．

ハワードとアプトンの研究方法にみられるように，管理の部分機能のひとつとしてのコントロールに中心がおかれているとはいえ，この段階において，財務に対するいわゆる管理論的接近がみられることになり，ひとつの新しい流れが確立することになったと考えられる．

他方，わが国では，その代表的文献として古川栄一の『財務管理組織』[25]をあげることができる．古川栄一は，財務管理研究に関し次のように述べられる．[26]

「それは従来の伝統的経営財務論においては，もっぱら資本調達にその研究の中心がおかれているが，企業にとって資本調達は，なおその経営活動の遂行のための準備段階にすぎない．したがって運用を考慮しないような資本調達はおよそ無意味であると考えられなければならないのである．企業における経営者の立場からいえば，その必要資本を自己資本として調達するか，または借入資本によって調達すべきか，あるいは長期資本か，それとも短期信用によって資本調達をおこなうかは，つねにその運用と関連させて考慮するのでなければ，資本調達の適否は判断されないことになる．そのような観点からすれば，資本の獲得が企業にとって積極財務であって，その支払が消極財務であるというようなことはいえないのであって，調達と運用とはその両者がともに経営財務にとっての二大側面をなすものとして重視されなければならない．むしろ調達資本をいかに運用するかということこそは，企業における財務活動の重点をなすものと考えられるのである．」

古川栄一の研究は，財務管理論的研究の立場から，いわゆる「資本運用論」[27]を基軸として展開されたわけである．わが国では，古川栄一の研究以降，実践

面ではコントローラー制度が十分，展開しなかったとはいえ，古川栄一による管理論的接近（コントロール機能が中心にあるにせよ）は，わが国経営財務研究の展開に大きな足跡を残したということができよう．

2—3．意思決定論的財務論

意思決定論的財務論は，アメリカにおいては，1950年代後半から展開されてきた経済学的財務論にみることができる[28]．これらの研究は，主として投資決定論，資本コスト論の領域が対象となる．この財務論では，財務管理者は，資本予算（capital budgeting）の分析と資金調達の総額とその種別の決定に関連したプログラム（ファイナンシング・ミックスの決定）とを一致させる職務をもつのである．したがって財務の中心的課題は，企業体の価値に影響を与えるすべての決定と活動に関するものとなる．この関係は図表1—4に示される．

このようにして，1960年代は，① 証券の最適ミックス，② 資本コスト，といったものに焦点をもつとともに，貸借対照表の貸方に新たな関心が払われることとなった．と同時に，個人投資家による資産選択の理論「ポートフォリオ・マネジメント」および会社財務論への密接なかかわり合いが展開されることとなった．これらの傾向は，1970年代を通じて継続されてきており，その結果は，投資（investments）と会社財務（corporation finance）の統合となってきたのである．

ところで，このような意思決定論的財務論を代表する文献は，アメリカでは，ウェストンとブリガム（Weston, J. F. & E. F. Brigham）の『経営財務論』[29]と，ソ

図表1—4　財務職能の中心点としての評価

制約要因	意思決定	キャッシュフロー	
1．反トラスト	1．業種		
2．製品の安全性	2．企業体の規模		企業体の価値
3．雇用	3．使用される設備の型		
4．公害規制等	4．債務の利用		
	5．流動性の状態等	リスク	

出所）Weston, J. F. & E. F. Brigham (1982 : 9)

ロモン（Solomon, E.）の『財務管理論』をあげることができよう．そして，ウェストンにおいては，財務職能を次のような内容のなかに見出すところに特徴があると考えられよう．

「① 企業体の諸資源の効率的利用に関するための情報の流れ（a flow of information）のシステムを組織化すること

② 資金の流れの効果的管理

③ 企業体における重要な計画設定および統制過程への参加

④ 企業体の各部門やグループの部分最適化の決定に参加し，それらを企業体全体の最適化に結びつけること

⑤ 企業体の記録の保管と分析活動においては，データの流れの物的側面とコンピュータといったような新しい用具の利用についての職務」

他方，ソロモンにおいては，このような財務論の新しい研究方法の内容を，次のようにまとめている．

「財務管理の領域が資金の運用と調達の両者に関する意思決定を含むように再定義されるならば，この主題の主要な内容は，企業体が会社の資金を必要とするあらゆる形態の資産への投資を維持すべきか，あるいは増大すべきかどうかについて，財務管理者がどのように判断を下すべきかということに関連するものである，ということは明らかである．続いて，これは次に示す3つの質問に答えるための説得できうる基礎を必要とするのである．

① 企業体は，どのような特定の資産を獲得すべきか

② 企業体は，どのぐらいの資金総量を投下すべきか

③ 必要な資金はどのようにして調達すべきか

これらの質問は密接に相互関連しているのである．」

要約すれば，意思決定論的財務論においては，「企業価値極大化」あるいは「株価極大化」のもとで，すべての経営財務問題が構築されるのである．そこでは経営財務的意思決定が重視されることになる．そして，このような意思決定論的財務論は，そのひとつの方向として，資本市場理論の展開がみられるよ

うになった．これらの展開は，ファイナンス論として現代のファイナンス論を展開している．

わが国では，この財務論の立場にたちながら展開した初期の主要文献として，柴川林也の『投資決定論』[33]と飯原慶雄の『財務理論の研究』[34]をあげることができよう．

また，筆者は，意思決定論的財務論の伝統的考え方のひとつにあった資本コスト論を意思決定論的財務論の成果として日本的経営財務論を考察するうえでのひとつのベースにしている．わが国で投資決定論といわれるものについては，ほとんどこの意思決定論的財務論で展開されてきたものである．

3 コーポレート・ファイナンスの枠組み

ここではまずコーポレート・ファイナンスとは何かを明らかにする．その前提として，まずファイナンスの体系を検討する．

次にファイナンスの体系と比較して，コーポレート・ファイナンスの体系を明らかにする．ファイナンスは，金融市場，投資および経営財務とかかわりをもっており，インベストメント（投資）とコーポレート・ファイナンス（経営財務・企業財務）の体系の関連を検討する．

3—1．ファイナンスとは何か

ファイナンスは，主として金融，財政，財務と呼ばれる用語を使って，経済学，とりわけ金融論や財政学のなかで「ファイナンス」が取り上げられてきた．またわれわれの経営学では，とりわけ経営財務論，財務管理論の学問研究のなかで「ファイナンス」を取り上げてきた．最近では，経営学の方法とは違って，ファイナンスは，市場理論の展開とともに，新しい研究領域として，金融工学の手法を使ったファイナンス論として独自の領域を展開するようになっている．現代社会におけるファイナンスは，財やサービスが生産され，生産者から消費者へとそれらが流通する過程において，ファイナンスの機能が遂行される．こ

れらの循環する流れは，必ずファイナンス活動と密接不可分の関係になっているといえる．

ファイナンスは企業，金融機関，個人あるいは政府やノン・ビジネスにおけるそれぞれの活動および行動と金融市場（資本市場を含む）との関連でその理論を解明する学問研究でもある．したがって，ファイナンスという用語を使った場合，その研究領域は多岐にわたるものであるといえよう．

3—2．ファイナンスの体系

さて，ファイナンスの研究領域は，インベストメント（投資）とコーポレート・ファイナンス（経営財務・企業財務）に分けて考えることができる．ここでは金融市場・金融機関が関係をもつのである．また，これらを次のようにファイナンスの3つの研究領域から説明してみよう．3つの領域は，第1に金融市場と金融機関，第2に投資，第3に経営財務（コーポレート・ファイナンス）の領域にわたっている．

第1の金融市場と金融機関では，ファイナンスの主な仕事は，金融市場の統一的部分である銀行，保険会社，貯蓄組合，信用組合といった金融機関に関係するものである．金融サービス産業の成功にとっては，あるものは利子率の上昇と下落の原因となる一連の知識，金融機関が従う規制および数多くの金融手段のタイプを必要としている．

第2のインベストメント（投資）では，今日，機関投資家（年金基金や保険会社など）や個人投資家における投資行動原理が必要となる．具体的には，リスク・リターン分析を基本に個々の証券分析や投資家に対する最適証券の組み合わせを決定する．投資の実践においては，ファイナンスの基本知識が次のような3つの方法を理解するのに役立つ．① 会社や産業の検討や，それらの将来の成長の見積りを決定し，投資の安全性を維持する能力をえること．② 投資ポジションのリスクを測定すること．③ 投資成果の評価をすること．

経営財務（コーポレート・ファイナンス）では，経営者は「企業価値を最大化する」経営財務目標のもとで資本の調達および投資の決定を「資本コスト」の

図表1―5　コーポレート・ファイナンスの体系とキャッシュフローおよび対境財務

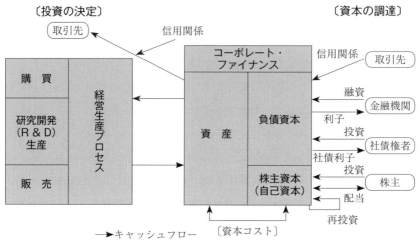

出所）筆者作成

概念を使って，最適な経営意思決定を行うことになる．特に資本コストは，資本調達と投資決定，ここに経営財務の枠組みの本質がある．

以上のように，3つの全領域―①金融市場と金融機関，②投資，③経営財務（コーポレート・ファイナンス）―をファイナンスの研究方法で体系化することになる．

3―3．コーポレート・ファイナンスの体系

前項で，ファイナンスに関し若干の知識を習得してきた．ここではファイナンスの体系を考え，具体的にはコーポレート・ファイナンスの体系を明らかにしてみよう．

コーポレート・ファイナンスの体系は，まず金融市場，具体的には，債券市場，社債市場および株式市場などといった金融・資本市場から資本調達の決定の財務活動が行われる．また，他方では投資の決定の経営活動が行われる．投資の決定では，購買―生産―販売といった経営活動プロセスにキャッシュ・フローがみられ，運転資本・設備投資へのキャッシュ・フローは，将来キャッシュ・フローの獲得を見込んだ経営意思決定である．もちろん子会社への投資に

第1章　コーポレート・ファイナンスの枠組みと経営財務　17

図表1—6　経営財務の枠組み

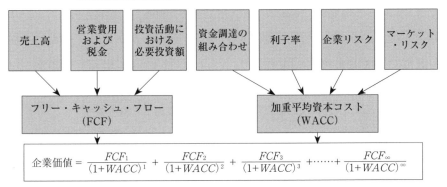

出所) Ehrhardt, M. C. & E. F. Brigham (2006：9)

ついても投資の重要な決定であることにはかわりがない．

　コーポレート・ファイナンスでは，企業価値創造は株主価値を最大化する経営行動として取り上げ，何が企業価値を決定するかを答えることになる．図表1—6は企業価値をフリー・キャッシュ・フローと加重平均資本コストを使って説明している．フリー・キャッシュ・フローにおける3つの主要な決定要素は①売上高，②営業費および税金，③経営活動における必要投資額である．

　キャッシュ・フローの第1の決定要素は，売上高は事業単位の売上高，事業単位の価格および期待未来成長率の現行水準に依存する．経営者は，実際に顧客をよく理解し，それから顧客が望む財やサービスを提供することによって，事業単位の売上高を増大し，したがってキャッシュ・フローを増大することができる．

　図表1—5は，コーポレート・ファイナンスの体系とキャッシュ・フローおよび金融・資本市場といったマネー・マーケットとのかかわり，対境財務のステークホルダーとの関係を示したものであり，それを投資の決定と資本の調達に分けてコーポレート・ファイナンスの体系に取り込む必要がある．

　キャッシュ・フローの第2の決定要素は，営業費用と税金とを結びつけた効

果であり，それは会社が従業員と供給者に支払った後に，投資家に適用できる税引き後利益の総額である．

キャッシュ・フローに影響を与える第3の決定要素は，会社が経営活動に投資しなければならない貨幣総額（工場，設備，コンピュータ・システムおよび棚卸資産といった資産を含む）である．

他方，加重平均資本コストは，会社の資本コストとして考えられ，資金調達の組み合わせによって，加重平均資本コストが測定される．資本コストは，利子率，企業リスク，マーケット・リスクの影響をうける．成長する会社は特に金融市場との接近が必要となる．金融市場は企業の資本コストに重要な影響を与えるといってよい．ここに，今日のコーポレーレファイナンスの中心点があるといってよい．

4 経営財務の組織と最高財務責任者

企業は人的資源，物的資源，財務的資源，情報など各種の経営資源の集合体であるが，そのなかで，本章では，特に財務的資源を管理・運用する組織と経営者の役割を扱っている．経営財務組織を大別すれば，経理部，財務部に分けることができる．本章では，経理部，財務部いずれの機関がどの財務機能を遂行するのかを明らかにしている

4—1．経営財務組織

企業体全体の組織構造のなかで，経営財務組織をどのように位置づけるかは重要な問題である．なぜならば，伝統的な経営職能分析を基礎として考慮する場合，どの担当機関が財務職能を遂行するのかが明確にされる必要があるからである．ここではアメリカの企業体の組織図から一般的な経営財務組織を示し，日本の状況も合わせて論ずることにする．

まず，取締役会は業務執行委員会（executive committee），監査委員会（audit committee），指名委員会（nominating committee），報酬委員会（compensation committee），財務委員会（finance committee）などで構成される．これらを具体的に述べれば，以下のようになる．

　第1に業務執行委員会は，一般的に取締役会の会議と次の会議の間に，それに代行する全権限を与えられている強力な常務執行機関である．第2に監査委員会は，業務監査とリスク評価を主たる職務としている．会計監査は外部の監査法人に任されるが，外部監査法人を選任し，会計監査の結果をレビューするのは，監査委員会の役割である．第3に指名委員会は株主総会に上程する取締役の選任および解任に関する議案の内容を決定する機関である．その他，取締役会の構成や定員数，外部取締役と内部取締役の配分，取締役の資格に関しての基準づくり，執行役員の後継者や各種委員会議長の選任などの進言も行う．第4に報酬委員会は取締役および執行役員の報酬を決定する機関である．さらに取締役や執行役員の業績を評価し，取締役会に進言する．第5に財務委員会は財務担当経営者を支えるスタッフ機関でもあり，一般に資金調達，財務資源の配分や資本予算などを管理する職務を有する．

　会社の執行機関として取締役に選任される執行役員（officer）には，経営方針や企業戦略の決定などを行うCEO（chief executive officer，最高経営責任者）や，CEOの決定したことを実践していくための責任者であるCOO（chief operating officer，最高執行責任者），財務担当経営者であるCFO（chief financial officer，最高財務責任者）などが位置する．CEOは企業グループ全体の戦略決定や対外交渉を担っており，経営の最終責任を負い，通常は会長あるいは社長をさす．

　一方，COOは決定された戦略に従って運営面の実務をこなす．アメリカでは会長がCEOを，社長がCOOを兼務する場合が多いが，取締役と執行役員を区別するために，COOが取締役でない場合もある．これに対して，日本企業では社長が実質的にCEOとCOOを兼務しており，会長は商法上の代表権をもたない場合も多い．いずれにせよ，会社の所有者たる株主が取締役を選任し，それら取締役で構成された取締役会が株主の委任をうけて，実際に会社を運営する執行役員を監視することになっており，会社の資金を財務担当経営者

図表1−7　アメリカにおける典型的な経営財務組織

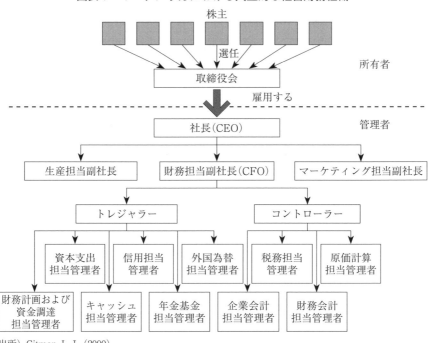

出所) Gitman, L. J. (2000)

の独断で利用することができない仕組みとなっている．

　また日本においても，2002年商法および監査特例法の改正によって，委員会設置会社に関する特例が制定され，大会社（資本の額が5億円以上または負債の額が200億円以上の株式会社）において，委員会制度の導入が認められるようになった．そこでは取締役と執行役の分離や，指名委員会，監査委員会および報酬委員会の設置などが盛り込まれている．

　そして一般に，会社には財務担当経営者の管理下で業務を行う部門が存在する．財務の役割は各権限によってさまざまであるが，それらは主にコントローラーおよびトレジャラーに分類することができる．日本企業では財務担当経営者のもとに経理部と財務部に分類することができる．次に，アメリカと日本に

第1章　コーポレート・ファイナンスの枠組みと経営財務　21

図表1―8　日本における典型的な経営財務組織

```
           ┌──────────┐
           │  株主総会  │
           └──────────┘
                ⇓
         ┌──────────────┐        ┌────────┐
         │   取締役会    │ ←──── │ 監査役会 │
         └──────────────┘        └────────┘
                ⇓
         ┌──────────────┐
         │ 代表取締役社長 │
         └──────────────┘
          ↓              ↓
  ┌──────────────┐  ┌──────────────┐
  │ ○○担当副社長 │  │ 財務担当副社長 │
  └──────────────┘  └──────────────┘
          ↓                    ↓
    ┌─ 財務部 ─┐         ┌─ 経理部 ─┐
```

財務部：資金計画立案／資金調達・運用・返済／投資有価証券の取得・監理／入出金／投資予算編成実施統括監理／手形・小切手発行事務

経理部：決算方針の立案・実施／原価管理／税務会計／財務諸表の作成／証憑書類の作成・保管／予算業務

出所）渡辺昌昭（1998：12）

おける典型的な経営財務組織を図表1―7および図表1―8において示すことにする．

4―2．トレジャラー，コントローラー，最高財務責任者

　前節において，一般的な大会社における経営財務の組織構造をみてきた．ここでは，従来から，一般的な経営組織のなかで取り上げられているコントローラーとトレジャラーおよび最高財務責任者（CFO）の役割を検討する．

1）トレジャラーの役割

　トレジャラーは企業体の財務目標を提示し，会社における現金や市場性有価証券，および資本予算の管理，資金調達のための株式や社債の発行および管理，あるいは余剰資金の投資，そして企業年金の管理も担当する．さらに，銀行やその他金融機関との折衝も行う．基本的には資金の調達と保管をその職務としており，金融・資本市場の動向について十分に注意を払っておかなければならない．このように，トレジャラーはわが国での財務部に該当する．

そして，トレジャラーのもとに以下のマネジャーが位置する．まずキャッシュ・マネジャー（cash manager）は企業体の資金需要に応じて，現金の受取りおよび支払いを監視し，管理する．ここでキャッシュ・フロー予測も行う．次にリスク・保険マネジャー（risk and insurance manager）は，財務リスクや事業リスク，そして損失を最小にするための計画を立て，実行している．彼らはまた企業体の保険予算も管理している．また最近の企業体の国際化の過程において，為替リスクを考慮した資金調達の問題も果たすべき仕事である．そして情報分析グループは，内外の資本市場，為替の分析を行い，積極的に情報収集活動を行う必要がある．一般に国際的な大企業においては，為替や海外の資本市場分析において，国際財務組織として独立させている．さらに与信マネジャー（credit manager）は，与信評価基準を確立し，与信限度額を決定する．また取引先の過去の回収状況を管理している．具体的には売掛金の請求・回収とこれらに付帯する記録整理，債権の保全をはじめとする管理業務も行っている．

2）コントローラーの役割

コントローラーは，各種ステークホルダーにディスクローズを要求される損益計算書，貸借対照表およびキャッシュ・フロー計算書などの財務諸表を作成し，企業体の財務状況を把握する．主に企業の財務会計や管理会計，内部会計監査（監査法人との折衝を含む），予算そして税務を担当している．このようにコントローラーは，わが国での経理部門に該当する．

旧来の経理部の役割は外部報告用である財務会計において，正確な数値を記録することが使命とされていた．最近における役割の変革については，その財務会計のなかで近年重要事項となっていることは国際財務報告基準（International Financial Reporting Standards: IFRS）であろう．また経理部の業務 ERP（Enterprise Resource Planning）の展開により，重要さを増している．ERP 導入による効果としては，以下のようなものがあげられる．第 1 に製造原価や損益に関する日々の報告が可能となり，原因究明や対策を講じるなどの環境変化に対応する能力を高めることができる．第 2 に企業全体での情報の共有化に

よって販売担当者が製造原価を容易に知ることができ，過度の値引きを防ぐなど，収益性の向上に寄与することができる．さらには，第3に管理会計担当者が，意思決定に役立つ情報を関連する部門に提供しうる．

予算管理組織は，アメリカにおいてコントローラーのもとに予算課が設けられる場合が多いが，厳密には企業によって異なる．予算組織は予算委員会，予算担当役員と予算担当部門からなる．予算委員会は，アメリカでは社長，予算担当副社長，コントローラーから構成されるが，日本では経営会議，役員会が予算委員会の代わりを務めている場合もある．実際には，取締役会が予算編成方針の決定機関であり，これらの最終責任者は社長であり，予算委員会は社長の決定に対し意見を述べる権限を有する．

税務会計の役割は非常に重要である．なぜならば，税金の支払いを減少させることがキャッシュ・フローの向上に直結するからである．しかし日本の税務管理に対する意識は，欧米企業と比較して低いといわれている．しかし近年，取引市場や金融・資本市場の国際化が進展していくなかでは，日本企業も企業グループ全体での税務コストの最小化の結果としての税引後利益の最大化および税務リスクの最小化が要求されてきているといってよい．ここで税務コストとは支払う税金であり，税務リスクとは積極的な節税戦略を採用した結果生じる税務更正による追加税額発生の可能性である．両者の削減は一般に相反する関係にある．税務担当者は租税に関する法制度を熟知するだけでなく，税務コストと税務リスクのバランス感覚をもつことが不可欠である．

3）今後の経理・財務部門の役割

従来では経営財務組織の役割は，会計情報の作成とか経営の意思決定のための材料を提供するものにすぎなかったが，現在では全社の事業や製品を理解し，経済や社会情勢，競合環境の変化などを踏まえて，経営意思決定に助言するという役割が要求されるようになってきた．つまり，企業の経営の数値管理者から経営の意思決定助言者としての役割へ移り変わってきたといえる．またデイリー（Daley, C.）によれば，将来の財務の役割を「財務担当者の役割は時間の

経過とともに展開するであろう．歴史的には財務管理は伝統的取引処理および会計に多くの時間を費やしてきた．……財務管理者はビジネスに価値を加える能力によって，さらにゼネラリストのようになる伝統的役割の昇進に挑戦することになろう」と予想している．

　そして，日本においても株式市場での資金調達が重視されている昨今において，経営者は株主重視の経営，および株主価値向上のためのキャッシュ・フロー・マネジメントが大切であるということが共通理解となっている．したがって，経理や財務の部門がキッシュ・フロー向上のためのマネジメント支援を行うことが求められているといえる．

　さらに今日では，企業の競争力の源泉が有形資産から知的無形資産へとシフトしている．一般に知的財産の管理，より具体的には特許管理が法務部，そしてブランド管理が広報部の職務と考えられているが，競争力を高めるためには優れた知的無形資産戦略を展開しなければならない．日本企業がこれらの戦略で欧米企業に出遅れている理由のひとつは，それらを法務部や広報部の職務ととらえ，財務戦略とまったく結びついていなかったことにほかならない．経理・財務のスタッフは，会計やファイナンスの専門家であり，自社の特許やブランドがどの程度の価値を有するかを計数的に管理し，有効に活用されているかを判断し，キャッシュ・フローの増加に結びつけるための戦略を提示すべきである．

4）最高財務責任者の役割

　このように経営を取り巻く環境の変化は，当然に経営財務組織の頂点に立つ最高財務責任者（CFO）の役割も変化させる．最高財務責任者は，単に，トレジャラーやコントローラーなどを監督し，それらを調整することや，企業体の数値を把握し，内部および外部に報告するだけではなく，自ら主体的に経営に参画することが重要となるのである．しかも近年において，各種ステークホルダーから「企業価値創造」という使命を預かっている企業体のなかで，その理念を理解し，さらに，実践すべき者は最高財務責任者にほかならない．そこで

最高財務責任者の役割として期待されていることは，大別すれば，第1に企業価値創造のための財務体制の整備，第2に企業価値創造のための意思決定があげられる．

まず企業価値創造のための財務体制の整備であるが，財務活動と営業活動は密接に関連しているので，営業活動の知識を十分に保有しビジネス環境の変化に早急に対応し，取引の実態を反映した財務政策および財務プロセスを確立し，合目的な財務組織を構築することが大切である．

次に，企業価値創造のための意思決定であるが，これは主に最適資本構成や配当政策および税務戦略などの立案および個別の投資意思決定に参画することである．特に近年，後者の重要性が増してきている．それを実践するためには，投資意思決定のハードルレートとしての資本コスト (the cost of capital) を十分に理解し，合理的に計測する必要がある．そして，企業価値を創造するためには，新規投資案件の期待収益率と比較し，資本コストを上回る収益率をもつプロジェクトを選択し，投資するといった意思決定が必要となる．また最高財務責任者は，企業価値を創造するプロジェクトを採択し，価値を破壊するプロジェクトを棄却する際に，CEO（最高経営責任者）や部下などを説得する財務の立場からのリーダーシップを発揮することが大切となる．

資本コストが経営財務的意思決定基準として経営財務原理となっている理由は次による．第1に資本調達のグローバル化である．資本のグローバル化が資本調達額と外国の投資家の飛躍的な増大をもたらし，その結果として資本調達における国際的基準が要求されていることである．そして第2に企業価値最大化の論理が国際的なレベルにおいてもっとも妥当しうる経営財務原理となってきていることである．

また資本コストは，企業価値，事業価値，あるいはプロジェクトの価値を評価するための基本的なツールでもある．この場合，将来キャッシュ・フローの割引現在価値の合計が投資の現在価値であり，それを測定するための割引率として資本コストを用いている．

近年，企業を取り巻くあらゆる環境（制度や規制などを含む）が目まぐるしく変化していくなかで，企業体を維持，発展させ，持続的成長を達成するために，最高財務責任者の役割がより重要なものとなってきており，経営環境の複雑化にともなって，最高財務責任者の各種知識や経営センスなどに対する高度化が要求されている．

注）
1) 財務は，労務とともに要素的職能としてみる．
2) 山城章（1970）『経営原論』丸善，pp.66-68.
3) 経営体の概念については，次を参照されたい．
   山城，前掲書，第10章．
4) 企業体制論については，次を参照されたい．
   山城，前掲書，第13章～第14章．
   山城章（1968）『新講経営学』中央経済社，第3章．
5) 山城は，これを「対境理論」として展開している．くわしくは次の文献を参照されたい．
   山城章（1961）『現代の企業』森山書店．
6) コーポレート・ファイナンスは，企業体のライフサイクルにおける主たる問題と資金調達上の諸問題に関心が向けられた．ここに示す A. S. Dewing の第5版の構成は，次のようになっている．第1部　会社諸証券，第2部　評価と発起，第3部　所得管理，第4部　拡張，第5部　財産調整である．
   Dewing, A. S. (1919) *The Financial Policy of Corporations*, 1st ed., The Ronald Press. (5th ed, 1953)
7) Hunt, P. (1943) "Financial Policy of Corporations", *Quarterly Journal of Economics*, LVⅡ, February, pp.303-315.
   Hunt, *op. cit.*, p.305.
8) Hunt, P. (1950) Looking Around (Review of Literature in Field of Finance), *Harvard Business Review*, sep, pp.125-133.
9) 注3をみよ．
10) Guthman, H. G. & H. E. Dougall (1940) *Corporate Financial Policy*, (4th ed., 1962)
11) Hunt, P. (1950) Looking Around, *Harvard Business Review*, sep.
12) Archer, S. H. & C. A. D'Ambrosio (1966) *Business Finance ; Theory and Management*, pp.3-13.
13) Ketchum, M. D. (1956) Looking Around (Financial Management), *Harvard*

Business Review, Jan-Feb, pp. 131-142.
14) Donaldson, G. (1960) Looking Around (Finance for the Nonfinancial), *Harvard Business Review*, Jan-Feb, pp. 33-36, pp. 140-148.
15) Guthman, H. G. & H. E. Dougall (1966) *Corporate Financial Policy*, 4th ed., Prentice-Hall, pp. 1-2.
16) *Ibid.*, p. 1.
17) 増地庸治郎 (1934)『経営財務論』東洋出版社
18) 岡村正人 (1971)『株式会社金融の研究』有斐閣, 1950年（初版）, 1952年（改訂版）, 1958年（全訂版）
19) 馬場克三 (1978)『株式会社金融論（改訂増補版）』森山書店, 1965年（初版）
20) 管理論的財務論, ビジネス・ファイナンス以外にいわゆるフィナンシアル・マネジメント (Financial management) として使われ, アメリカでは1930年代の経済不況を起点として, 1940年代, 1950年代にて, その存在理由が認識されるようになったものである. 筆者は, この財務論は, 一般には企業金融論的財務論に対立するものとして現われたことについては否定しないが, 根本的には, 企業金融論的財務論を補強する役割を果してきたと考えておきたい.
21) 管理論的財務論が中心的課題としている運転資本管理 (working capital management) の問題は, 現在にいたるまでアメリカのビジネススクールにおけるファイナンスのカリキュラムにおいて, もっとも重要な領域として研究教育がなされている.
22) コントローラー制度はアメリカでは大いなる発展をみるが, わが国では十分な発展がなされていないことを銘記する必要がある. ただし, コンピュータ・システムの展開, あるいはオフィス・オートメーション (office automation) の展開によって, 新しい財務システムの生成が展開してきた.
23) Howard, B. B. & M. Upton (1953) *Introduction to Business Finance*, McGraw-Hill.
24) *Ibid.*, Preface.
25) 古川栄一 (1953)『財務管理組織』森山書店
26) 古川, 前掲書, pp. 18-19.
27) この「資本運用論」は,「資本調達論」に対するものとして, わが国では, 経営財務の概念規定のなかで論争されてきたものである.
28) 経済学的財務論の研究は, 次の文献に代表される.
　　Dean, J. (1951) *Capital Budgeting*, Columbia University Press.
　　Lutz, F. & V. Lutz (1951) *The Theory of Investment of the Firm*, Princeton University.
29) Weston, J. F. & E. F. Brigham (1966) *Managerial Finance*, 2nd ed., Holt Rinehart & Winston (7th ed. 1981).

30) Solomon, E. (1963) *The Theory of Financial Management,* Columbia University.
31) Weston, J. F. (1966) *The Scope and Methodology of Finance,* Prentice-Hall, p.95.
32) Solomon, *op. cit.,* p.8.
33) 柴川林也 (1979) 『投資決定論』同文舘, 1969年（初版）
34) 飯原慶雄 (1980) 『財務理論の研究――CAPMをめぐる諸問題――』白桃書房

参考文献

Ehrhardt, M. C. & E. F. Brigham (2006) *Corporate Finance A Focused Approach,* 2nd ed., Thomson South Western.
Gittman, L. J. (2000) *Principles of Managerial Finance,* 9ed., Addison Wesley.
Weston, J. F. & E. F. Brigham (1982) *Essential of Managerial Finance,* 6th. ed., The Dryden Press.
山城章 (1970) 『経営原論』丸善
渡辺昌昭 (1998) 『経理・経営実務全書』日本実業出版

第2章　現在価値とキャッシュ・フロー

現在価値

キャッシュ・フロー

経済利益　　複利計算

感度分析　　シナリオ分析

1 現在価値の概念

1―1. 複利計算

現在価値の概念は，経営財務，ファイナンスにおいては，投資プロジェクトを評価するうえでもっとも基礎的な概念であり，経営財務研究をなすうえでの基礎理論となっている．この概念の基礎には，今日の1万円は1年後の1万円とは同じではないという考え方がある．具体的にはその理論構造は複利計算の計算過程および割引計算過程によっている．この点について具体的な事例を使って説明してみよう．まず複利計算を示す．元金を100万円，利子率を4％とすると，1年後の元利合計（元金と利息分とを加えたもの）は次のようになる．

（元金）×(1＋利子率)＝（元利合計）

100万円×(1＋0.04)＝104万円

2年後には，次のようになる．

104万円×(1＋0.04)＝108.16万円

3年後には，次のようになる．

108.16万円×(1.04)＝112.49万円

4年後には次のようになる．

112.49万円×(1.04)＝116.99万円

5年後には，次のようになる．

116.99万円×(1.04)＝121.67万円

この場合，1プラス利子率（1＋0.04）の投資期間のべき乗となり，10年の投資期間では148.02万円となる．

以上に示したように，複利で元金と利子が増えていく関係は次の図表2―1のようになる．

元金×(1＋利子率)^n＝n年後の将来価値

これを一般式で表せば次のようになる．

図表2−1 将来価値，利子率および時間との間の関係

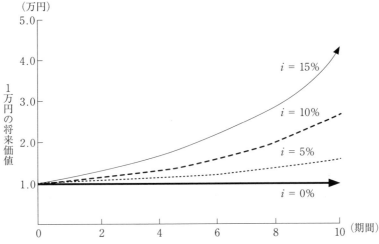

出所）Brigham, E. F. and L. C. Gapenski (1997 : 241)（単位について一部修正）

$FV_n = PV(1+i)^n$

ただし，

FV_n ＝現在価値（ここでは元金をさす）

i ＝利子率

FV_n ＝ n 年目の将来価値

n ＝期間（年数）

この複利計算方法により，利子係数を使って将来価値は次のように求められる．

$FV_n = PV(FVIFi, n)$

ただし，

$PVIFi, n$ ＝ n 期間で i の利子率での利子係数

この方程式によって，100万円の元金を4％の利子率で5年後の将来価値は次のように求められる．

$FV_n = PV(FVIFi, n)$

= 100万円(1.2167) = 121.67万円

　図表2—1は100万円がそれぞれ異なった利子率で期間を通じてどのように成長していくのかを示している．利子率が高ければ高いほど成長率はますます速くなることを示している．

1—2．現在価値計算

　貨幣の時間価値は，現在価値の概念の導入によって明らかにされることになり，経営財務の投資計算，年金および投資決定などの分析において，もっとも重要な概念であるといってよい．現在価値とは複利計算で算出されたn年後の将来価値を$(1+割引率)^n$で割り引くことによって求められるものである．このように将来価値を現在時点の価値すなわち現在価値に戻すことを割り引くと呼んでいる．ここで使われる割引率は「資本コスト」として説明される．

　図表2—2は100万円の価値が時間の経過とともに利子率（割引率）によってそれぞれの時点の100万円の現在価値がどのぐらい減少するかを表したものである．利子率（割引率）がゼロの場合は現在価値には変化がなく同じ価値と

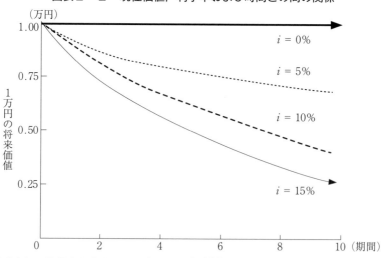

図表2—2　現在価値，利子率および時間との間の関係

出所）Brigham, E. F. & L. C. Gapenski（1997：244）（単位について一部修正）

して計算される．利子率（割引率）が低いものから高いものに移ることによって，それぞれの時点における現在価値は，利子率（割引率）の大きいほうがより低いものとなる．

たとえば10年後の100万円は10％の利子率（割引率）で現在価値を求めると，38万5,500円であり，15％の利子率（割引率）で24万7,100円である．また20年後の100万円は10％の利子率（割引率）でその現在価値は14万8,600円であり，15％の利子率（割引率）でわずか6万1,100円の現在価値である．

2 キャッシュ・フロー

2―1．キャッシュ・フローと生成循環

キャッシュ・フローは，ファイナンスの理論において，会計上の利益と違って，リターンに代わるものとして取り上げられる．ある企業体のファイナンスと経営活動は密接不可分につながっている．このようなファイナンスと経営活動に伴うキャッシュ・フローはキャッシュ・フローの生成循環を考えることによって理解することができる．図表2―3はキャッシュ・フローの生成循環を表している．

これは企業体の経営活動とファイナンスとの間にある密接な相互作用を表している．もし新しい会社が所有者と債権者から資金を調達し，生産設備を購入し，まさに経営活動を始めようとしていると考えてみよう．

この会社は経営活動をするために原材料を購入し，労働者を雇用するためにキャッシュを使う．会社はこれらのインプットから製品を生産し，一時的に棚卸資産として保管する．このようにキャッシュとして始まったものはその時点で物的な棚卸資産となる．会社がその製品を売ると，物的な棚卸資産はキャッシュへと戻る．もし売り上げがキャッシュであるとすると，この変換はすぐ生じる．さもなければキャッシュは，売掛金があとになって回収されるまで実現

図表2―3　キャッシュ・フロー生成循環

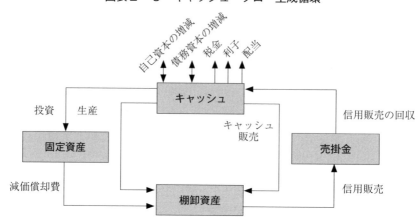

出所）Higgins, R. C.（2001）

されない．キャッシュから棚卸資産，売掛金へ，そしてキャッシュに戻る，こういった単純な運動は企業体の営業循環あるいは運転資本循環という．

　もうひとつの進行中の経営活動は投資である．一定期間にわたって製品の創造のなかで会社の固定資産が消費され，償却される．それはあたかも事業を通じて通過するそれぞれの項目が固定資産の価値の一部分を奪っていくようなものである．会計上は，固定資産の会計価値を継続的に減少させ，減価償却として知られる金額まで棚卸資産に流れる商品価値を増大させるということを認識させる．生産能力を維持するために，会社は新固定資産に新しく受け取ったキャッシュの一部を投資しなければならない．もちろんこの企業全体の経営活動の目的は，運転資本循環や投資循環から戻ってくるキャッシュがその過程の出発した金額を超えることを確実にすることである．

　キャッシュ・フロー内容の説明は，次に示す4つのものがある．
　① 正味キャッシュ・フロー
　　正味キャッシュ・フロー＝純利益＋キャッシュの流入をともなわない項目
　　しばしばキャッシュ収入（cash earning）と呼ばれる正味キャッシュ・フロー

は利益とは区別するものとして，事業が生み出すキャッシュを測定することを目的としている．

②　営業活動によるキャッシュ・フロー

営業キャッシュ・フロー＝正味キャッシュ・フロー±流動資産および流動負債の増減

③　フリー・キャッシュ・フロー

フリー・キャッシュ・フロー＝必要な投資活動すべてを行った後で，所有者と債権者に分配可能なキャッシュの合計額

④　割引キャッシュ・フロー

割引キャッシュ・フロー＝将来の一連のキャッシュの受け取り，支払いと同じ価値をもつ現在時点でのキャッシュ合計額

2―2．資金運用表の基本

企業体はキャッシュ・フロー循環を次のようにみる必要がある．その場合，①どこからキャッシュを調達したかということと，②そのキャッシュをどのように使っているかということである．会計における損益計算書では次の点で不完全である．それは，ひとつは損益計算書がキャッシュ・フローではなく発生主義に基づいていることである．もうひとつは，会計期間中の商品・サービスの販売にかかわるキャッシュ・フローだけを計上するという点である．これ以外にもキャッシュの受け取りや支払いは多くあるが損益計算書には表れない．

このような点をもう少し正確に知るために，貸借対照表を使って，より正確には2つの貸借対照表を使って，検討する．まず決算日が異なる2つの貸借対照表を並べて，勘定科目ごとに，その期間中の増減をすべて書き出す．次にそれぞれの勘定科目のキャッシュを生み出す増減と消費する増減に分ける．その結果，作成されたものが資金運用表である．ここでは資金運用表の基本的仕組みを取り上げる．

資金運用表を作成する場合，キャッシュの源泉と運用を区別する基準は次のようになる．

図表2-4 資金運用表の基本

(単位：億円)

源　泉	
前払法人税の減少	0.4
支払手形の増加	39.9
未払債務の増加	10.1
長期債務の増加	69.8
繰延法人税の増加	0.3
その他長期債務の増加	7.4
株主資本の増加	54.2
源泉総額*	182.1
運　用	
キャッシュの増加	7.0
市場性有価証券の増加	0.1
売掛金の増加	41.5
棚卸資産の増加	23.2
その他流動資産の増加	5.0
正味固定資産, 工場および設備の増加	0.5
投資およびその他資産の増加	5.6
のれん代, 累計無形固定資産減価償却の増加	87.9
年度内に支払義務のある長期債務の増加	0.1
買掛金の減少	0.6
支払法人税の減少	10.8
運用総額**	182.3

*, ** 源泉総額と運用総額の金額は, 四捨五入のため一致していない.

① 企業体は資産勘定の減少または負債および資本勘定の増加の2つの方法によって, キャッシュを生み出す.

② 企業体は資産勘定の増加または負債および資本勘定の減少という2つの方法によってキャッシュを運用する.

2-3. 会計利益と経済利益

　図表2-5に示す損益計算書（要約）は, ヒギンズが示すものを参考にし, 会計原理をベースにした会計利益と財務原理をベースにした経済利益を自己資本コストとして導入することによって算定している. 会計士の欄は66.1億円の会計利益を算定し, エコノミストの欄は32.6億円の経済利益を算定している. ここでの差額の33.5億円は, 自己資本コスト総額としてエコノミストの

図表２−５　会計利益と経済利益の違い

(単位：億円)

	会計士	エコノミスト
営業利益	109.6	109.6
利子費用	27.9	27.9
その他営業外費用（営業外収益）	(2.7)	(2.7)
自己資本コスト		33.5
税引前利益	84.4	50.9
法人税	18.3	18.3
会計利益	<u>66.1</u>	
経済利益		<u>32.6</u>

欄では控除されるが，会計士の欄では控除されない．なお，自己資本コストは10％として計算されている（AAA会社の自己資本簿価335.1億円×10％＝33.5億円）．

　会計利益と経済利益とを区別することは重要である．会計利益がいわゆる黒字であるということによって経営者が社会的責任を果たしているとはいえない．自己資本コストを含めて考える必要がある．ファイナンスの理論では，この経済利益が重要となる．また企業体の経営活動においても企業価値創造の視点から経済価値が問題とされることになる．

２−４．キャッシュ・フローの予測

　キャッシュ・フローの予測でまず取り上げられるのは見積財務諸表，すなわち見積損益計算書と見積貸借対照表である．ここで使われる予測数値は簡便法として対売上高比率によって求められる．具体的な勘定項目の見積もりおよび修正活動によって，外部資金必要額を見積もる（具体例は省略）．事業計画が財務面へ及ぼす影響のもとに，財務計画の作成を行う．財務計画の作成にあたっては，ここで提出された財務予測を検討し，事業計画を修正すべきかどうかを検討する．この場合，財務予測に伴う不確実性を処理する方法として３つの分析が使われる．

　第１には，感度分析（sensitivity analysis）が行われる．これはwhat if分析と呼ばれており，たとえば，① もし売上高成長率が25％ではなく15％であった

としたら，どうなるのか，②もし売上原価が売上高の86％ではなく88％であったらどうなるのかということを明らかにするものである．このwhat if分析では，予測財務諸表が基礎となる仮定を一つひとつ体系的に変えることによって，その予測がどのように変化するかを観察する．

　第2には，シナリオ分析（scenario analysis）が行われる．これを使う場合，予測が一度にひとつの仮定ではめったに失敗しないということを実現することが重要である．すなわち，各経済事象が財務予測に別の仮定を投入するときはつねにシナリオ分析は現在の仮定に影響することはありうる．

　第3には，シミュレーション（simulation）が行われる．これはコンピュータを使った感度分析を拡張したものである．シミュレーションを遂行するためにはその予測におけるそれぞれの不確実な要素に対する確率分布を明らかにすることから始める．割り当てられた確率分布に基づいてそれぞれの不確実な変数の値をコンピュータにランダムに選択させ，得られた数値に基づいた一連の見積貸借対照表を作成させる．これを繰り返すことによってたくさんの見積財務諸表を作成することができる．シミュレーションの結果は，多くの試行の結果を要約したひとつの表か，しばしばグラフで示される．

　キャッシュ・フローの予測は将来にわたるすべてのキャッシュの源泉と運用を見積もることになる．予測キャッシュ源泉総額と予測キャッシュ運用総額との差額が外部資金必要額である．図表2－6ではAAA会社の2014年度のキャッシュ・フロー予測が示されている．この予測の根底にある仮定は見積財務諸表の作成で使われたものと同じものである．AAA会社の見積財務諸表は外部資金必要額の大きさを示すだけでなく会社の資金調達能力を評価するために有用な情報を提供している．キャッシュ・フロー予測では，示される各項目の金額の変化しか表していないので，キャッシュ・フロー予測を使った同様な分析はもっと難しいものとなろう．

　以上みてきたように，現在価値の概念は投資計算を行ううえで，もっとも重要な概念である．ファイナンスの理論においては，現在価値，キャッシュ・フ

図表2−6　AAA社のキャッシュ・フロー予測─2014

(単位:10万円)

キャッシュの源泉	
純利益	234
減価償却費	50
資産の減少あるいは負債の増加	
買掛金の増加	395
未払い賃金の増加	4
キャッシュ源泉総額	683
キャッシュの運用	
配当金	117
資産の増加あるいは負債の減少	
キャッシュおよび有価証券の増加	876
売掛金の増加	721
棚卸資産の増加	310
前払費用の増加	2
固定資産投資	43
長期負債の減少	100
短期負債の減少	50
キャッシュ運用総額	2,219
外部資金必要額の決定	
キャッシュ源泉総額＋外部資金必要額＝運用総額	
683＋外部資金必要額＝2,219	
外部資金必要額＝1,536	

出所）ヒギンズ（2002：109）

ロー，将来価値および割引率との関係が現在価値概念を使って投資決定基準の方法のなかに生かされている．

　キャッシュ・フローの概念は，会計利益との関係からキャッシュ・フロー生成循環を通して明らかにしてきた．そこでは，キャッシュの循環において，企業体のファイナンス活動と事業活動は密接に関連しているということである．

　会計利益はキャッシュ・フローとは違っている．しかし財務担当経営者はこの2つを経営実践にうまく使う必要がある．特にキャッシュ・フロー予測の見積もりは重要である．これらの見積もりにはすべて不確実性の問題が関連してくる．これらの問題解決のための経営課題が経営者の経営意思決定に求められる．

参考文献

Brigham, E. F. & L. C. Gapenski (1997) *Financial Management-Theory and Practice,* 8th ed., The Dryden Press.

Higgins, R. C. (2001) *Analysis for Financial Management,* 6th ed., McGraw-Hill.

第３章　利益計画と財務計画

費用構成

固定費　　変動費

営業レバレッジ

財務レバレッジ

企業は，先を見て事業活動を行っている．経営計画が存在し，計画に準じて事業活動する．事業活動を行うためには，利益・財務計画設定が企業の財務管理の主な構成要因である．企業は保有する経済的資源を事業計画に投下するために，事業予測が必須である．計画設定プロセスが整備されていなければ，経営者，財務担当は経済事象を管理するより経済事象に反応して行動することになる．

本章は，財務管理者が計画設定プロセスを利用する基本的方法を論じる．計画設定プロセスは3つの構成要因から成る．第1は，利益計画設定であり，売上高と利益水準の可変性（variability），さらに，計画設定期間に創造すると予想される利益の水準を取り扱う．それは，固定・変動営業費（fixed and variable operating cost）と企業が利用する負債の資金調達額が将来の利益水準の安定性にどのように影響するかを例証することであろう．

第2の計画設定プロセスの構成要因，短期資金調達計画設定は，資金余剰と資金不足のタイミングを取り扱う．資金予算と呼ばれる計画設定方法が展開され，財務管理者に会社の短期資金状況の予測情報を提供する．運転資金などの不足，短期資金の外部調達時期，調達額の判断資料となる．

長期資金計画が第3の計画設定プロセスを構成している．企業は長期の成長を目指している．短期の資金需要を予測するとともに長期成長を企図して，長期的視点に立脚し財務管理者は長期経営計画全期間に求められる資金調達額を予測する．

1　利益計画

経営計画は利益計画と資金計画が前提となる．利益計画は計画期間を決定することから始まる．次に，計画期間の売上高（販売高，営業量）予測を確立する．売上高予測は，企業のさまざまな部門の協業作業を通して達成される．マーケティング部門は，フィールド調査，統計研究からデータを蒐集する．生

図表3—1　20X1年売上予測額（月次）

(単位：千円)

月	1月	2月	3月	4月	5月	6月	7月	8月	9月	10月	11月	12月	予測額
売上高	1,300	1,220	1,115	1,180	1,250	1,330	1,060	1,040	1,010	980	990	1,000	13,475

産部門は生産計画と在庫項目の利用可能性な情報を入力する．財務部門は事業のさまざまの水準で資金調達の能力に関する情報を入力することになる．ここでは計画設定プロセスを検討するため，売上高予測は所与とする．

　基本的には，予測される項目は，計画時間の期間を決定する．たとえば，ある特定の日の手許現金残高を決定しようとするなら，予測日の前，1週間から4週間以上の期間を予測期間とすることはない．現金は，非常に難しい予測項目のひとつである．現金は，生産・販売水準に依存するばかりか，会社の顧客の債務支払パターンにも依存する．

　現金予測とは対照的に，財務管理者は四半期，年次，5年次基準で経営計画を設定している．明らかに，5年次計画は，柔軟な資料に基づいているが，それは，将来を見据えることを財務管理者に要求するとともに，会社の収益性に与える潜在的な環境要因の影響に関連している．

　利益計画は，利益が企業の経営目的，事業目標と連関することは広く認識されている．利益計画は企業の目標とする利益額，利益率を示す．市場経済における会社は，適切な利益を獲得しなければ生存することはできない．それゆえ，経営者にとって，前もって計画を設定し，将来の営業期間に企業の利益潜在力を分析することは重要である．

　図表3—1は，A社の売上高予測を20X1年の月次基準で示した．この売上予測は20X1年時に生じる期待キャッシュ・フロー，営業利益などを予測する基本資料となる．

2 利益の構成項目

　利益計算は，売上総利益，営業利益，経常利益，税引前利益などに集計計算される．利益計画は，企業の主たる事業活動からえる営業利益が中心に位置づけられる．

　営業利益は，販売収益から売上原価を含む営業費用を控除したものに等しい．営業費用は固定費と変動費に分類できる．固定営業費は売上高（営業量，生産高）水準の変動に応じて変動しない費用である．減価償却費，給料（固定給），設備リース料，一般管理費や一定の販売費・販売促進費は固定営業費の例である．この種の費用項目，変動営業費は売上高や生産高水準に対応して変化する費用である．変動費に属する費用項目は，ここでは，売上原価だけである．この費用項目は，会社が第三者から購入し，製造・販売した項目の売上原価である．

　企業は，計画期間の売上高予測を計画期間に発生する予想損益額を決定するために利用する．図表3―2は，20X1年，前期6ヵ月の見積損益計算書と実

図表3―2　A社　見積損益計算書

（単位：千円）

	20X0	20X1（前期6ヵ月）
売上高	12,250	7,395
売上原価	8,820	5,324
売上総利益	3,430	2,071
営業費		
販売費	700	350
管理費	624	347
減価償却費	600	300
営業利益	1,506	1,074
支払利息	350	175
税引前利益	1,156	899
税　金	462	360
当期純利益	694	539
配当金	429	214.5

績損益計算書である[2]．見積損益計算書は，将来の一定期間を計画した財務諸表のひとつである．A社は，20X1年，前期6ヵ月の営業から539円単位の利益を期待している．見積損益計算書は，ただひとつの変動費，売上原価が，売上高の72％（7,395円×0.72＝5,324円）と前年度と同じく変化しないと仮定している．損益計算書も，固定営業費は総額997円＝350円＋（販売費）347円（管理費）＋300円（減価償却費＋減耗償却費）となることが予想される．

2—1．損益分岐点分析

売上高予測から事業活動の半期に539円の利益を生み出すと期待される．

企業の経済活動は，利益を獲得することが目的である．利益（利潤）は，通常，第三者への財・サービスの提供によって生じる収益とそれを獲得するために犠牲となった「費用」との差額として測定される．収益の構成項目のなかで最大のものは売上高であり，費用項目のうち最大のものは売上高に関連して生じる売上原価である．売上原価は売上高の増加に比例して増減する．ところが，費用のなかには売上高の変動に関係しない項目がある．企業の営業量（販売量，売上高，生産量など）に関係づけた費用行動の分析を「損益分岐点分析」(break-even point analysis) という．費用額と収益額が等しい『営業量』，利益ゼロとなる点が「損益分岐点」(break-even point) となる．

損益分岐点分析は，企業の予算制度で最重要項目である利益計画，利益計画の道具（手段）として有用性がある．これは，この手法が，利益額決定（予測）に際して種々の費用と利益の役割を明示することにある．さらに，製品の価格決定，生産量・販売量・製品種類の組み合わせの決定，費用（構造）の管理，予算編成，投資決定などの意思決定に応用することができる．

2—2．損益分岐点図表

企業の営業損益分岐点は，固定営業費，変動営業費と総費用との関係によって決定される．図表3—3は，損益分岐点を一般図表化したものである．この図表は，横軸に売上高，縦軸に費用を取る．売り上げグラフは45度で描かれている（売り上げが100単位増加すると，横軸も同じく100単位増加する）．固定

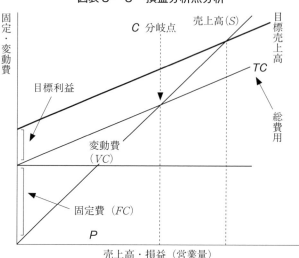

図表3—3　損益分析点分析

費（FC）は，所与の売上高で一定であることが仮定されていることから横軸に水平である．図表3—2から，A社の20X1年，前期6ヵ月に予定されている固定営業費には，販売費，管理費と減価償却費が含まれ，997円と予想される．

A社の変動営業費（VC），売上原価は，5,324円，売上高の72%と予想されている．売上高がゼロの水準では変動営業費はゼロとなる．売上高100,000円で，変動営業費は72円となる．売上高に対応して変動する変動営業費の傾斜は0.72であり，売上高と変動営業費の比に等しい．

変動営業費と固定営業費の合計が総営業費（TC）である．それぞれの売上高水準の総費用を示す．たとえば，売上高2,500円の場合，総費用は，固定営業費997円と変動営業費1,800円の合計2,797円である．

その場合，損益分岐点の売上高水準は，売上高直線（S）と総営業費直線との交点に位置している．損益分岐点以下の売上高では，営業損失となり，損益分岐点以上の売上高では，営業利益を生む．

損益分岐点図表の利点は，売上高の水準が利益に及ぼす影響が画面に明示されることである．この情報によって，経営者は，予想売上高が損益分岐点以下に落ちる可能性を評価する．たとえば，20X1年，前期6ヵ月，A社の売上高が2,500円と予測するならば，会社は297円の営業損失を計上することになる．企業は目標利益をえるために，総費用に目標利益を加算したのが目標売上高となり，事業活動の達成目標となる．

2－3．損益分岐点公式

損益分岐点を図表化することに頼らずに決定するため，財務管理者は〔3.1〕式に示すような，営業利益に関する会計等式を利用することができる．

売上高 (S) － 変動営業費 (VC) － 固定営業費 (FC) ＝ 営業利益 (OP)
$$\cdots\cdots\cdots\cdots\cdots〔3.1〕$$

〔3.1〕式の変動営業費は売上高に売上高変動営業費比率を掛けたものと定義し，営業利益をゼロ（損益分岐点）と置くことに，次のように修正できる．

$S - S \times (VC/S) - FC = 0$

$S[1 - (VC/S)] = FC$

$S^* = FC/[1 - (VC/S)]$ $\cdots\cdots\cdots\cdots\cdots〔3.2〕$

〔3.1〕式で例示されているように，損益分岐売上高（量）S^*は，固定営業費を，1から売上高変動営業費比率を控除した値で除して求められる．除数 $1-(VC/S)$ は「貢献利益」(contribution profit) である．A社では，売上高変動営業費比率は72％と所与であり，したがって，売上単位につき0.72が変動営業費用として支払われる．残り0.28は固定営業費の支払に貢献する．かくして，貢献利益は0.28となる．

2010年のA社の売上高水準の損益分岐点を決定するために，〔3.2〕式を利用し，図表3－2のデータを代入する[3]．

損益分岐点売上高＝固定営業費 / [1－(変動営業費 / 売上高)]

$= 997/(1 - 5,324/7,395) = 997/0.28 = 3,560$

言い換えれば，固定費を貢献利益（1－売上高変動営業費比率）で除すれば，

損益分岐となるに必要な売上高水準が求められる．

2－4．損益分岐点分析の限界

損益分岐点公式は，変動費と売上高を直線の関係と捉え，それゆえ，貢献利益は売上高に対応して決定される．さらに，固定変動費は，売上高に一定であると仮定されている．損益分岐点分析の直線関係に関して，誤解を生む．費用関数は実際には直線的ではない，収入関数は直線ではない，同一会社では多くの異なる生産物を販売しているため，独立変数として「売上高」を測定することはできない（販売価格の変動を仮定した場合，費用形態は変動）．損益分岐点は，利幅率を異にする多くの製品を販売する，商製品構成（プロダクト・ミックス），費用形態は変化する[4]．さらに，損益分岐点公式は，単位当たり販売価格を一定と仮定している．

損益分岐点（分岐点分析）は，企業の費用構造と収益構造の関係から，目標（予想）利益を達成するために，目標収益・費用（生産・販売量など）の水準を決定する方法である（図表3－4）．「利益創造」の概算値，範囲を示す．つま

図表3－4　損益分岐点分析

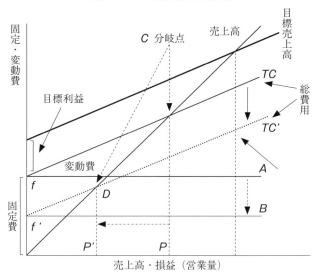

り，損益分岐点分析は，目標設定の方法として利用される．企業が目標利益を決定する．これを達成するために，現状の費用・収益構造から，目標収益または目標費用を推定する方法として利用可能性がある．目標利益を達成するために，固定費（A）を削減した（B）方針を採用した場合，総費用線は下方向へ移動し損益分岐点（C）は（D）に下落する．生産・販売高が下降しても，利益を創造する．売上高の増加（減少）がなくても，利益を増加させる（減収増益）．

2－5．営業梃子率（営業レバレッジ）

損益分岐点を上回る売上高の増加は，利益を増加させ，損益分岐点を下回る売上高は，損失を生じさせる．企業の費用構成には固定費が不可欠である．計画設定の観点から，固定費が存在することにより，変動費と固定費の費用関係は，売上高の水準に対応した利益の増減に影響を及ぼす．

企業の収益性の程度は，図表3－4で示したように，総収益または売上高直線と総費用直線との「交差」関係に依存している．この関係は，主に，売上高変動営業費比率に依存している．売上高1単位当たりの変動費が少額であればあるほど，総費用直線の傾きは小さく，諸条件を一定にすれば，それだけ，利益を高めることになる．

しかしながら，固定営業費と変動営業費は，産業技術に関連している．多額の設備投資額が求められる自動車製造会社，化学会社のような資本集約型企業は，固定営業費が高く変動営業費は低い．サービス産業のような，労働集約型

図表3－5　売上高水準と営業利益

(単位：千円)

売上高水準	変動営業費 （売上高の72％）	固定営業費	総営業費	営業利益
0	0	997	997	△997
2,500	1,800	997	2,797	△297
3,560	2,563	997	3,560	0
5,000	3,600	997	4,597	403
7,500	5,400	997	6,397	1,103
10,000	7,200	997	8,197	1,803

企業は，固定営業費は低く変動営業費は高い．資本集約的生産技術から労働集約的技術へ変更することで，損益分岐点を引き下げることができる．これは，変動費の上昇と比較して固定費を押さえることになるからである．事実，労働集約的企業は，売上高に比して低い損益分岐点を示すのが通例である．会社が資本集約型か労働集約型であるかは，売上高水準に対応して，利益に影響を及ぼしている．

2－6．営業梃子率の効果

営業梃子率（Degree of Operating Leverage：DOL）は，売上高の変化に比して会社の営業利益の変動性を測定する指標である．企業及び業種などによって，変動・固定の費用構成比が相違する．企業の費用構成に固定費が占める割合が多い企業は，固定費をもつと，その営業利益は売上高の変動幅より大きな幅で変動する．したがって，固定費が梃子の支点となり，売上高が営業利益に増幅した変動を発生させる（所与の産出量からの増加率と比較する営業利益の増加率）．この指標は，次の計算式で表される．

営業梃子率（DOL）＝営業利益の変化率／売上高の変化率 ……………〔3.3〕

DOLは，営業利益の変化率（％）と所与の売上高の変化率（％）の比である．

A社は，20X1年に売上高が10％増加し，売上原価は72％，固定費は1,926で一定と仮定する．図表3－6は，20X0年と20X1年の損益計算書を示した．図表3－5に示した数値と〔3.3〕等式を利用して，A社の営業梃子率は，次

図表3－6　A社　見積損益計算書

(単位：千円)

		20X0	20X1	変化額	変化率
売上高		12,250	13,475	1,225	110.0％
売上原価		8,820	9,702		
売上総利益		3,430	3,773		
営業費					
	販売費	673	673		
	管理費	653	653		
	減価償却費	600	600		
営業利益		1,504	1,847	343	122.8％

のように計算される．

営業梃子率（DOL）＝営業利益の変化率／売上高の変化率

　　　＝（営業利益の変化／20X0年営業利益）／（売上高変化／20X0年売上高）

　　　＝（343/1,504）/（1,225/12,250）＝.228/.010＝0.28

A社は，20X0年の売上高は12,250で，営業梃子率は2.28である．図表3—6から，売り上げを10％増加させることで，営業利益を343，または22.8％の増加をもたらすと予想される．

営業梃子率は，見積損益計算書の資料から以下の等式を利用して求める．

営業梃子率＝（売上高－変動営業費）/（売上高－変動営業費－固定営業費）

　　　＝$Q(P-V)/[Q(P-V)]-FC$ …………………………………………〔3.4〕

ここで，Qは単位当たり売上高，Pは単位当たり販売価格，Vは単位当たり変動営業費，FCは固定営業費である．

この等式に代入する数値は，売上高，変動営業費と固定営業費である．企業が損益分岐点の上で営業していると仮定すれば，DOLの値は，営業費がすべて変動費とした場合，固定営業費が総利益に近似することから，1.00以上の正の数値の間に位置する．企業の計画期間を長期に設定する場合，すべて変動費と取り扱われ固定費は存在しない．

2—7．営業梃子率の分析

等式〔3.4〕を使用して，20X0年予測売上高12,250の営業梃子率は，

営業梃子率＝（売上高－変動営業費）/（売上高－変動営業費－固定営業費）

　　　＝12,250－8,820/12,250－8,820－1,926

　　　＝2.28

これは，予想利益の増加率が予想売上高変動額の2.28倍となることを示す．等式〔3.4〕を利用して営業梃子率を予測する場合，経営者の売上高変動率の予測と計算された営業梃子率を利用して等式〔3.4〕に代入する．

営業梃子率＝営業利益の変化率／売上高変化率

　　2.28＝営業利益の変化／10％

22.8＝営業利益の変化

この方法を利用すれば，図表3―6に示したのと同じ情報が得られる．経営者が20％の売上高増を予想するならば，営業利益は，45.6％（45.6％＝2.28×20％）増加すると予想される．

経営者は，変動営業費と固定営業費との関係や営業梃子率の効果を業績に及ぼす効果を理解しなければならない．営業梃子率が大きいことは，予想売上高を所与とすれば，営業利益の可変性は大きくなる．

2―8．営業梃子率と損益分岐点分析

固定営業費と変動営業費の水準が，企業の収益に効果を及ぼす．図表3―7は，(1)変動費が売上高の50％，固定費は2,000の場合と(2)固定費が500円で変動費が売上高の85％である場合を仮定した．図表3―7で示したように，固定費が2,000円である場合，損益分岐点売上高は4,000円である．固定営業費が500円だけであれば，損益分岐点売上高は3,300円に下落する．

営業梃子率は，売上高が損益分岐点より上にある場合には，企業の収益能力を高める．たとえば，売上高7,500円では，営業梃子率は2.14であり，その場合，変動費は売上高の50％であり，固定費は2,000円である．また，変動

図表3―7　売上高と変動費

（単位：千円）

売上高	総費用	変動費 (売上高の50％)	固定費	営業利益
0	2,000	0	2,000	△2,000
2,500	3,250	1,250	2,000	△750
5,000	4,500	2,500	2,000	500
7,500	5,750	3,750	2,000	1,750
10,000	7,000	5,000	2,000	3,000

売上高総額	総費用	変動費 (売上高の85％)	固定費	営業利益
0	500	0	500	△500
2,500	2,625	2,125	500	△125
5,000	4,750	4,250	500	250
7,500	6,875	6,375	500	625
10,000	9,000	8,500	500	1,000

費が売上高の85％，固定費が500円である場合，営業梃子率は1.80である[5]．変動費が売上高の50％であれば，この費用構成は，売上高が10,000円に上昇すると，3,000円の利益を生む．しかしながら，変動費が売上高の85％であれば，費用構成は，売上高が10,000円に到達すると，営業利益は1,000円となる．これは(1)営業梃子率が高いため，結果として営業利益の増加をもたらしているという事実に起因している．固定営業費が保証されれば，その後，売上高で保証しなければならない費用は変動営業費だけであることは容易に理解できる．

3 財務梃子率（財務レバレッジ）

売上高の変動を所与とした場合，固定営業費は会社の営業利益に大きな変動を生じさせる．会社が資産を取得するに使用する資金源泉の選択から生じる固定費がある．資金源泉として負債（有利子負債）を利用している場合である．たとえば，社債や借入金への支払利息などは原則一定であり，営業状況に関係なく支払わなければならない．資本の調達源泉に有利子負債が存在する場合，純利益と営業利益の反応性（sensitivity）度は企業業績に効果を及ぼす．

3―1．財務梃子率の効果

財務梃子（Financial Leverage）は，費用項目に支払利息などが存在する場合の営業利益と純利益との関係を示す．等式〔3.5〕は，財務梃子率（Degree of Financial Leverage：DFL）の度合いを計算する等式を示した．財務梃子率等式は，営業利益の変動を所与として，そこから生じる純利益の変化率を測定する．

財務梃子率（DFL）＝純利益の変動率／営業利益の変動率 ……………〔3.5〕

この関係を明らかにするために，この等式〔3.5〕をA社の数値にあてはめる．前述したように，売上高を10％増加させると，営業利益を22.8％増加させる．図表3―8は，この22.8％の営業利益の増加を所与として，20X0年に生じた支払利息350が，資本構成に変動がなく，20X1年もそのままであると

図表3—8　財務レバレッジ

(単位：千円)

	20X0	20X1	変動額
営業利益	1,504	1,847	343
支払利息	350	350	
税引前利益（経常利益）	1,154	1,497	
税額（40％）	462	599	
純利益	692	898	206

仮定して，損益計算書の一部を示したものである．

財務梃子率（DFL）＝（純利益変動額/2009年純利益）/（営業利益変動額/20X1年営業利益）

$= (206/692)/(343/1,504)$

$= 0.297/0.228 = 1.30$

A社の財務梃子率は1.30であり，純利益は営業利益の変動率の1.30倍になることを示している．

この〔3.5〕式は，財務梃子率の論理を示し，〔3.6〕式は，会社の現在の営業水準における財務梃子率を簡単に計算する方法を示す．〔3.6〕式で，Iは資金調達として有利子負債を利用することで生じる支払利息などの水準である．

財務梃子率（DFLF）＝（売上高－変動営業費－固定営業費）/（売上高－変動営業費－固定営業費－支払利息）

$$= Q(P-V) - FC/Q(P-V) - FC - I \quad \cdots\cdots\cdots\cdots \text{〔3.6〕}$$

3—2．財務梃子率の分析

財務梃子率等式，〔3.6〕式を，A社の現在の売上高水準に適用すれば，財務梃子率は，以下に計算されるように，1.30となる．

財務梃子率（DFLF）＝ $12,250 - 8,820 - 1,926$

$= 12,250 - 8,820 - 1,926 - 350$

$= 1,504/1,154 = 1.30$

A社の財務梃子率1.30は，営業利益の10％の変動が純利益を13％変化させ，営業利益が22.8％変動するならば，その場合，純利益は29.6％（1.30×

22.8%)増加することを示す．財務梃子率は，会社の営業利益が支払利息を越えると仮定すれば，1.00以上の数値になる．営業利益で支払利息などを支払えない状況にあることを示す．財務梃子率が1.00であることは，財務梃子率の影響がないことを示している．この結果は，等式〔3.6〕を見て，無借金経営で支払利息がゼロと仮定すれば容易に理解できる．分母は，財務梃子率がゼロとなる分子に等しくなる．営業利益の水準に対して支払利息が高くなればなるほど，財務梃子率は高くなる．

　資金調達の源泉に負債を利用することを決定すれば，資本構成が生じ負債費用を負担するために営業利益などで補償しなければならない固定財務費用を発生させる．加えて，負債で資金を調達する依存度が大きくなればなるほど，財務梃子率は大きくなる．

3－3．レバレッジ効果

　営業・財務レバレッジは企業が負う事業全体のリスクを表している．企業はレバレッジの選択を行わなければならない．レバレッジ水準の目標を決定し行動しなければならない．

　財務レバレッジが高く，しかも営業レバレッジ（DOL）が高い会社は，会社の全体リスクが高いことを示している．固定化された財務費用とおなじく，営業固定費を補償するために，十分な売上高水準を達成しなければならない．加えて，純利益は，売上高水準に反応しやすく，売上高水準の変動の倍数だけ，下落もするし，増加もする．

　営業レバレッジは，財務レバレッジと相互作用は総レバレッジ（Degree Total Leverage：DTL）をもたらす．この総レバレッジは，純利益の変動率と売上高の変動率に関係している．この関係は，〔3.7〕式で表現される．

　総レバレッジ（DTL）＝純利益変動率／売上高変動率 ……………………〔3.7〕

　また，もうひとつの方法として，〔3.8〕式に示すように，DTLはDOLにDFLを乗じることでも計算できる．

　DTL＝DOL×DFL ………………………………………………………………〔3.8〕

（営業利益の変動率／売上高の変動率）×（純利益の変動率／営業利益の変動率）

　　＝純利益の変動率／売上高の変動率＝DOL×DFL＝2.28×1.30＝2.96

　売上高が10％増加したら，純利益は29.6％増加するであろう．売上高の小規模な変動でも，収益性に大きな変動をもたらす．これは，売上数量の増加とおなじく減少する場合にも該当する．たとえば，A社のDTLが所与であれば，売上高の10％の減少は純利益を29.6％減少させるであろう．企業の財務管理にはレバレッジ効果を効果的に管理することが不可欠である．

4　資金計画

　利益計画は，企業の収益性を予測することに影響を及ぼすさまざまなレバレッジ効果を考えなければならない．営業・財務レバレッジは，売上高と利益との間に可変性のある関係を生み出す．企業は選択した計画から生じるレバレッジ効果が利益の分散を生み出すことを理解しなければならない．

　利益計画を実行するために，収益を取得する事業活動が存在する．事業活動に投資する必要額の資金調達額を見積もることが必然となる．これらの見積もりは，見積損益計算書，見積貸借対照表および現金予算などに集約される．

　利益計画の出発点である売上高予測，固定・変動費用の予測が設定され，費用構成の利益効果が認識されていることを前提として，図表3—9の四半期別見積損益計算書が作成された．次に，計画は現金予算である．

　現金予算（cash budget）は，現金，売上高水準，売上債権回収パターン，在庫，営業債務支払，資本支出予定，税金支払いのほかの多くの収支項目が含まれる．売上高予測，営業債権回収パターン，方針を利用して，現金予算を構築した．前四半期の未回収営業債権はなく，法人税など，配当金は第1四半期に支払われると仮定した（図表3—10）．損益計算書の数値と異なり，現金予算の数値は，—発生した費用ではなく—実際の現金収支を表現している．これゆえ

図表3-9 見積損益計算書

(単位:千円)

	第1四半期	第2四半期	第3四半期	第4四半期
売上高	6,000	4,000	3,000	9,000
原材料	2,400	1,600	1,200	3,600
労務費	1,650	1,650	1,650	1,650
販売・管理費	1,100	1,100	1,100	1,100
(減価償却)	500	500	500	500
支払利息	150	150	150	150
税引前利益	700	(500)	(1,100)	2,500
法人税等(50%)	350			
税引後利益	350	(500)	(1,100)	2,500

図表3-10 現金予算

	第1四半期	第2四半期	第3四半期	第4四半期
売上高	6,000	4,000	3,000	9,000
現金売上高	1,800	1,200	900	2,700
営業債権	4,200	2,800	2,100	6,300
前期債権回収	0			
営業債権回収				
70%(第1期回収)		2,940	1,960	1,470
20%(第2期回収)			840	560
10%(第3期回収)				420
	1,800	4,140	3,700	5,150
現金支出				
原材料	2,400	1,600	1,200	3,600
販売・管理費	2,750	2,750	2,750	2,750
支払利息	150	150	150	150
法人税等	350			
資本支出				3,000
配当金	600			
現金支出計	6,250	4,500	4,100	9,500
差額	(4,450)	(360)	(400)	(4,350)
期首現金残高	3,500	(950)	(1,310)	(1,710)
期末現金残高	(950)	(1,310)	(1,710)	(6,060)
最低現金保有高	1,000	1,000	1,000	1,000
差額	1,950	2,310	2,710	7,060

に，減価償却費などは現金予算には記載されていない．現金予算のそれぞれの数値が，どのように計算されているか見てみよう．

現金予算は，企業の短期財務管理の主たる方法である．月次，四半期の資金需要を見積もるために利用される．現金予算は，現金余剰額，現金不足額が生じる時期やその額の状況を知らせる．図表3—10において期末残高が示すように，債務などに充当できる十分な現金残高を保有していない．短期借り入れなどの資金調達方法を講じなければならないことを示している．

4—1. 見積貸借対照表

見積貸借対照表は，企業の年度末の財政状態を予測する．見積損益計算書と現金予算から収集した数値を基礎に構築される．

財務管理者は，事業計画を実行した結果として，将来のA社の財政状況を予想する見積財務諸表を完成させた．計画が設定され，見積財務諸表を構築し，企業目標と適合するかどうか判断する．見積情報から得られた情報を利用して，企業に存在する潜在的な問題点を予想し，査定するために，財務分析方法を利用する場合もある．見積情報の分析は，経営者に，資金調達の需要，余剰現金の短期投資などを計画する状況を示唆する．

4—2. 売上高予測手法

企業の次年度，再来年度の資金需要を予測する．計画設定の期間設定が長くなる場合，詳細な見積財務諸表の必要性はない．これは，見積計算書を構成する個々の要因を正確に予測する能力が劣ることに起因する．企業は，売上高予測法（percent of sales forecasting technique method）を利用して概略計画を設定する．

この予測手法は，売上高と比例して流動負債，流動資産，固定資産（予想期間の長さによって）は変動すると仮定を置く．たとえば，流動資産が，現在，売上高の20％であり，次年度以降もこの関係が成立する．現在の売上高水準以上に，追加売上高1,000ごとに，総資産は，20増加する．この資産増に対応して資金調達する．

第3章　利益計画と財務計画

　営業取引の資金源泉に買掛債務がある．買掛債務は売上高水準で変動する．これまで，流動負債が売上高の25％であるならば，売上高が現在の水準を1,000超えるごとに，流動負債（資金源泉）は250増加する．

　資金源泉に留保利益がある．この内部資金源泉は，計画期間の会社正味売上総利益率Mに予想売上高を掛け，1－配当率（D）の比を掛けて計算される．この数値は，企業内に留保される営業活動からの資金を表している．減価償却費は，資産の数値が償却費控除後の正味数値であることから，戻し加算されない．この点で，資金の使途が資金源泉を超過しているならば，新規外部資金調達が計画設定期間で要求される．外部資金必要額（NEF）の予測手法は，以下に示すように，公式に還元できる．

　外部資金必要額（NEF）＝［（流動資産＋固定資産）／売上高 × 売上高増加額］－［（流動負債／売上高）× 売上高増加額］－［売上高 × 売上高純利益率 ×（1－配当総額／純利益）］

$$NEF = (CA+FA)\triangle S - (CL/S)\triangle S - [S \times M \times (1-D)]$$

　上に等式で，△Sは，計画期間の売上高の期待変動額を表している．また右辺，1項は，資産増，2項は負債増，3項は予想内部資金額を示す．

4－3．売上予測と外部資金調達

　売上高の実績を2,000単位，10％の売上高増を計画していると仮定する．支払利息は30単位，法人税などを40％と仮定して追加資金調達額を予想した（図表3－11）．企業成長の著しい会社は定常的に成長する会社に比較して資金不足の可能性がある．多額の投下資金の成果は事後となる．企業は，金融機関借り入れ，社債，株式発行などによる外部資金調達を求める．さらに，業績不振の会社は，事業整理などに資金を求める．

　企業の財務管理に利益・財務計画が利用される．計画設定は，利益計画設定，短期財務計画などから構成されている．

　利益計画では，損益分岐点分析や営業レバレッジ，財務レバレッジおよび総レバレッジを含んだレバレッジ分析の概念に関して熟考する．損益分岐点分析

図表3—11　追加資金予測

(単位：千円)

	実績		計画（10%増計画）	
損益計算書		売上高割合(%) − A	B	C = B × A
売上高	2,000	100.0%	2,200	2,200
売上原価	1,800	90.0%		1,980
利子税控除前利益	200			220
支払利息	20			30
税控除前利益	180			190
法人税等（40%）	72			76
純利益	108			114
配当（50%）	54			57
留保利益	54			57
貸借対照表				
資産				
流動資産	800	40.0%		880
固定資産	1,000	50.0%		1,100
資産総額	1,800	90.0%		1,980
負債				
流動負債	400	20.0%		440
固定負債	300			300
資本金	50			50
利益剰余金	1,050			1,107
負債・株主資本総額	1,800			1,897
予想追加資金調達額				83
負債・株主資本総額				1,980

注）固定負債，資本金は，売上高の増減に変動しない．

は，その分岐点が総収益と売上原価に営業費用を加えた額が売上高水準である，損益分岐点売上水準の計算を含んでいる．

　営業レバレッジ（DOL）は，売り上げの変動が営業利益に及ぼす度合いを測定する．営業レバレッジの水準は，会社の固定営業費用と変動営業費用との関係の関数である．財務管理者は，固定営業費用を高くし，1単位あたり変動費を減少させることで，営業レバレッジの水準を増加させることが可能である．この結果，売り上げの損益分岐点水準を高くすることになる．しかしながら，この水準に到達すれば，利益は，1単位あたり変動費が低くなり，固定営業費

用が補償されることから,急速に成長する.

　財務レバレッジ(DFL)は,営業費用と純利益との間の関係を測定する.DFL が大きくなるにつれ,営業利益の水準の変動を所与とすれば,純利益の変動比率は,大きくなる.財務管理者は,支払利息のような固定財務費用の水準を増加させることから,DFL を増加させることができる.かかる財務費用は,会社の売上水準が拡大しても一定に維持される.それゆえ株主に,より大きい報酬が生じる.

　総レバレッジ(DTL)の水準は,売上高の変動とその結果生じる純利益の変動の関係を想定する.DTL の水準は,DOL と DFL の積に等しい.一般に,企業の利益水準を変動させる要因となるレバレッジは,営業レバレッジか財務レバレッジであろうと,それは会社の売り上げ対利益の関係を変化させやすいために,計画設定プロセスに追加リスクを持ち込む.売上高予測の予測可能性が低下すれば,財務管理者は,DOL,DFL または DTL の水準に関係して,より慎重となるのが一般的である.

　短期財務計画を導入するために,現金予算を含む,見積財務諸表の作成を論述した.現金予算は,現金収入と現金支出との関係であり,現金不足と現金過剰とのタイミングを明確に示している.財務管理者は,いつ資金調達が必要とされ,どの程度必要されるか,いつ返済できるかを知ることになる.

　長期財務計画は,企業の戦略,長期経営計画に依存する.長期計画は見積貸借対照表と見積損益計算書だけの構築をその内容とした.1年以上から5年程度の長期的期間に企業が目指す事業展開に必要とする資金調達に関する写像をえることができる.資金調達には資本コストの課題がある.資本コストは資金源泉,組み合わせ,調達方法,調達額,調達時期,調達場所などにより変動する.資金調達を必要とする時期は,資金調達時限が遠い将来である場合には重要性はない.過去の財務情報をもとに詳細な貸借対照表と損益計算書を構築するもうひとつの方法が売上高予測法,趨勢分析,回帰分析である.これら予測方法により,企業が選択する資本構成を前提として計画期間に要求される外部

または内部資金調達源泉を選択し，調達額を見積もる．

注）
1) 予測とは，将来の事象，状態を計画し，計算し，予想する能力と定義できる．企業の環境に関する過去，現在，未来に関するデータを分析することを基礎として組み立てられる．予測の基本的目的は，企業の経済環境の将来事象に関する最良の近似値または状態の予測範囲を示すことである．これにより，企業行動に合理的意思決定の基礎情報を提供することにある．
2) Mansess, Terry S. (1988) *Introduction to Corporate Finance*, McGraw Hill, pp.81-100.
   四半期報告が制度化されている．四半期，半期基準で売上実績は評価される．
3) 損益分岐点（BEP）を決定するもうひとつの等式は，売却項目の損益分岐数量を決定する方法である．
   販売単位損益分岐点＝固定費／（単位価格－単位変動費）
   百貨店スーパーなどは損益分岐点に販売量を使用する．
4) 売場別，階層別などで，計算することは可能である．企業は，どのような製品群（品揃え）に収益力の源があるか判断している．しかし，収益力がある製品・商品だけを取り揃えることでは企業，店舗は維持できない．
5) この営業梃子率を計算するために，図表3－6の数値を利用し，等式〔3.4〕に代入する．
   営業梃子率＝売上高－変動営業費／売上高－変動営業費－固定営業費
   営業梃子率＝7,500－3,750／7,500－3,750－2,000
   営業梃子率＝7,500－6,375／7,500－6,375－500
6) Shapiro, Alan C. (1990) *Modern Corporate Finace*, Macmillan.

参考文献

Bowlin, Oswald D., Martin, John D. & David F. Scott (1990) *Guide to Financial Analysis*, 2nd ed., MacGrew-Hill.

Chorafas, Dimitris N. (2002) *Liabilities, Liquidity, and Cash Management*, Wiley.

Dobbins, Richard & Stephen F. Witt (1988) *Practical Financial Management*, Blackwell.

Ehrhardt, Michael C. (1994) *Measuring the Company's Cost of Capital*, Harvard Business School Press.（真壁昭夫・鈴木毅彦訳『資本コストの理論と実務・新しい企業価値の探求』東洋経済新報社，2001年）

Fabozzi, Frank J. & Pamela P. Peterson (2003) *Financial Management & Analysis*, 2nd ed., Wiley.

Ferris, Kenneth R. & Barbara S. Pécheror Petitt (2002) *Valuation : avoiding the winner's curse,* Pearson Education.（村上雅章訳『企業価直評価』ピアソン・エデュケーション，2003 年）

Kaen, Fred R.（1995）*Corporate Finance,* Blackwell.

Maness, Terry S.（1988）*Introduction to Corporate Finance,* MacGraw-Hill.

Peterson-Drake, Pamela & Frank J. Fabozzi（2012）*Analysis of Financial Statements,* 3rd ed., Wiley.

Pike, Richard & Bill Neale（1993）*Corporate Finance and Investment: Decisions and Strategies,* Prentice Hall.

浅田孝幸（2002）『戦略的管理会計』有斐閣.

朝岡大輔（2006）『戦略的コーポレートファイナンス』NTT 出版.

大西淳（2009）『コーポレート・ファイナンス理論と管理会計』京都大学出版会.

小椋康宏編（2007）『経営学原理　第二版』学文社.

國弘員人（1958）『収支分析点』ダイヤモンド社.

國弘員人（1979）『新版体系経営分析』ダイヤモンド社.

久保田敬一（2006）『決定版コーポレートファイナンス』東洋経済新報社.

後藤幸男（1981）『資金管理論』中央経済社.

小松章編著（2009）『経営分析・企業評価』中央経済社.

小山明宏（2001）『財務と意思決定』朝倉書店.

染谷恭次郎（1988）『資金管理の基礎』国元書房.

野村證券金融工学研究センター編（2011）『企業価直向上の事業投資戦略』ダイヤモンド社.

仁科一彦（2004）『企業ファイナンス入門（第 2 版）』中央経済社.

蜂谷豊彦・中村博之（2001）『企業経営の財務と会計』朝倉書店.

花枝英樹（2005）『企業財務入門』白桃書房.

保坂和男（1991）『新版　現在企業財務』森山書店.

若杉敬明（1988）『企業財務』東京大学出版会.

第4章　財務分析

比率分析　　趨勢分析

総資産利益率（ROA）

デュポン・システム

自己資本利益率（ROE）

1　財務分析の基礎

　経営財務あるいは経営分析の領域のなかで，財務分析は重要な役割を演じてきた．財務分析は，特に，財務管理者が直面する活動領域のうち，基礎的かつ実践的なものとして考えられてきた．一方，財務分析は，外部からの観察者にとっても，企業体の実態を知りうる手掛りとなるものであると考えてきた．財務分析は，企業活動の実態を各種の技法によって解明し，将来の企業体の成長・発展に効果を与えるための準備的性格をもっているといえる．したがって，財務分析は，財務管理者にとって，まず，取り上げられなければならない[1]．

　さて，財務分析をなす場合，それがどのような立場から，どのような目的をもってなされるかをはっきりさせる必要がある．内部における財務管理者の立場からなのか，あるいは外部の利害関係者集団の立場からなのか，といった点である[2]．この点に関しては，実践経営学的には，内部における財務管理者の立場から検討を加えることにする．しかしながら，ここでいう財務管理者は，単なる資金繰りを中心とする財務活動をなす担当者をいうのではなく，もう一歩，分析的概念をいれて財務活動をなしている担当者をいうことにしたい．いいかえれば，経営者・管理者の立場から財務活動を行う担当者すなわち経営者・財務管理者を考える．

　具体的には，最初に，「財務分析の基礎」として，一般に使われる具体的な諸概念，諸技法を取り上げることにする．次に，財務の体系分析においてみられる分析概念に基づく理論を紹介しながら，財務分析の実践経営学的分析を明らかにしたい．

2 比率分析と趨勢分析

2—1. 比率分析

　財務分析をなす場合，まず取り上げられなければならないのは比率分析 (ratio analysis) である[3]．比率分析は，財務諸表を中心とする資料によって行われる．財務分析をなすうえでの基本的なタイプは，次のように考えることができる．おのおののタイプは，その分析で強調され種々の関係のタイプを決定している目的とか利用を有している．たとえば，財務アナリストは，銀行家が，企業体に対し短期の貸付けを保証するかどうかを考慮させるようにするかもしれない．財務アナリストは，第一義的には，企業体の支払期日と流動性の状態に関心をもち，その結果，流動性を測定する比率を強調している．これに反し，長期の債権者は，流動性よりも，収益力とか経営効率をもっと強調している．彼らは，もうからない経営活動が資産の価値をむしばむことを知っており，また，強い流動性の状態は，資金が20年の社債発行を支払うのに有用となることを保証するものではないことを知っているのである．株式に対する投資家は，同じように，長期の収益性や効率に関心をもっている．もちろん，経営者は，こういったすべての財務分析の見解──すなわち，長期あるいは短期の債権者に対しては，債務を支払うこと，株主に対しては利潤をあげることを求めているということ──に関心をもっているのである．

　さて，一般に，伝統的には比率を4つの基本的タイプに分類することが行われる．

(1) 流動性比率

　流動比率は，満期になる短期の債務を支払う企業体の能力を測定するためのものである．

(2) レバレッジ比率

　レバレッジ比率は，企業体が債務によって資金調達される範囲を測定するた

図表4−1　ABC会社：例解用貸借対照表　　2014年3月31日

(単位：万円)

（資　産）		（負債および資本）	
現金	15,000	買掛金	18,000
市場性有価証券	45,000	支払手形（8％）	30,000
売掛金（正味）	60,000	未払費用	3,000
棚卸資産	90,000	納税引当金	39,000
流動資産合計	210,000	流動負債合計	90,000
工場および設備	540,000	第1次担保付社債（5％＊）	150,000
減価償却引当金（−）	150,000	無担保社債（6％）	60,000
正味工場および設備	390,000		
		普通株	180,000
		留保利益	120,000
		資本合計	300,000
資産合計	600,000	負債および資本合計	600,000

注）＊年次減債積立額は，600万円である．

めのものである．

(3) 経営回転率

経営回転率は，企業体がその資源をどのぐらい効果的に利用しているかを測定するためのものである．

(4) 収益性比率

収益性比率は，経営の総合的有効性を測定するためのものであり，その有効性を売上高や投資によって生み出される収益（returns）によって示される．

以上に示す4つの比率によって，財務分析がまず検討されるのである．一層，意味のあるものにするために，次に，ウェストン（Weston, J. F.）とブリガム（Brigam, F. F.）の説明を援用しながら（一部修正），検討を加えてみることにしよう．[4)]

まず，ここで次のようなABC会社を考えてみる．ABC会社の例解用貸借対照表（図表4−1）と例解用損益計算書（図表4−2）は，次の通りである．

財務分析の出発点として，この事例を使って，財務比率に関する4つの基本的タイプの内容を明らかにしたい．

図表4—2　ABC会社：例解用損益計算書　2013年4月1日～2014年3月31日

(単位：万円)

・純売上高		900,000
売上原価		774,000
・売上総利益		126,000
・営業費		
販売費	6,600	
一般管理費	12,000	
事務所賃借料	8,400	27,000
・粗営業利益		99,000
減価償却費		30,000
・純営業利益		69,000
・営業外利益		
特許料収入		4,500
・当期総利益		73,500
・営業外費用		
支払手形割引料	2,400	
第1次担保付社債利息	7,500	
無担保社債利息	3,600	13,500
・税引前利益		60,000
・税金（40％*）		24,000
・税引後純利益		36,000
・配当金		30,000
・留保利益		6,000

注）＊テキストにおける説明の多くは，税率50％が使われる．

(1) 流動性比率

　一般に，財務アナリストの第一義的な関心は，流動性——すなわち満期になる債務を支払う企業体の能力——である．ABC会社は，来年度中に支払わなければならない9億円の債務をもっている．これらの債務負担は満足しうるものであろうか．厳密には流動性分析は，現金予算の利用を必要とするが，この点に関しては，別の機会に譲ることにする．したがって，ここでは，比率分析は，現金およびその他の流動資産の額と流動負債と関連づけることによって流動性に関し，素早く，使いやすい尺度を提供しているのである．

　① 流動比率　流動比率は，流動資産を流動負債でわって計算される．流動比率は，短期の支払能力の測定にもっとも一般的に使われている．というのは，

流動比率は，短期の債権者の債権が，その満期にほぼ対応できる期間内に現金化されると予想される資産によってカバーされる程度を示すものであるからである．

ABC会社の流動比率の計算は，次のように示される．

$$\text{流動性比率}^* = \frac{\text{流動資産}}{\text{流動負債}} = \frac{210{,}000}{90{,}000} = 2.3 \text{倍}$$

$$\text{業界平均}^{**} = 2.5 \text{倍}$$

* 以下単位はすべて万円である．
** 業界平均の数値はひとつの基準値として考えられているのであって，わが国の実態とは必ずしも一致するものではないことを注意したい．

流動比率は，業界平均2.5をいくぶん下回っているが，問題にするほど低くはない．満足すべき状態であると考えられる．

② 当座比率（酸性試験比率）　当座比率は，流動資産から棚卸資産を引き，その残高を流動負債でわって計算される．棚卸資産は，一般に，企業体の流動資産のうちもっとも流動性が小さく，現金化の場合，もっとも損失が生じやすい．したがって，棚卸資産の売却によらず，短期債務を返済するこういった企業体の能力の尺度は重要である．

$$\text{当座比率（酸性試験比率）} = \frac{\text{流動資産} - \text{棚卸資産}}{\text{流動負債}} = \frac{120{,}000}{90{,}000} = 1.3 \text{倍}$$

$$\text{業界平均} = 1.0 \text{倍}$$

業界平均の当座比率が1.0であり，ABC会社の1.3は，この業界の他会社と比較して好ましいものである．

(2) レバレッジ比率

レバレッジ比率は，企業体の債権者によって与えられた資金調達額と比較して，所有者の出資の度合いを測定するものであり，多くの意味をもっている．第1に債権者は，安全性の幅を与えるために，自己資本すなわち所有者によって提供された資金に注目する．もし所有者が全体の資金調達額のわずかな部分

しか提供していないならば，企業体のリスクは，主として債権者によって負担されることになる．第2に，債務によって資金を調達するならば，所有者は，限られた投資で企業体の支配を維持する利点をえることになる．第3に，もし企業体が借入れた資金によって利子として支払う以上のものを稼ぐならば，所有者の利益は増大する．たとえば，もし総資産が6％の利益を稼得し，債務コストが4％ならば，株主には2％の差額が生ずることになる．しかしながら，もし総資産利益率が3％に陥るならば，この数字と債務コストの差額は，総利潤の自己資本の分け前から埋め合わされなければならない．最初の場合，すなわち総資産が債務コスト以上を稼得する場合，レバレッジは好ましいものであるが，第2の場合では好ましいものではない．

③ 総資産負債比率　総資産負債比率は，一般に負債比率と呼ばれ[5]，債権者によって提供された総資金の割合を測定するものである．債権者は適当な負債比率を好む．というのは，この比率が低ければ低いほど精算の場合において債権者の損失に対するクッションが大きくなるからである．このように低い負債比率に対する債権者の選好に対して，所有者は，(1)収益を最大にするために，(2)新たな自己資本の調達が支配の一部を人手に渡すことを意味する結果となるために，高度のレバレッジを求めるのである．もし負債比率があまりにも高いならば，所有者の側の無責任さを助長する危険があることになる．

$$負債比率 = \frac{総負債}{総資産} = \frac{300{,}000}{600{,}000} = 50\%$$

$$業界平均 = 33\%$$

ABC会社の負債比率は50％である．これは，債権者が企業体の総資金調達額の半分を供給していることを意味している．この業界の平均負債比率は約33％であるので，ABC会社は，最初に自己資本による調達をしないで追加資金を借入れることは困難であることを発見する．

④ インタレスト・ガバレッジ率　インタレスト・ガバレッジ率は，利子・税金控除前利益を支払利子でわって決定される．インタレスト・ガバレッジ率

は年次の利子費用の支払不能を原因とする企業体の財務上の困難を伴うことなしに，利益が低減しうる程度を測定するものである．こういった利子支払ができなくなると，債権者によって法的行動がとられることになり，おそらく破産という結果になるであろう．計算式には，税引前利益が使われることに注目してみたい．税金は，利子費用控除後にかけられるので，現在の利子を支払う能力は，税金によって影響されないのである．

$$\text{インタレスト・ガバレッジ率} = \frac{\text{総利益}}{\text{支払比率}} = \frac{\text{税引前利益} + \text{支払利子}}{\text{支払利子}} = \frac{73{,}500}{13{,}500} = 5.4 \text{ 倍}$$

業界平均 = 8.0 倍

ABC会社の支払利子は，3つの支払いで総額1億3,500万円である．これらの費用のために利用できる企業体の総利益は，7億3,500万円であるので，利子は，5.4倍の利益によってカバーされる．業界平均は8倍なので，この会社は，安全性の最低額のところで利子費用をカバーしているにすぎず，可という評価しか与えられない．

⑤ 財務カバレッジ率　財務費用がカバーされる倍率は，財務費用控除前利益を財務費用総額——利子，賃借料，減債基金積立額および減債基金積立額に見合う税金*——でわって決定される．この一層包括的な比率は，インタレスト・ガバレッジ率に対する重要な補足的比率となっている．

$$\text{財務費用財務カバレッジ率} = \frac{\text{財務費用控除前利益}}{\text{財務費用総額}} = \frac{\text{総利益} + \text{事務所賃貸料}}{\text{利子} + \text{賃貸料} + \text{税引前減債基金}}$$

$$= \frac{73{,}500 + 8{,}400}{13{,}500 + 8{,}400 + 10{,}000} = \frac{81{,}900}{31{,}900} = 2.6 \text{ 倍}$$

業界平均 = 4.0 倍

＊減債基金は，発行済社債を償却するために毎年積立てられるべき金額である．減債基金積立額は所得税の計算には損金とならないから，それは税引後利益から積立てられなければならない．このことは，実際には，企業体が税引前利益を，そこから税金を支払い，さらに残りで減債基金の積立てができるほど，十分に稼得しなければならないことを意味している．こういった理由から，税金は財務費用

ガバレッジ率の分母に含められなければならない．

ABC会社は税率40%の階層に入っているから，税金を支払って，なお6,000万円の税引後利益を残すためには，1億円の税引前利益がなければならない．必要な税引前利益を求める一般方程式は，次のようになる．

$$減債基金に見合う税引前利益 = \frac{減債基金積立額}{1.0-税率} = \frac{6,000}{1.0-0.4} = \frac{6,000}{0.6} = 10,000$$

ABC会社の財務費用カバレッジ率は，業界平均の4倍に対して2.6倍である．再度，これは，企業体が債権者の望む水準よりもいくぶん弱いことを示しているのである．

(3) 経営回転率

経営回転率は，企業体がその指揮下にある資源をどのぐらい効果的に利用しているかを測定するものである．これらの比率は，すべて売上高の水準と種々の資産勘定における投資との間の比較を含んでいるのである．経営回転率は，「適切な」バランスが売上高と種々の資産勘定——棚卸勘定，売掛金，固定資産，その他——といったものとの間に存しなければならないことを仮定しているのである．

⑥ 棚卸資産回転率　棚卸資産回転率は，売上高を棚卸資産でわって定義される．

$$棚卸資産回転率 = \frac{売上高}{棚卸資産} = \frac{900,000}{90,000} = 10 回$$

$$業界平均 = 9 回$$

ABC会社の棚卸資産回転率10回は，業界平均の9回と比較して好ましいものである．これは，この会社が過大な棚卸資産を保有していないことを意味している．

⑦ 平均回収期間　平均回収期間は，受取勘定回転率の測定であり，2つの方法によって計算される．すなわち，最初に，1日の平均売上高を出すために，年間の売上高を360でわる[6]．第2に，受取勘定に結びつけられている売上高日

数を出すために，受取勘定を1日の売上高でわる．これが平均回収期間として定義されるのである．

(1) 1日の売上高 = $\dfrac{900{,}000}{360} = 2{,}500$

(2) 平均回収期間 = $\dfrac{受取勘定}{1日の売上高} = \dfrac{60{,}000}{2{,}500} = 24$ 日

業界平均 = 20 日

ABC会社の計算は，平均回収期間24日を示しており，業界平均20日をいくぶん下回っている．この比率は，企業体が商品を販売する期間によって評価される．たとえば，ABC会社の販売期間が20日内正価基準であるならば，24日の回収期間は平均的なものとなる．しかしながら，受取勘定経過期間表というものを財務上の用具として使用するならば，次のような点に注意しなければならない．

受取勘定経過期間	受取勘定総額に占める割合
0 – 20	50
21 – 30	20
31 – 45	15
46 – 60	3
60 以上	12
総　計	100

つまり，50%が20日内正価基準に合致しておらず，30%が1ヵ月を超えているということである．したがってそういった点も考慮にいれて，平均回収期間の意味を理解する必要があろう．

⑧ 固定資産回転率　固定資産に対する売上高の比率は，工場および設備の回転率を測定する．

$$固定資産回転率 = \dfrac{売上高}{固定資産} = \dfrac{900{,}000}{390{,}000} = 2.3 回$$

業界平均 = 5.0 回

ABC会社の回転率2.3回は，業界平均の5回と比べて貧弱であることを示

している．つまり，固定資産の能力を，同じ業界の他会社ほど利用していないということである．

⑨ 総資産回転率　総資産回転率は，売上高を総資産でわって計算される．

$$総資産回転率 = \frac{売上高}{総資産} = \frac{900,000}{600,000} = 1.5 回$$

$$業界平均 = 2.0 回$$

ABC会社の総資産回転率は，業界平均よりも低い．この会社は，資産への投資規模に対し，十分な操業度となっていないことのみを意味するものではない．売上高が増大されるか，何らかの資産が処分されるか，あるいは両者がともになされなければならないのである．

(4) 収益性比率

収益性は，企業体の多くの方針や意思決定の正味の結果である．この比率は，企業体が活動する方法について，いくつかの興味ある問題を明らかにしてきたものである．しかし，結局，収益性比率は，企業体がどのぐらい有効に経営されてきているかについて，最終的な解答を与えているのである．

⑩ 売上高利益率　売上高利益率は，税引後の純利益を売上高でわって計算され，売上高1単位当りの利益を与えている．

$$売上高利益率 = \frac{税引後純利益}{売上高} = \frac{36,000}{900,000} = 4\%$$

$$業界平均 = 5\%$$

ABC会社の売上高利益率は，業界平均5％よりいくぶん下回っており，企業体の販売価格は比較的低いのか，費用が比較的高いのか，あるいは両者であるのかを示しているのである．

⑪ 総資産利益率　総資産純利益率は，企業体の総投資に対する利益率を測定するものである．

$$総資産利益率 = \frac{税引後の純利益}{総資産} = \frac{36,000}{600,000} = 6\%$$

$$業界平均 = 10\%$$

ABC 会社の 6 ％の利益率は，業界平均 10％よりかなり下回っている．この低い利益率は，低い売上高利益率および低い総資産回転率から生じているものと考えられる．

⑫ 資本利益率　自己資本に対する税引後の利益の比率は，株主の投資に対する利益率を測定するものである．

$$自己資本利益率 = \frac{税引後純利益}{自己資本} = \frac{36,000}{300,000} = 12\%$$

$$業界平均 = 15\%$$

ABC 会社の 12％の利益率は，業界平均 15％より下回っているが，総資産利益率ほどではない．

　以上に示した個々の比率は，ABC 会社の強力な点と弱点についての合理的な考え方を与えることになる．第 1 に，会社の流動性の状態は，合理的で好ましいものである．第 2 に，レバレッジ比率は，この会社が，むしろ負担がかかっていることを示している．したがって ABC 会社は，比較的不利な条件を除いては，追加の債務による資金調達ができるということは疑わしいものである．たとえさらに借入れができたとしても，そうすることは，この会社を債務不履行や破産の危険に陥らせることになろう．経営回転率をみてみると，棚卸資産回転率と平均回収期間は，両者ともこの会社の流動資産が非常にバランスがとれていることを示している．しかし低い固定資産回転率は，固定資産に対する投資が非常に過大であることを示している．実際には，こういった低い固定資産回転率は，この会社が固定資産により少ない投資によっておそらく経営されるであろうことを意味している．過大な固定資産投資がなされなかったとしたら，この会社は債務によるある程度の資金調達額を避けることができたであろうし，現在，より低い支払利子になったであろう．そうなればレバレッジ比率やインタレスト・カバレッジ率の改善に導いたであろう．売上高利益率が低いということは，費用が異常に高いかあるいは販売価格があまりにも低いか，ある

いは両者であるかということを示すのである．この事例では，実際には，販売価絡は，他の会社と一致しており，高い費用が低い利益率の原因となっている．さらに，高い費用は，(1)高い減価償却負担，および(2)高い利子費用を表わしている．これらの費用は，過大な固定資産投資に帰するのである．総資産利益率および自己資本利益率は，両者とも業界平均を下回る．これらの比較的貧弱な結果は，直接的には，低い売上高利益率と過大な投資に帰するものであると考えられる．

2—2. 趨勢分析

今までみてきたように，比率分析はABC会社の経営活動の合理的な指標が与えられたとしても，それはひとつの重要な見地からみて不十分である．すなわち，それは時間の次元を無視しているからである．ここに，趨勢分析（trend analysis）の方法は，図表4—3に説明される．ここでは，ABC会社の売上高，流動比率，負債比率，固定資産回転率，自己資本利益率のグラフが示される．これらの図は，業界平均と比較される．この会社の売上高は，全体の期間を通じて，安定して上昇し，また業界平均の比率も比較的，安定してのびてきた．このようにして，この会社の比率のそれぞれの傾向は，会社自体の内部状態によるものであり，すべての企業体に影響を与える環境の力によるものではない．ABC会社は，この産業における平均的会社よりもっと急速に成長してきた．しかしながら，次の2年間を通じて，売上高が実際に低下してきたのである．

流動比率によって測定されるABC会社の流動性の状態は，過去2年間に一層悪くなった．この比率は，現在の時点で業界平均をわずかに下回っているけれども，この傾向はもし修正した活動が直接にとられなければ，現実の流動性の危機が，2〜3年中には，展開することになるかもしれないのである．

負債比率の直接的傾向は，この比率が業界平均を10％以上，上回った2010年までにはABC会社は密接に実践をなしてきたことを示している．同様にして，売上高がいまだに上昇しているけれども，固定資産回転率は2010年に下落した．この記録は，この会社が主要な工場や設備の拡張のために資金調達し

図表4-3　趨勢分析の説明

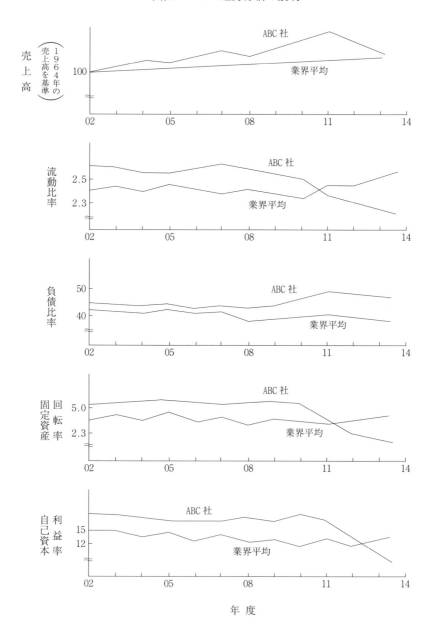

た 2010 年中に，過度に借入れてきたことを表わしている．ABC 会社はいまだに高い売上高を生じさせるためにこの追加能力を利用し，期待される高い利益によって債務を返そうとしてきた．しかしながら，究極的には，経営者の死によって，売上高の増大よりもむしろ減少となり，債務を返済するのに使われる高い利益が実現できなくなった．こういった分析から，今後は，ABC 会社における新しい経営の変革が要求されてくることになるのである．

　以上にわたり，ABC 会社の事例を使いながら，財務分析の主要なものを考えてきた．ここで取り上げられてきたものは，財務分析のなかでは特に必要なものと考えられる．そして，この段階ではそれぞれのもつ比率の意味を，十分理解しておく必要があると考えられる．

　なお，企業価値評価については，第 11 章で展開することにする．

3　総資産利益率の理論

　前節においては，財務分析の基礎として，比率分析そのものの意味内容を検討してきた．しかしながら，比率分析それだけでは，実践経営学的アプローチとしては不十分であるといえる．つまり，比率それ自体のもつ意味が，相互にどのように関連しているかどうかを考えてみる必要がある．最近における研究では，それらの分析的アプローチによる理論の開発が必要となってきているのである．

　ところで，比率分析の検討に関し，すでに議論されてきたもののなかで，特に重要な総合指標に，財務比率として何を中心に考えるのかという問題がある．具体的には，総資産利益率と自己資本利益率との関係の問題である．この問題の発展過程において，いわゆる「意思決定論的財務論」[7]が果たした役割には大きいものがあり，そのなかで分析的視点に基づく理論の開発が行われてきた点は注目に値する．したがって，本節では，その問題にもふれながら，「財務分析の理論」の全容の一部を明らかにすることにしたい．

さて，伝統的に，総資産利益率が財務指標として考えられてきた理由のひとつを，いわゆるアメリカの企業体のなかで普及し，展開したデュポン・システムの存在によるものであったと考えてみても問題はないように思われる．いわゆる管理論的財務論の範疇に属するハワード，アプトンなどの研究のなかでも，このデュポン・システムが示されている．[8] デュポン・システムは，周知のように，回転率と売上高利益率とによってもたらされ，それは，これらの比率が総資産の収益性を決定する関係がどうなっているのかを示すものであると考えられる．ABC会社の事例を使えば，このデュポン・システムは，図表4－4のように示される．この図の右半分は回転率を示し，左半分は，売上高利益率を表している．これを式で表せば，次のようになる．

$$\frac{利益}{総投資} = \frac{利益}{売上高} \times \frac{売上高}{総投資}$$

図表4－4　ABC会社を適用したデュポン・システム

(単位：千円)

```
                    投資利益率（総資産利益率）6％
            ┌───────────────┴───────────────┐
       売上高利益率        かける        総資産回転率
           4％                              1.5
      ┌────┴────┐                      ┌────┴────┐
   売上高    純利益                  総投資(資産)  売上高
   900,000   36,000      わる         600,000    900,000
      │  わる  │                         │          │
   総費用    売上高                   固定資産    流動資産
   864,000   900,000                  390,000    210,000
      │ ひく                                       │
  ┌───┴───┐                              ┌────────┴────────┐
 売上原価  営業費                          棚卸資産      現 金
 774,000  27,000                          90,000       15,000
  │        │                                 │           │
減価償却費  利 子                           売掛金    市場性有価証券
 30,000   13,500                           60,000      45,000
  │        │
 税 金   営業外利益
 24,000   4,500
```

出所）Weston, J. F. & E. F. Brigham.（1972：32）を参考に筆者作成

ABC 会社の回転率は，1.5回であり，売上高利益率は4％であるので，総資産利益率は6％に等しくなる．この場合，すでにみたように，業界平均10％を下回るので，今後はこの比率をあげることがこの会社に期待されることになる．総資産利益率は，企業体がその総資産をいかに効率的に使用しているかのひとつの総括的指標を意味しているとはいえ，このデュポン・システムによる接近では，企業体の資本構成の変化が総資産利益率に及ぼす影響については考察の外にあることになる．そこで次のようなレバレッジを含めて，デュポン・システムを考えてみようとする理論展開がなされることになる．[9]

ABC 会社の総資産利益率は産業平均10％をはるかに下回っているけれども，この会社の自己資本利益率12％は，産業平均15％をわずかに下回っているにすぎない．このようなことはなぜ生ずるのであろうか．その答えは，ABC 会社がこの産業における平均的会社よりも多くの債務を利用しているからである．

ABC 会社の資産の半分は，自己資本によって調達されており，他の半分は債務によって調達されている．このことは，6％の総資産利益率が普通株主に与えられると，彼らの利益が基本的に増大させられることを意味する．普通株主に対する財務レバレッジの効果を測定する正確な公式は次のように示される．

$$ 自己資本利益率 = \frac{総資産利益率}{自己資本比率} = \frac{総資産利益率}{1.0-負債比率} $$

この公式は，財務レバレッジが自己資本利益率を増大させるのにどのぐらい使われうるのかを示しているという点で有用である．

ところで，このようなデュポン・システムは，いわゆる投資利益率（return on investment）を目標として構成されたものと解することができる．このもっとも一般的な方法は，経営活動のなかで，長く使われてきたし，ひとつの指標を表してきたという意味でひとつの有用性をもってきたのである．この ROI の目標に関し，カールトンとデービス（Carleton, W. T. & J. V. Davis）は，次のように指摘した．[10]

「ROI の目標の限界は，ひとつの組織体の全体の健全性を測定することによ

って，本質的なものとなっているのである．ROIの目標は，現在の業績水準以上にしばしば設定されるので，企業体は，製品市場の参入というポートフォリオのリスク上の特質を実質的に変化させることによったり，投資支出の規模（もっとも高いプロジェクトのみを採択）を制限することによってのみ，新しい目標を達成することができる．このことは，その目標水準に対しROIを上昇させるために，企業体がすでに存在しているものと違ったROIやリスク上の特質をもった製品市場が首尾よく参入されねばならないという理由で，正しいものである．

ROIの目標についての自発的な追跡は，複雑な方法での企業体の資金調達戦略や能力の見解に影響を与えている．貸手側の条件と同様に短期および長期の負債に対する利子率は，認知できるリスクが変化するにつれて変化する．おそらくもっと重要なことでさえも，もしROIの目標が絶対的な株主の要求や期待と関係なしに選択されるならば，その業績は，資金調達戦略に伴う結果によって，株価や収益の下落をもたらせるかもしれない．最後に，財務政策にかかわる多くの学生や実践家は，次のことを同意している．すなわち，ROIの目標は良好な財務計画のうちの重要な要素であり，第1目標として不適当なROI目標の押しつけは，究極的に，実践的であり，目的的であるよりはむしろ修辞的であり，象徴的なものとしての利用に導くことになる．」

このようにして，カールトン，デービスは，ROIアプローチの特質とその限界を考えているのである．

ところで，総資産利益率が，経営体の具体的な行動指針つまり財務指標として利用されてきた理論的理由は，経営体全体の資本すなわち総資産を運用するのがまさしく経営者であるという考え方から，その中心的な役割をもつ総資産利益率がここに引き出されてきたものであると考えられる．しかしながら，特に，総資産そのものの把握が困難である以上，むしろそこではそれとは別の指標にもっと重要性はないのかという探究がなされる必要性があったといってよい．総資産利益率の理論は，経営体を主体にした理論展開のなかでは，総資産

を動かすのは経営者であるという点からみて，ひとつの有用な用具となりうる．しかし，「意思決定論的財務論」においては，この総資産利益率の理論を一歩推し進めた理論，すなわち自己資本利益率の理論に，新たな研究の展開がなされていることに注目しなければならない．したがって，次節で，その問題に立ち入りながら，経営体から取り上げた財務分析の一方面を探ることにしたい．

4 自己資本利益率の理論

前節でみたような総資産利益率の理論に加えて，総資産利益率を自己資本利益率のなかに組み込もうとする考え方が主張されることになる．その場合，資本構成の変化も考慮することになる．では，この自己資本利益率の理論はどのようなものとして展開されるのであろうか．ラーナー（Lerner, E. M.）の見解からこの問題に立ち入ってみよう．

ラーナーは，自己資本利益率と総資産利益率との関係に着目し，次のように展開した．[11]

自己資本利益率は，総資産利益率と密接に結びついている．2つの尺度の間の関係をみるために，総資産利益率 r を次のように定義してみよう．[12, 13]

$$r = \frac{\text{利子および税引前利益}}{\text{総資産}}$$

企業体が支払う支払利子は利子率 i と負債総額 L との積として考えられる．したがって，利子支払い後の利益は，$rA - iL$（ただし，A は総資産）に等しいことになる．

もし T が会社に支払う税率であるならば，そのとき次のようになる．

税引後利益 $= (1-T)(rA - iL)$ ･････････････････････････････〔4.1〕

企業体の総資産 A は，負債 L と自己資本 E との合計に等しい．

$A = L + E$ ･･･〔4.2〕

方程式〔4.2〕の右側半分を〔4.1〕の方程式の A に代入すれば，税引後利

図表4－5 負債比率，自己資本比率，利子率との関係

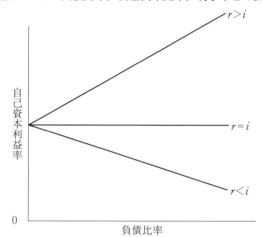

出所）Lerner, E. M. & W. T. Carleton（1966：27）

益は次のようになる．

　税引後利益 = $(1-T)[rE+rL-iL] = (1-T)[rE+(r-i)L]$ ……………〔4.3〕

　自己資本利益率をみつけるために，この方程式の両側をこの企業体の自己資本総額によってわれば，次のようになる．

　自己資本利益率 = $\dfrac{税引後利益}{自己資本} = (1-T)\left[r+(r-i)\dfrac{L}{E}\right]$ ………………〔4.4〕

　方程式〔4.4〕の利点は，企業体の自己資本利益率とその他の重要な財務変数：総資産利益率，負債比率，借り入れた資金に支払われる利子率，税率との間に存在する関係を明らかに示しているということである．方程式〔4.4〕は，税率の低下あるいは総資産利益率 r の上昇は常に自己資本利益率を高めるように導くであろう．

　きらにもっと重要なことは，それは，もし企業体の総資産利益率が借り入れた資金に支払う利子率よりも大きくなるならば，負債比率の増大すなわち資産のための資金調達に対してより多く債務に依存することが自己資本利益率の増

大に導くであろうということを示している.

図表4—5は,自己資本利益率と3つの異なった状態にある企業体の負債比率との間の関係を示している. $r>i$ のとき,L/E の比率の増大はより高い r に導く.しかしながら, $r<i$ のとき,負債比率の増大は r の減退に導く. $r=i$ のときのみ,負債比率の変化に影響のない利益率となるのである.

ラーナーのこういった考え方は,すでに,ラーナーとカールトンとによる『財務分析の理論』のなかで展開してきたものである.そのなかで,ラーナーとカールトンは,次のように展開した.[14] ラーナーとカールトンは,資産の成長と自己資本の成長を注視した.

そして,企業体の資産の拡大は,それに見合う自己資本および負債の増大が伴わなければならないという認識から,次のような ① 負債のない場合と,② 負債比率が一定の場合とに分けて考察した.

事例1:負債のない場合

最初に,非常に人為的であるが,分析的に有用であり,その資本構成にまったく負債がなく,税金も支払わない企業体の事例を考えてみよう.このような企業体の資産成長率は,まさにその自己資本の成長率に等しい.

たとえば,資産10万ドルをもつ企業体が,1万ドルの利益をあげていると仮定する.この利益は,明らかに10%の資産利益率(10,000/100,000)を表し

図表4—6 仮説例における企業体の関連資料—1

期首の貸借対照表		資本の変化	
総資産	$ 100,000	期首の自己資本	$ 100,000
自己資本総額	$ 100,000	+:利益	10,000
		−:株主配当	7,500
		留保利益の変化	2,500
		期末の自己資本	$ 102,500
期末の貸借対照表			
総資産	$ 102,500		
自己資本総額	$ 102,500		

出所)Lerner, E. M. & W. T. Carleton(1966:28)

ている．さらに，その企業体は，利益の25％を留保し，残りの75％を配当として株主に分配するものと仮定する．図表4—6の財務諸表は，その年度末に，その企業体の自己資本が2,500ドル，すなわち1万ドルの25％だけ増大し，したがって1期間の企業体の資産成長率は，2.5％（2,500/100,000）となることを示している．

同様にして，もし内部留保率が25％の代わりに50％であると仮定すれば，企業体の自己資本は，2,500ドルの代わりに5,000ドルだけ増大するという理由で資産成長率は5％となるであろう．このような観察によって，もし資産利益率 r，および内部留保率 b が，時間とともに変化がないとするならば，企業体の成長率 g は，次式に等しいという説明で一般化される．

$$\frac{dA}{A} = g = rb$$

したがって，$r=10\%$ で $b=25\%$ ならば，すでに算術で示したように，$g=2.5\%$ となる．

もし，税率を T とし，その結果，$1-T$ が税引後の利益率を表すものにすれば，この式のなかに税金を含めることができる．この企業体の税引後利益は次のように与えられる．

$(1-T)rA$

したがって，税引後成長率は次のようになる．

$(1-T)br$

事例2：負債比率が一定の場合

上述の分析は，企業体が資本構成のうちに，いくらかの負債をもち，負債比率が時間とともに変化がないと仮定すれば，一層，現実的なものにすることができる．前項と同様に，最初に，所得税を考慮しない事例を検討し，それから，続いて税金の影響を別に考察する．

図表4—7は，仮説の企業体の貸借対照表と損益計算書から関連した資料を要約する．企業体がその借入資金に対し5％の利子率を支払うと仮定されてい

図表4—7　仮説例における企業体の関連資料—2

貸借対照表

総資産 (A)	$ 200,000	負債総額 (L)	$ 50,000
		自己資本 (E)	150,000
		負債総額および自己資本	$ 200,000

簡略損益計算書

利子控除前利益	$ 25,000
支払利子	2,500
利子控除後利益	$ 22,500

出所）Lerner, E. M. & W. T. Carleton (1966：29)

る．資産利益率は，利子控除前で測定されるので，r は 25,000/200,000，すなわち 12.5％に等しくなる．

さて，〔4.3〕式で，もし税金が無視されるならば，ある企業体の利益は次に等しいことを示した．

$$\pi = \left[r + (r-i)\frac{L}{E} \right] E$$

したがって，図表4—4からの資料をこれらの記号に代入すれば，利益は次のようになる．

$$利益 = \left[0.125 + (0.125 - 0.05)\frac{50}{150} \right] 150,000$$

$$= \left(0.125 + \frac{0.075}{3} \right) 150,000$$

$$= 22,500$$

もし，この会社が追加資本を発行しないとすれば，期中の自己資本の変化は，企業体の留保利益に等しい．利益に内部留保率をかけることによって，自己資本の変化は，次のように表すことができる．

$$dE = b(利益) = b\left[r + (r-i)\frac{L}{E} \right] E$$

図表4—8　仮説例における企業体の資本勘定の調整

期首自己資本		¥ 150,000
＋：利益	22,500	
－：配当	15,000	
留保利益		7,500
期首自己資本		$ 157,500

出所）Lerner, E. M. & W. T. Carleton（1966：29）

したがって，もし内部留保率が1/3で配当支払率が2/3とすると，自己資本の変化は7,500ドルで，配当支払いは，総額15,000ドルとなる．この企業体の自己資本は図表4—8に示される．自己資本の成長率はdE/Eは，7,500/150,000＝5％となる．期首の負債比率は50,000/150,000＝1/3であった．もし負債比率が期中，変化がないとすれば，負債もまた2,500ドル（7,500ドルの1/3）だけ増大し，したがって資産は7,500＋2,500＝10,000ドルだけ増加することになる．

資産利益率，利子率，内部留保率および負債比率が一定しているかぎり，自己資本，負債および総資産の成長率は同一となることに注目することは重要である．

$$\frac{10,000}{200,000} = \frac{7,500}{150,000} = \frac{2,500}{50,000} = 5\%$$

したがって，自己資本の成長率が決定されると，負債比率が一定しているかぎり，この数値は資産および負債の成長率として用いることができる．

この企業体の成長分析に税金の効果を容易に導入することができる．前述と同様に，Tを税率，$1-T$を税引後利益率としよう．負債比率（$\frac{L}{E}$）を固定すれば，企業体の成長率は次のようになる．

$$g = b(1-T)\left[r + (r-i)\frac{L}{E}\right]$$

以上のようにして，ラーナー，カールトンが指摘してきたように，そこでは，自己資本利益率の有効性を考えながら，その発展のなかで，企業体の成長を考

えようとしたものである．企業体の利益（π）は，次のようになる．

$$\pi = (1-T)\left[r + (r-i)\frac{L}{E}\right]E$$

ただし，π＝利益額，Tは税率，r＝利子・税金控除前の資産利益率，i＝借入金への支払利子率，L＝負債，E＝自己資本

一方，自己資本利益率$\left(\dfrac{\pi}{E}\right)$は，次のようになる．

$$\frac{\pi}{E} = (1-T)\left[r + (r-i)\frac{L}{E}\right]$$

このようにして，自己資本利益率は，資産利益率，資本構成，税率，利子率によって表されたのである．自己資本利益率が以上のような要素に分解できたことは，自己資本利益率が経営体の財務指標として，総資産利益率とは違った意味で注目すべき点であり，この点に，大きな重要点をみることができるであろう．ただし，この方程式に表される中身については，多くの検討すべき課題も存在するのである．

5　財務の体系分析への若干の考察

　以上にわたり，財務分析に関する基礎的問題を中心としながら検討を加えてきた．財務分析の理論は，経営体の具体的行動指標として重要な意味をもっている．したがって，財務分析の理論の体系化は，経営者にとっても大きな用具となりうるであろう．本章では，これらについて基礎的問題のみに焦点を合わせたのであり，それぞれのもつ，いっそう，精緻化された理論の展開については，別の機会に論ずることにする．

　ところで，このような財務分析の研究は，第2節で展開した内容から，次第に第3節あるいは特に第4節で展開した問題に中心が移りつつあるといえよう．

　さて，財務分析は，財務管理者にとって重要な仕事であることはいうまでもない．ただ実践上の問題としてここで注意しておきたいことは，経営学的には

比率分析において，数多く分析すればするほどよいというものではなく，たとえ少ない比率の分析でも，それらの体系がはっきりしていることが重要である．

注）
1）財務分析の仕事が財務職能としてどのような意味を有しているかについては，ここでは取り上げていない．
2）主体と目的との関係で，財務分析そのものの内容を体系づけることも必要であると考えられる．
3）比率分析の意味するところは重要である．それは，財務管理者にとって，数値という表示によって意思決定過程への判断材料となるからである．
4）以下の展開は，次によるところが大である．
　　Weston, J. F. and E. F. Brigham, (1972) *Managerial Finance*, 4th ed., Holt, Rinehart and Winston, pp.18-31.
5）負債比率は，ここでは総負債／総資産として考えられているが，総負債／自己資本として定義する場合も多い．
6）1年は365日であるが，このように360日が計算上一般に使われる．
7）新しいタイプの財務論をさす．本節で参考にした前記の文献はこのタイプに属する財務論である．
8）Howard, B. B. & M. Upton, (1953) *Introduction to Business Finance*, McGraw-Hill, pp.190-192.
9）Weston, J. F. & E. F. Brigham (1972) *Managerial Finance*, 4th ed., Holt, Rinehart and Winston, pp.31-33.
10）Carleton, W. T. & J. V. Davis (1976) Financing of Strategic Action, Ansoff, H. I., Declerck, R. P. & R. L. Hayes ed., *Strategic Planning to Strategic Management*, Jhon Wiley & Sons, pp.146-147.
11）Lerner, E. M. (1971) *Managerial Finance : A Systems Approach*, Harcourt, Brace Jovanovich, pp.48-50.
12）総資産利益率の定義に注意されたい．ここでは，総資産利子・税引前利益率を使っている．
13）以下の展開で使われる負債比率は，
　　総負債／自己資本の定義が使われていることに注意されたい．
14）Lerner, E. M. & W. T. Careton (1966) *A Theory of Financial Analysis*, Harcourt, Brace & World, pp.26-29.

参考文献
Weston, J. F. & F. F. Brigham (1972) *Managerial Finance*, 4th ed., Holt, Rinehart

and Winston.

Weston, J. F. & F.F. Brigham (1968) *Essentials of Managerial Finance,* Holt, Rinehart & Winston.

Lerner, E. M. (1971) *Managerial Finance : A Systems Approach,* Harcourt Brace Jovanovich.

Lerner, E. M. & W. T. Carleton (1966) *A Theory of Financial Analysis,* Harcourt Brace Jovanovich.

古川栄一 (1975)『経営分析 (改訂版)』同文館.

亀川俊雄 (1966)『体系経営分析論』白桃書房.

松本雅男 (1967)『経営分析』千倉書房.

第5章　運転資本管理

短期的資金調達

期待キャッシュ・フロー

余剰資金　　支払不能

資金繰り

企業は，資本予算など年に数回行われるかどうかの巨額な資金運用以外に，日常的に行われる資金運用の管理がある．運転資本の管理（経常収支）である．ここでは，運転資本を企業の事業活動に関連して生じる営業収入，営業債務，金融機関からの短期借り入れなどを適切に管理することを指す．これら項目は貸借対照表に流動資産，流動負債として示される[1]．したがって，現金預金，短期有価証券，売上債権，棚卸資産（在庫），営業債務及び短期借入金などが主要な運転資本の構成項目である．さらに企業の運転資本管理は，流動資産の効率的管理に加えて，流動資産の調達方法が課題となる．企業は，短期的・長期的資金調達源泉から運転資本を調達する．短期的資金源泉は流動負債，長期的資金源泉は固定負債と自己資本と表記し，一定期間に調達した残額が貸借対照表に掲載されている．したがって，運転資本の管理という場合には，流動資産を構成する各項目の効率的管理と効率的調達，営業債務，借入債務など支払期日に充当する支払管理とからなる．

1　企業の資本循環

　企業の資本循環は，現金預金から出発し，これが原材料・商品などの仕入れ（棚卸資産の増加）に充当される．この仕入れが信用取引で行われた場合は営業債務が増加する．生産が投入された原材料は製品（棚卸資産）となり，製品は，現金または信用販売さらに，現金（信用取引の場合は債権回収を通して）を増加させ，これを主な原資として営業債務，借入金の返済，配当の支払いが行われる．

　運転資本の水準は，企業の売上回転率の関数である．業績が良好な企業は，運転資本対売上高の比率は時間にかかわりなく比較的安定している．しかしながら，短期間で見た場合，季節性を有する企業のこの比率は著しく変化することがある．運転資本は，変化に富んだ性格を持っている．このことは，運転資本の調達に緊張を課すことになる．

流動資産は，流動負債により調達すべきであるとする原理がある．しかし，一定額の流動資産を保有しなければならない場合に課題が生じる．一定額の流動資産（恒常的流動資産）を保有するために，営業債務の支払源泉が枯渇するならば，企業は技術的支払不能に陥る．企業の短期的資金の源泉に，無利子負債とよばれる営業債務などを含んでいるという事実は，この仮定を容易に受け入れられよう．企業は，資金調達費用の視点からみるなら，短期的資金源泉を利用することが有利であるが，しかし，短期的資金には，支払期日の更新などが行われないリスクがある．

　企業は固定資産と流動資産を長期的資金で調達することで，短期的資金に余裕を生む．短期的資金の調達は不要となり，利子の支払いが生ずることもない．また，予想外の支出の準備に備えることができる．

　短期的資金が流動資産を調達するために使用されたり，固定資産の一部を調達するために資金を提供する場合，短期的資金調達が利子率と資金自体の利用可能性に関する不確実性を含んでいるという点から，短期的資金の満期日に返済が困難となることがあり，これは企業の経営破綻に導くことになる．

　しかしながら，短期的資金の利子率は，長期的資金の利子率に比べて低いために，固定資産の調達に短期的資金を利用する利点は，低い利子率をもたらすことにある．したがって，資金調達の決定は，リスクと収益性のトレード・オフに左右されることになる．

　流動資産が長期的資金によって調達されている状況では，余剰資金が生まれ，余剰資金は有価証券などの金融資産に投資される．このような財務方針は，財務リスクという点からみてもっとも安全である．資産が，短期的資金により調達されていて，さらに短期的資金調達が急速に引き締められることになるならば，企業を破綻に導くことになる．資金調達の決定は，企業の流動性構造，財務リスクと収益性の関係をみて決定されることになる．

2 流動資産の管理

2—1. 現金預金と短期証券投資の管理

　企業が現金預金残高（支払手段）を保有する主たる目的は，(1)債務の支払期日に，支払いに充当する手許現金を保有する，(2)銀行が提供するサービスに報いるために銀行預金残高をもつ，(3)現金残高は，支払手段を必要とする時期と金額の不確実性に対処するために保有する，(4)銀行残高は，企業の名声を維持するために保有することにある[2]．

　企業は現金預金を保有することにより，日々の取引で生ずる費用などの支払いを円滑に行うことができる．さらに，企業の事業活動は，予想しえない事象に対応しなければならない．このため当座に利用可能な現金を創造する準備をしなければならない．期待キャッシュ・フローの不確実性が増加するにつれ，保有すべき現金残高も増加するが，企業が短期資金を調達する能力を保有しているならば現金残高を低い水準に抑えることができる．企業は日々の取引と事業環境の不確実性に備えるために必要額以上の現金預金を保有する必要がない．一部は，資本市場などで短期的な利益をえるために金融資産などに投資する．金融資産は，最小時間で現金に変換することが可能である．

　企業が事業活動に必要とする支出と収入が一致するようならば現金残高を保有する必要はない．しかし，現金収支のタイミング，必要額が一致することは稀である．現金収支のタイミング，必要額が不一致であるならば，企業は支出が収入を上回る場合に備えて現金残高を保有することになる．

　企業が保有する現金預金水準に影響を及ぼす主たる要因には，(1)予想キャッシュ・フロー，(2)予想キャッシュ・フローの分散，(3)経常外支出（資本支出），(4)債務返済，(5)借入能力，(6)リスク選好，(7)現金管理の効率などの項目が含まれている[3]．

　予想キャッシュ・フローは現金予算により決定される．予想キャッシュ・フ

ローは売上高の成長,設備投資など企業の事業環境に左右される.経常外支出とは,新工場建設などへの支出である.このような巨額な支出が前もって計画されるなら,企業はさまざまな資金調達源泉を組み合わせることができる.資本支出に対して長期借り入れ,社債発行や株式発行から調達できないのなら,企業は経営計画の変更,保有する会社,事業部や資産などを売却するなどの方法を選択する.債務の返済は,期待キャッシュ・フローから行われることが原則であるが,企業の資金調達能力にも左右される.借入能力は,取引・予備的な現金残高を越えた緊急な現金需要を創出する企業の能力である.この借入能力は,(1)銀行と企業との取引関係,(2)短期借り入れに提供可能な担保の存在,(3)金融市場の状況という3つの主要因に左右される.リスク選好とは,支払不能に陥るリスクに関係する.企業は,キャッシュ・フローの管理を効率的に実施すればするほど,保有する現金残高の水準を低く抑えることができる.現金残高管理の主たる目的は,長期利益を極大にするために流動性と収益性とのトレード・オフにある.企業は現金預金を多く保有すればするほど予想されるまたは予想されない債務を支払う能力をもつことができる.したがって,支払不能となる確率は低下する[4].しかしながら,現金預金はその他の金融資産などと相違して収益の稼得を期待することが困難である.したがって,企業が現金預金を保有すればするほど,企業の収益稼得の可能性は減少することになる.現金預金残高をゼロにして,収益をもたらす資産に現金預金を投資するならば,企業の短期収益力は上昇する.しかし,長期的にみるならば,流動性を欠くことは信用を喪失し,収益性を低下させ,支払不能に陥る可能性が存在する.企業は流動性と収益性のトレード・オフ,維持すべき流動性の基準を決定しなければならない.

　現金預金という流動性の保有を別にすれば,企業は「現金に近い」資産として有価証券などの金融商品・派生商品の形で保有する.このような資産の利点は,利子を稼得し,さらにこれら金融資産は市場が存在することから現金に転化することができる.しかし,金融資産の現金化には時間と不確実性を伴う.

このことから，一定水準の現金預金残高を保有することは企業の事業維持の条件となろう．

流動性は，(1)現金への転換の速度，(2)短期投資目的で保有する金融商品など，売却による現金化の不確実性などから決定される．企業は，維持すべき流動性の水準を決定するために，現金預金と金融商品を分離して検討しなければならない．これにより，現金預金の保有を最小限にとどめ，可能なかぎり収益をもたらす資産に投資する．

流動性と収益性とのトレード・オフを決めるうえで，企業は期待キャッシュ・フローを予側し，保有すべき現金預金残高と金融商品の水準とその保有構成を決定し，これらの関係を効果的に転換するシミュレーションを行い，状況に応じた回答を準備する．

現金予算は，期待キャッシュ・フローの見積もりを示す．この場合，企業は保有すべき現金残高水準を決定しなければならない．計画水準を超過した場合，現金預金を有価証券などの金融資産に転換する．このような決定は，主観的判断に基づいて行われてきたが，経済データ，統計データを用いた統計決定モデルが提案されてきた．このようなモデルを設定するには，経済・統計の知識，さらに関連するデータを必要とし，データの正確性が条件となる．しかし，いまだに主観的見積もり，判断を必要とすることが多い．

現金管理モデルには，現金残高を将来の需要に備えるために保有する在庫と同じと考えて，在庫決定モデルを応用したものがある．このモデルは，現金需要，現金入手の取引費用と保有費用を所与とし，保有すべき現金残高を決める[5]．期間中に T の資金流出があると仮定すれば，資金の借り入れまたは投資を売却した現金を入手する．利子率（機会費用）は，当座は C だけを保持し，なくなれば C だけ投資から引き上げる．この投資からの引き上げに b の取引費用を支払う．T/C の引き上げが行われ，したがって，bT/C の総費用が生じる．平均残高は $C/2$，現金保有の利子率は $iC/2$ となる．利子率と取引業の合計は，

$$b = \frac{T}{C} + i\frac{C}{2} \quad \cdots\cdots\cdots\cdots\cdots\cdots\cdots\cdots\cdots\cdots\cdots\cdots\cdots\cdots\cdots\cdots\cdots\cdots\cdots\cdots\cdots \quad [5.1]$$

となる．この費用を極小にする，つまり C の最小の経済的値を求める．〔5.1〕を C について微分して，それをゼロとおき C に関して解くと，

$$-b\frac{T}{C^2} + \frac{i}{2} = 0$$

つまり，

$$C = \sqrt{\frac{2bT}{i}}$$

が求められる．また，現金残高を保有することに伴う総費用（TC）は，次のように求められる．

$$TC = \left(\frac{B_t}{C} + T\right)VC + \frac{C}{2}i$$

この式は，変動取引費（VC）が存在する場合を想定している．

このボーモルのモデルは，必要な現金を一定としているが，実際には企業のキャッシュ・フローは日々変化している．このモデルでは企業のキャッシュ・フローの近似を示すにすぎない．これに対しミラー（Miller, M. H.）とオア（Orr, D.）のモデルは，企業への現金の純収入が確実には予測できない確率的変数とみなして，企業の現金預金の動向を検証することで，企業の日々生じる実際に近いキャッシュ・フローを示した．[6]

モデルは，現金預金残高が2つの水準の間を移動し，残高がこの水準にある限り何の行動もとられない．残高が最高水準（h）に達すれば，現金残高は市場性ある有価証券へ転換される．この結果，残高水準は（z）にまで低下する．残高が水準 z 以下に達すれば水準 z まで現金を補充するために，市場性ある有価証券など金融商品の売却が行われる．

モデルは，最低現金残高（L）を所与とし，総費用関数を極小とする．決定ルールは，最高水準（h）と現金発注水準 z（$z = z^* + L$，z^* は最高水準）である

モデルより与えられる．予想費用（$\varepsilon(C)$），現金と有価証券間の予想転換率（$\varepsilon(N)$），転換 1 回あたり費用（γ），；平均現金残高（$\varepsilon(M)$），計画期間（V）とすれば，この費用関数は，

$$\varepsilon(C) = \gamma \frac{\varepsilon(N)}{T} + V\varepsilon(M)\varepsilon$$

となる．

さらに，P（現金残高が増加する確率），q（現金残高が減少する確率）が，$P=q=1/2$ と仮定し，1 回当たり必要支払額（m），1 日当たりの取引回数（t）とするとモデルによる解は，

$$z^* = \left(\frac{3rm^2t}{4i}\right)^{1/3}$$

$$h^* = 3z^*$$

この結果は，(1)現金残高が h^* まで上昇すれば，$2z^*$ に達するまで金融商品が購入され，残高を z^* + 最小水準（L）に減少させる．また，(2)現金残高が L に低下すれば，z^* に達するまで金融商品を売却し，残高を z^*+L にまで上昇させる．

このモデルを利用するには，正確なデータと主観的見積もりを必要とする．たとえば，現金と有価証券などの金融商品との転換数，平均現金残高，最小現金残高などは主観的評価される．さらに，企業が検討すべき要因には，(1)不確実性の水準，(2)現金残高変動の程度，(3)現金不足費用がある．

ミラーとオアのモデルは，キャッシュ・フローのばらつきの指標として分散を用いているが，キャッシュ・フローが短期間のうちに大きな変化を見せる場合，最適解をえることは難しい．さらに現金不足を充当するために金融機関からの借り入れなどを検討しなければならない．実際，企業が現金を必要とする場合，有価証券の金融商品など資産の売却より借入金に依存することが多い．したがって，借入能力，随時借入可能額（クレジットライン）などを追加要因として検討しなければならない．

2−2. 売上債権の管理

売上債権の水準は，売上高水準，信用条件，顧客信用リスクと季節的影響の関数である．売上債権総額は，長期間にわたってかなり安定しているが，構成項目は断続的に変化している．一部企業を除いて，企業は顧客に信用を供与している．企業は顧客へ信用を供与することで，財・サービスと同じく財務サービスを提供していることになる．企業は，他企業と比較して顧客に信用条件を有利に設定することで，売上高を増加することができよう．しかしながら，信用条件を緩和することは，売上債権を増加させ，総資産に占める割合を増加させることになり，さらに，債権の管理費用の増加，貸し倒れの発生する確率を増加させることになる．

売上債権の管理は，主に企業の信用方針により発生する売り上げ増による利益増と信用方針に関係する費用増とのトレード・オフの関係にある．このことは，この関係を維持するために，信用方針を設定し，設定した方針内でこれを顧客に適用して，管理することである．

売上債権の管理の目標は，企業の利益を極大することに求められる[7]．このことは，設定した企業方針が，現金，有価証券，売上債権，棚卸資産全体を最適化することを意味している．

売上債権方針を決めるには，次の3つの変数，(1) 現金割引の規模（h），(2) 割引期間の長さ（t）と(3) 信用期間の長さ（T）を確定しなければならない．この例として，信用条件が，$z/10, n/30$ であると仮定する．このことは，顧客に購入日から30日間の信用が供与される．信用期間の10日以内に代金を支払うならば，代金の2割を割り引くことを示している．つまり，h が0.2，t が10日，T が30日である．

企業が，$h/t, n/T$ の条件で，商品を P という価格で売り上げ，t 日末に $P(1-h)$ を回収すると仮定する．企業の年間資本コストを K とするなら，売上債権に関連するインプリシットコスト（implicit cost）は，$P(1-h)Kt/360$ となる．実際回収額からインプリシットコストを，差し引くと，$P[1-h-K/360$

$(1-h)t$ という実効価格（effective price）をえる．いいかえれば，h/t, n/T という条件の価格 P は，現金基準の $P[1-h-K/360(1-h)t]$ の価格に等しい．この均等現金価格（equivalent price），P^* は，割引をうける顧客に販売される単位当たりの実効価格を表す．反対に，割引を受けない顧客に販売される単位当たりの実効価格は，$P[1-K/360T]$ に等しい．

現金割引を受けない顧客，つまり代金の支払いが $T-t$ だけ遅れる顧客は，hP という割引を失うことになる．この顧客の年間信用費用は，おおよそ $(360/T-t)h$ となる．

企業は，信用方策を定式化するうえで顧客が割引をうけるのか，受けないのかを判断しなければならない．割引をうける顧客の売り上げから，企業は次の規模の利益（π）をえる．

$$\pi = \left\{ P\left[1-h-\frac{K}{360}(1-h)t-n\right]-v \right\}X \quad \text{〔5.2〕}$$

ここで，P[1−h−K/360(1−h)t−n]：割引をうける顧客の実効価格

v：単位当たり変動費

X：割引をえる顧客への販売数

[h−K/360(1−h)t−n] を g と置き換えるなら，〔5.2〕式は次のようになる．

$$\pi = [P-(1-g)-v]X \quad \text{〔5.3〕}$$

販売価格と単位変動費を所与として，総利益を極大とする信用方針を求める．販売量 K は，信用方針 g の変化に伴って変化する．販売量 K は，信用方針 g と次のような一次な関係にあると仮定する．

$$X = \alpha + \beta g \quad \text{〔5.4〕}$$

ここで α，β は定数である．〔5.4〕式を〔5.3〕式に代入すると，次式が得られる．

$$\pi = [P(1-g)-v][\alpha + \beta g] \quad \text{〔5.5〕}$$

次に，a を g に関して微分して，それをゼロと置き g について解く．求める最適信用方策 g^* は，次式で求められる．

$$g^* = \frac{P-r}{Zp} - \frac{a}{2\beta}$$

この g^* を $g=(K/360)T$ に代入するならば最適な信用期間が得られる．ひとたび信用条件が決められると，売上債権の残高は信用販売の売上高 PX の動きに左右されることになるだろう．

売上債権の管理は信用方針の設定，顧客に適用し，管理するにあった．売上債権方針の変数を，現金割引，割引期間と信用期間に求める．信用供与の基準は，企業により多くの利益をもたらすかどうかにある．信用条件の拡大は売り上げ増をもたらすが，管理費用と不良債権の増加を伴う可能性がある．したがって，売上債券の管理は，企業方針と顧客との関係を管理することにあることになろう．

2—3．棚卸資産の管理

企業は，製品・商品の生産と販売を円滑に遂行するために棚卸資産（原材料，仕掛品と製品・商品），在庫を保有しなければならない．棚卸資産の管理が重要な経営課題である．その事由は，第1に棚卸資産が，総資産に占める割合（特に小売業）が高いこと．したがって，必要以上に在庫を保持することは資金の固定化を意味する．在庫を保有しない経営方針を採用する企業も存在する．第2に棚卸資産は，流動資産のうちもっとも流動性が高いために，棚卸資産の管理に失敗することは早急に改善できるものではない．経営破綻を招く．第3に在庫水準の変化は，重要な経済効果を有していることにある[8]．

棚卸資産の管理を効率的に行うには，在庫を保持することによる効益（benefits）と在庫に関係する費用の関係を検討しなければならない．在庫を保持する効益は，(1)売上機会の喪失防止，(2)数量割引の獲得，(3)発注費用の低下，(4)生産ラインの効率化などがある．

また，在庫に関係する費用には，(1)発注費用，(2)在庫費用がある．在庫費用は，在庫維持費用（保管費用，損耗費用，保険費用など），過剰在庫費用と品切れ費用などに分類できよう．各費用項目を可能な限り最小とする．在庫を保

持する効益と費用を明確にすることは等しい．さらに，企業の在庫方針に左右され変化することになる．

棚卸資産の管理の目標は，在庫保有に関係する総費用を最小にすることにある．企業は，まず発注量と発注回数を決定しなければならない．この問題に既知の在庫管理モデルは，適切な解答を提示する．

基本的在庫過程は在庫量 (Q) が発注され，期間 (T) 内にすべて消費され，点 P で在庫量 Q が発注される．これは，単純な状況であり，需要が一定，在庫の補充が既知の時点で行われることを前提としている．

基本在庫過程から，平均在庫は $Q/2$ である．

発注が期首に行われ，それ以外に発注はなく期末在庫がないとすれば，平均在庫は (A) は，

$A = Q/2$ または $A = S/2N$

ただし，N は発注回数，S は売上高である．

発注回数が増加するならば平均在庫は減少する．在庫に関係する費用は，多額になることがあるために，平均在庫はできるだけ低い水準に抑えることが必要であるが，発注費用が存在する．つまり，発注回数が多くなればなるほど在庫費用は減少するが，発注費用は増加していく．

在庫総費用は，発注費用と在庫費用の合計である．在庫費用は発注量の増加とともに増加するが発注費用は双曲線のように低下していく．在庫総費用は1回の発注量が大きくなるにつれ，発注費用が急激に低下するために，それに伴って下がってくるが，やがて在庫費用がしだいに大きくなるに伴い在庫総費用の下降傾向も鈍り，点 Q で最低となり，以後上昇に転ずる．この在庫総費用が最小となる発注点が最適発注点または経済的発注量である．

いま，期間当り需要 (D)，1回当たり発注固定資 (F)，変動資 (V)，期間単位当たり在庫費用 (C_1)，1回当たり発注量 (Q) とする．期間当たり需要量 D を賄うに必要な発注回数は，D/Q となり，平均在庫は，$Q/2$ となる．したがって，期間当たり発注費用は，

$(F/Q+V)D$

となる．期間当たり在庫費用は，平均在庫に単位当たり在庫費用を掛けた値であるから，

$(Q/2) \times C_1$

となる．在庫総費用（TC）は，発注費用と在庫費用の合計であるから，次のようになる．

$$TC = \left(\frac{F}{Q}+V\right)D + \frac{Q}{2}i \quad \cdots\cdots\cdots\cdots\cdots\cdots\cdots\cdots\cdots\cdots\cdots\cdots\cdots\cdots\cdots\cdots (5.6)$$

最適発注量は，〔5.6〕式をQに関して微分し，それをゼロと置きQに関して解くことで得られる．

$$Q = \sqrt{\frac{2FD}{C_1}} \quad \cdots\cdots\cdots\cdots\cdots\cdots\cdots\cdots\cdots\cdots\cdots\cdots\cdots\cdots\cdots\cdots\cdots\cdots (5.7)$$

〔5.7〕式が，最適発注量であり，在庫総費用が最小となる．たとえば，単位当たり在庫費用5円，1回当たり発注固定費100円，需要量2,000，単位当たり変動費1円と仮定すれば，

　最適発注量（Q）＝ $\sqrt{(2 \times @¥100 \times 2{,}000)/5}$ ＝ 283 単位

需要量を最適発注量で除すると発注回数が得られる．これを年当たりにすると，

　2,000/283＝7.07 回，365/7.07＝51.62 月

したがって，283単位が約52日ごとに発注される．また在庫総費用は，

　[（¥100/283）＋ @¥1] × 2,000 ＋（@¥5 × 283）/2 ＝ ¥3,414.2

となり，在庫総費用が最小となる．

　実際，企業は，製品などの需要額を確実には知り得ないし，さらに，注文から入荷までの調達時間も変化する．このような場合，品切れとなることもあり，企業は売上機会，機会利益を失うことになる．これを防ぐために一定量の安全在庫を保持しなければならない．安全在庫の水準は，需要量調達時間と品切れ費用の関数である．したがって，最適発注点は，（調達時間×日次消費量また

は日次売上高）＋安全在庫となる．

　企業は製品・商品を主な構成とする棚卸資産に多大な資金を投資していることから，これを効率的管理することが求められる．効率的な在庫管理は企業業績の向上，企業維持に直結する．企業は在庫総費用を最小にしなければならない．経済的発注量は，企業の在庫に関係する費用を最小とする発注量を決定する．経済的発注量がいったん決まれば，企業は発注点を決めることができ，発注が行われる在庫水準を決めることができる．

　さらに，不確実な状況の下にある企業は，需要と調達時間が変化するために安全在庫を保持しなければならない．最適在庫水準を決める方法として，在庫保持の追加により実現する効益と在庫費用との限界分析もある．

3　流動負債の管理

　負債は，(1)有利子負債と無利子負債，(2)短期・長期負債の組み合わせに区分される．運転資本項目を構成する流動負債は，営業活動の信用取引の手段として利用される．支払手形，買掛金，未払金，未払費用などの無利子負債（ただし，利子の内在化）と，金融・証券市場から調達する短期借入金，CPなどの利子が付く短期資金調達手段に区分される．

　負債は一定期日に支払いを伴う．支払いが履行されなければ企業破綻を導く．流動負債は短期に支払期限が到来することが流動負債の支払いに対応する短期の予想収入が存在しなければならない．

　支払手形，買掛金などの営業債務は，支払期日に，取引額を現金などで返済しなければならない．営業債務は信用取引により生じる支払手段の支払延期である．営業債務は一時返済が猶予されるにすぎない（債権者によるファクタリングの問題が発生する）．しかし，この支払猶予期間は，その支払いに必要な資金を調達する必要がない．この意味で，将来，支払しなければならない短期の資金調達手段である．この営業債務は企業の計画設定のシステムの一環として将

来の支払いに備える必要から一覧表にされ，支払計画が設定されなければならない．

　短期借入金は金融機関などから運転資金として利用されてきた．短期借入金は，必要な時に柔軟に金融機関から調達する方法である．資金調達手段としての負債利用の効用である．短期借入金の返済は短期借入金の借り換えで行ったり，コマーシャル・ペーパー（Commercial Paper：CP）の発行で行う場合もある．借換は，実質，長期調達源泉として利用する手段として存在する．さらに，長期借入金で短期借入金を返済する方法もあるが，CPなど短期資金調達方法と金融市場との利子の差が生じる．営業債権と営業債務の収支関係を成立させることができれば支払手段を保有する理由は存在しない．短期借入金の返済原資は営業活動によって創造される支払手段に基づくことが原則である．しかし，借入契約内容の選択，金融機関と随時借入可能額（クレジットライン）を設定することなどで迅速な資金調達方法として選択できる利便性をもつ．

　CPは短期資金調達手段として，資本市場から直接資金を調達する方法である．企業が無担保で短期資金を調達（無担保約束手形）する方法，金融機関，証券会社を通じて発行し，流通は金融機関，証券会社，短期投資会社が担っている[9]．市場で発行されるCPの購入者は，機関投資家が中心で，信託銀行（信託勘定），農林・漁業金融機関などが主要な投資者（購入者）であり，短期資金運用の対象となる[10]．

　企業が資金調達の手段として，（有利子）負債を導入する場合，返済義務，利子と資本構成（Financial Leverage）の課題が生じる．企業が資金源泉として，自己資本と負債を利用（資産利益率と負債利子率[11]）するならば，この関係を企業が保有する営業リスク・財務リスク[12]の関係が生じる．企業の利益額（率）は，税率，資本構成，資産（営業）利益率および負債利子率の関係によって表すことができる．

4 資金計画と資金繰り表

　資金計画は資金運用に求められる資金量を準備することである．資金繰りは必要資金量に見合う現金を調達することである．資金繰りは現金収支の適合，タイミングが課題となる．営業収入，営業外収入と支出額が均衡する．収支を均衡させるには，現金収支の予測を正確に行うことが求められる．収支均衡している場合，現金などの支払手段を保有する必要はない．

　資金繰り表（図表5－1）は，売上収入などの営業収入，営業外収入，保有資産売却収入，また，仕入代金などの営業支出，営業外支出，法人税，配当金などの決算関係支払い，投資関係収支，財務関係収支などに分類し，企業活動の項目別に資金収支の側面から，計算・表示する．資金繰り表は予測表と実績表が作成される．資金繰り予測は予測構成要因を明確にしなければならない．これも予測する期間に左右されることになる．現金販売高，売掛・貸付債権回収状況，資産売却収入，金融機関借り入れ，社債・株式の発行，短期・長期債務の返済，余剰資金の短期・長期証券，債権投資，設備投資計画，事業拡張計画，企業合併・買収計画などである．資金繰り予測の基本は営業の収入，売上高である．売上高と現金収入を地域，事業部などに分類して現金収入に関する情報を分析して予測を構築する．事業収入が営業支出，拡張投資，金融機関への返済額に不足すれば，不足分を外部資金から調達するか，保有資産を売却して調達する．

　企業活動が日々行われていることから，資金繰り予測は，日次，月次，四半期，年次などの期間で収支予測が行われる．予想売上高・売上収入をもとに，順次項目別に予測される．受取勘定の回収予測は，顧客の支払慣習や経済状況に左右されるためもっとも困難な要因である．日次回収額を決定する方法として，季節的パターンや顧客の支払慣習などの要因を考慮して，月次回収額を計画し，既存の回収パターンを利用して日次回収額を導きだす．今，例を用いて

第5章 運転資本管理

図表5−1 資金収支実績と計画

(単位:百万円)

	項目	実績 第70期 (自平成○年○月○日 至平成○年 月 日)	計画 第71期 (自平成○年○月○日 至平成○年 月 日)	計画 第72期 (自平成○年○月○日 至平成○年 月 日)	計画 第74期 (自平成○年○月○日 至平成○年 月 日)	計画 第75期 (自平成○年○月○日 至平成○年 月 日)
Ⅰ 事業収支	収入 1 営業収入	1,180,306	1,236,131	1,337,103	1,387,188	1,521,250
	2 営業外収入					
	1 受取利息、受取配当金等収入	4,560	5,286	4,372	5,866	4,650
	2 その他	1,452	2,049	1,717	1,928	3,776
	小計(A)	1,186,320	1,243,467	1,343,193	1,394,982	1,529,677
	3 有形固定資産売却等収入					
	1 有形固定資産売却	8,446	5,456	2,894	3,803	1,121
	2 投資有価証券売却	2,627	4,110	5,704	8,403	17,374
	3 貸付金、保証金(含短期)回収	85,680	82,172	56,400	26,499	19,154
	4 その他の収入	20,101	34,448	28,363	32,284	24,561
	小計(B)	116,856	126,187	93,363	70,991	62,211
	収入合計(C=A+B)	1,303,176	1,369,655	1,436,557	1,465,974	1,591,889
	支出 1 営業支出					
	1 原材料及び商品仕入	852,389	881,080	948,247	943,457	1,007,760
	2 人件費支出	108,550	117,186	128,524	148,431	170,541
	3 その他	176,434	180,274	205,502	238,614	266,159
	2 営業外支出					
	1 支払利息・割引料等支出	8,190	7,995	6,102	4,766	4,376
	2 その他	1,419	1,146	874	1,390	1,661
	小計(D)	1,146,984	1,187,682	1,289,250	1,337,660	1,450,500
	3 有形固定資産取得等支出					
	1 有形固定資産取得	60,101	18,729	29,757	50,577	54,845
	2 投資有価証券取得	13,531	8,869	11,001	9,063	26,008
	3 貸付金(短期を含む)	79,009	79,964	54,936	26,200	20,542
	4 その他の支出	27,908	39,608	26,651	16,641	36,712
	小計(E)	180,551	147,172	122,346	102,482	138,109
	4 決算支出等					
	1 配当金	6,171	6,171	6,171	7,110	7,157
	2 法人税等	7,073	1,584	14,587	4,429	13,697
	3 その他	113	78	116	68	75
	小計(F)	13,357	7,835	20,875	11,608	20,930
	支出合計(G=D+E+F)	1,340,893	1,342,690	1,432,473	1,451,750	1,609,540
	事業収支尻(H=C−G)	△37,717	26,965	4,084	14,223	△17,651
Ⅱ 資金調達に伴う収支	収入 1 短期借入金(手形借入金を含む)	60,646	52,880	39,340	69,377	97,358
	2 コマーシャルペーパー発行	222,000	42,915	223,961	435,000	411,000
	3 割引手形					
	4 長期借入金	40,325	15,247	5,190	6,950	12,500
	5 社債発行	20,000	20,000		25,000	30,000
	6 増資					
	7 その他の収入					
	収入合計(I)	342,971	131,042	268,491	536,327	550,858
	支出 1 短期借入金返済	56,390	68,249	36,896	76,846	109,421
	2 コマーシャルペーパー返済	222,000	42,915	223,961	435,000	381,000
	3 長期借入金返済 (一年以内に返済予定のものを含む)	30,537	38,805	16,462	5,691	15,734
	4 社債償還			7,017	29,000	20,000
	5 その他の支出					
	支出合計(J)	308,927	149,969	284,336	546,537	526,155
	資金調達収支尻(K=I−J)	34,043	△18,927	△15,844	△10,210	24,703
Ⅲ	当期総合資金収支尻(L=H+K)	△3,673	8,037	11,760	4,013	7,051
Ⅳ	低価法適用に伴う評価損等調整額(M)	△396	△69	△1,100	2,488	942
Ⅴ	期首資金残高(N)	26,466	23,188	31,295	21,222	22,746
Ⅵ	合併受入資金(O)					3,526
Ⅶ	期末資金残高(P=L−M+N+O)	23,188	31,295	20,635	22,746	32,381

7月中の日次回収予測額を計算する．a）現金回収率パターン（％），b）売上高予測（販売部門），a）とb）からc）現金回収額予測は，c）から週次の現金回収予測額を計算することになるが，回収比率を第1週から第4週まで，それぞれ20，40，10，30％と仮定する（図表5－2）．しかしながら，予測は各週別に多少の差異が生じる．この場合，予測する段階で新しい比率構成を利用する．この方法は日次の現金回収額を予測するにも用いられる．各日の回収率を月曜日から金曜日まで，それぞれ30，25，15，10，20％と仮定する．

さらに，d）各週次現金回収予測額，e）日次現金回収予測額と予測期間を最小期日に設定する（図表5－3）．この予測方法をもちいるには，各期間に使用される各比率の修正範囲をもうける必要がある．また，回収予測の正確性は経済状況などの変動に影響を受け，収入と支出が金融機関を通して集中的に決済されるため，即時に利用できる現金と1，2日以上で利用できる現金とを区分することが必要である．また，年次売上計画などに変動があれば，これに対応して，営業債権高，回収率などを変更しなければならない．

営業債権以外の要素として，① 貸付金回収額，定期預金・金融商品の満期収入などは，収入日がほぼ特定でき複雑な予測方法を必要とはしないが，企業の日次現金状態に影響を及ぼす要因ではある．② 固定資産の売却は臨時に行われるが金額が多大であることから，事前に関連情報の報告をうけることが必要である．③ 利子・配当金は，短期・長期証券投資などからの回収であり，収入日と金額もほぼ確定できる収入とみることができる．④ 借入金は運転資金不足などを補うために利用され，また余剰金が生まれれば投資資金としても利用できる．⑤ 株式・社債・CP発行は調達される現金が多額にのぼるため，発行引受先の機関から示される明確な計画収入額に基づき日次予測をたてることになる．

支出項目は，① 短期債務支払いには，原材料，賃金，税金，輸送費，支払配当金などが含まれる．日次現金の支払いを含む取引環境に左右され，予測が困難な項目である．各項目の各勘定を追跡することが困難であることで，日々

図表5−2 売上高予測と回収予測

a) 現金回収率パターン（%）

販売月	翌月	翌々月	貸倒
60	35	3	2

b) 売上高予測（販売部門）　　　　　　　　　　　　　　　　　　（単位：千円）

月	3	4	5	6	7
売上高予測	110,000	120,000	150,000	140,000	110,000

a) と b) から，7月の c) 現金回収額予測　　　　　　　　　　　　（単位：千円）

月 別	売上高予測	現金回収率(%)	回収予測額
7	110,000	60	66,000
6	140,000	35	49,000
5	150,000	3	4,500
			119,500

図表5−3 週次・日次回収予想

d) 各週次現金回収予測額（7月）

週 次		1	2	3	4
回収率(%)		20	40	10	30
現金回収額	119,500	23,900	47,800	11,950	35,850

e) 日次現金回収予測額

週 次		1	2	3	4
現金回収額	回収率（%）	23,900	47,800	11,950	35,850
月曜日	30	7,170	14,340	3,585	10,755
火曜日	25	5,975	11,950	2,988	8,963
水曜日	15	3,585	7,170	1,793	5,378
木曜日	10	2,390	4,780	1,195	3,585
金曜日	20	4,780	9,560	2,390	7,170

発行される小切手支払額を使い，銀行の現金管理サービス，企業は独自の管理会社を設置するなど日々の統制を行う必要がある．②手形決済は銀行で決済されることから，短期債務の支払いと分けて記載する．日次現金支出の重要な要素である．③設備，土地など固定資産の購入は多額の資金を必要とするものであるから，設備購入案というような情報がなければ，必要資金額を用意できない．④短期・長期借入金の返済は金融機関との契約であることから，満

期日，支払日が明確に認識できる．長期・短期借入金など有利子負債は，企業が目標とする資本構成，財務方針に依存して決定される．

5　資金予測シミュレーション

　企業は経済活動を行う期間，日次・週次・月次・年次などを単位として設けている．この期間に対応して行われる経済活動に伴う資金を賄う必要がある．日次・週次の経済活動に利用可能な資金が存在することは必須条件である．債務の支払期日に必要額の資金残高がなければ経済活動が停止することにもなり，企業の存在が脅かされることになる．現金に関連する勘定を通して企業の経済活動に必要な資金を日々管理・統制しなければならない．資金繰りの管理・統制は企業全体の経営方針の決定を受けて現金収支が予測されるが，予測も管理・統制も日次を基礎に，週次・月次で構成されなければならない．[13]

　資金繰りは日次・週次・月次による予測を設定して，予測値を構成している要因別に予測額と実際を比較・検討する必要がある．予測と実際とに差異が生じていれば，この原因を調査・分析して予測値を修正する．予測値に基づいて経済活動を行ううえで基本的な資料を提供するからであり，意思決定を修正する情報ともなる．予測を修正する程度は予測値を設定した初期の数値に置く信頼の程度に左右されることになる．資金繰りを予測する状況や予測を構成する要因も企業による．さらに企業が置かれている経済状況も異なり，多様な要因の歴史的な資料に計量的な方法を用いても収支を正確に予測することはできないであろう．しかしながら，過去の財務資料に統計方法を利用して詳細な資金繰りを予測を行うことができる．

　予測という行為が示す情報は不確定値であり，概算値であることを認識することがもとめられる．経済活動を行うためには情報が必要であることはいうまでもない．この情報は将来を予測する情報である．予測情報であるからには，その情報は可能性の範囲を示す．情報の役割は将来の不確実な状況を軽減する

ことである．

　企業の過去の財務資料に基づいて予測シミュレーションを独自に展開すれば，追加資料の修正が必要な場合が生じたとしても，シミュレーションに追加・修正資料を入力し，より現状に対応した予測値を計算することが可能となる．

　四半期，半期，年次間を予測期間する方法として用いられてきている．この方法はこれまで有効性を保持してきている．管理・統制方法ではなく，一定期間の計画方法として利用されている．日次，週次，月次の収支を管理・統制する方法ではない．

　企業の経済環境の変化に応じてこれに対応する自社システム，自社モデルを設定することが求められる．予測する要因を変数として確定し，これに財務データを入力することでその予測を修正するシミュレーションモデルを設定する．シミュレーションモデルを設定することは，予想された経済状況の変化が生じたとしても変化の程度を修正するデータを入力すれば将来の状況を即座に予測することが可能である．経済変動の対策に必要な予測情報を提示することができる．[14] 計量的な方法が用いられてモデルを設定するためにデータ・ベースを設計し，必要な情報がいつでも利用できるようにしなければならない．情報のデータ・ベースの設定はこれを必要とする企業，利用者でその方法は相違する．

　資金繰りは日次管理統制が求められる．これには日次の予測モデルを開発することが必要である．会計が現在と過去の経済活動をその対象とするのであれば，現在の企業の経済的意思決定に役立つことには限界がある．資金繰りは企業の生命線である．企業が未来に向けて活動をしているのであるから，資金繰りも未来を予測する資料であるべきである．

　資金収支の管理・統制は企業全体の経営方針の決定を受けて資金繰りが予測されるが，予測も管理・統制も日次を基礎に，週次・月次で構成されなければならない．企業の経済活動は日々行われている．資金収支を予測し，管理・統制する方法が必要である．これには予測する要因を変数として確定し，これに経済データを入力することでその予測を修正するシミュレーションモデルを設

定する．シミュレーションモデルを設定することは，予想された経済状況の変化が生じたとしても変化の程度を修正するデータを入力すれば将来の状況を即座に予測することが可能である．それにより，経済変動の対策に必要な予測情報を提示することができる．

注）
1) Hammpton, J. J. (1977) *Fincial Decision Making*, 2nd ed., Reston Publishing, p.159.
    Firth., M. (1976) *Management of Working Capital*, Macmillan p.1.
2) N. A. A. (1961) *N. A. A. Research Report 38 : Cash Flow Analysis for Managerial Control*, pp.38-39（染谷恭次郎監訳（1963）『経営管理のためのキャッシュ・フローの分析』日本生産性本部，p.48）.
3) Michael Firth. (1976) *Management of Working Capital*, pp.73-74.
4) 技術的支払不能（technical insolvency）は，企業の返済日が到来した債務を債権者に支払うために保有資産を売却などして換金する時間のない状況を指す．
5) Baumo. W. J. (1952) The transactions and for cash an inventory theoretic approach, *Quarterly Journal of Economics*, Novemenber, pp.545-556.
6) Miller, M. H. and D. Orr (1966) A model of the denmand for money by firms, *Quarterly Journal of Economics*, August, pp.413-435.
7) Mao, J. C. T. (1969) *Quantitative Analysis of Financial Decisions*, Macmillan, p.516.
8) Johnson, R. W. (1966) *Financial Management*, Thid edition, Allyn & Bacon, p.140.
9) CPは「有価証券」に指定された．したがって，CPを保有している「投資者（購入者）」は，流動資産の部，「有価証券」に記載する．
10) 実際，CP発行の約8割は銀行を中心とした金融機関の引き受けとなっている．このことから，CPは間接金融ではないと言うこともできる．
11) 負債利子率は，有利子負債額に対応する支払利息割引料，社債利息で認識・測定されるべきである．測定には，通常，期間計算機構である，会計の認識・測定が利用される（発生額と実際支払額がある）．
12) 営業リスクは，ここでは資本利益率の分散の程度，財務リスクは，資本構成に負債が導入されたことによって，自己資本が負担しなければならないリスクと定義する．
13) 企業経営協会編（1969）『資金繰りの計画と管理』中央経済社，pp.60-62.
14) Mao, J. C. T. *op. cit.*, pp.505-515.

Bryant, J. W. ed.（1987）*Financial Modelling in Corporate Management*, John Wiley & Sons, pp. 152–162.

参考文献

Bowlin, Oswald D., Martin, John D. & David F. Scott（1990）*Guide to Financial Analysis*, 2nd ed., MacGrew-Hill.

Chorafas, Dimitris N.（2002）*Liabilities, Liquidity, and Cash Management*, Wiley.

Dobbins, Richard & Stephen F. Witt（1988）*Practical Financial Management*, Blackwell.

Ehrhardt, Michael C.（1994）*Measuring the Company's Cost of Capital*, Harvard Business School Press.（真壁昭夫・鈴木毅彦訳『資本コストの理論と実務・新しい企業価値の探求』東洋経済新報社，2001 年）

Fabozzi, Frank J. & Pamela P. Peterson（2003）*Financial Management & Analysis*, 2nd ed., Wiley.

Firth, Michael（1976）*Management of Working Capital*, Macmillan.

Kaen, Fred R.（1995）*Corporate Finance*, Blackwell.

Maness, Terry S.（1988）*Introduction to Corporate Finance* MacGraw-Hill.

Mao, James C. T.（1969）*Quantitative Analysis of Financial Decisions*, Macmillan.

Pike, Richard & Bill Neale（1993）*Corporate Finance and Investment : Decisions and Strategies*, Prentice Hall.

浅田孝幸（2002）『戦略的管理会計』有斐閣．

朝岡大輔（2006）『戦略的コーポレートファイナンス』NTT 出版．

大西淳（2009）『コーポレート・ファイナンス理論と管理会計』京都大学出版会．

小椋康宏編（2007）『経営学原理　第二版』学文社．

久保田敬一（2006）『決定版コーポレートファイナンス』東洋経済新報社．

小松章編著（2009）『経営分析・企業評価』中央経済社．

小山明宏（2001）『財務と意思決定』朝倉書店．

野村證券金融工学研究センター編（2011）『企業価直向上の事業投資戦略』ダイヤモンド社．

仁科一彦（2004）『企業ファイナンス入門（第 2 版）』中央経済社．

蜂谷豊彦・中村博之（2001）『企業経営の財務と会計』朝倉書店．

花枝英樹（2005）『企業財務入門』白桃書房．

保坂和男（1991）『新版　現在企業財務』森山書店．

若杉敬明（1988）『企業財務』東京大学出版会．

第6章 リスクとリターン分析

期待収益率

リスク

リスクプレミアム

リスク回避　要求収益率

リスクがあるということは将来の結果に幅をもつことである．リスクのある資産へ投資する場合は，リスクのない資産よりも追加的な収益，すなわち，リスク・プレミアムが要求される．この章では，まず，リスクとリターンの概念について説明し，次に資本市場でのリスク・プレミアムの決め方について説明する．最後に，リスク・プレミアムの実物資産へ投資する場合の要求収益率との関連について説明する．

1　リスクとリターンの概念

投資の結果に影響を与える将来の状態が不確実であるため，投資収益が確定しないことをリスクという．従って，リスクが存在するというときには，少なくとも2つの投資結果が起こりうる．ここでは，単純な例でリスクの概念について説明しよう．

1期間のみの投資を考える．期首（時点0）の投資金額 $W(0) = 100$ 万円で，期末の金額はそのときの経済状況によって2つ結果が予想されるとする．好景気となった場合，資産の価値が $W_1(1) = 150$ 万円になり，不景気となった場合に資産の価値が $W_2(1) = 80$ 万円となる．好景気になる確率は $p = 0.6$ で，不景気になる確率は $p = 0.4$ である．予想される投資の結果を図表でまとめると，次にようになる．

図表6-1　予想される投資の結果

経済状況	好況	不況
確　率	0.6	0.4
投資結果	150	80

この投資結果はどうのように評価されるのか．まず，記述統計を使って投資結果を要約してみよう．1期間後に予想される富の期待値を $E[W(1)]$ とすると，

$$E[W(1)] = pW_1(1) + (1-p)W_2(1) = 0.6 \times 150 + 0.4 \times 80 = 122$$

となり，100万円の投資に対する期待利益は22万円（122万円−100万円）となる．これを率にすると，投資の期待収益率（リターン）は，

$$E[r] = \frac{122-100}{100} = 22\%$$

となる．投資利益の分散をσ^2で表すと，

$$\sigma^2 = p\{W_1(1) - E[W(1)]\}^2 + (1-p)\{W_2(1) - E[W(1)]\}^2$$
$$= 0.6 \times (150-122)^2 + 0.4 \times (80-122)^2 = 1176$$

となり，分散の平方根である標準偏差は34.2929となる．率に換算すると34.2929％となる．分散あるいは標準偏差は投資収益（率）の散らばりの度合いを表わすもので，投資分野ではこれをリスクの量を表わす尺度として使用している．従って，この投資には明らかにリスクがある．しかし，この2つの統計値だけでは，まだ，このようなリスクのある投資を評価できない．リスクのある投資案件について，その期待収益が十分であるかどうかは，ある代替的な資産に依存する．

別の投資案として，国債へ投資を考える．1期間満期の国債の収益率が5％であるとすると，100万円の投資は確実に5万円の投資利益を生み出す．2つの投資案の収益状況を図表にまとめると次のようになる．

図表6−2　2つの投資案の収益状況

経済状況	好況	不況
確率	0.6	0.4
リスク資産の投資収益	50	−20
国債の投資収益	5	

2つの投資案の利益の差は22−5=17万円で，率にすると17％となる．この差はリスクのある資産の期待収益がリスクのない資産の確実的収益を上回る部分であり，リスク・プレミアムと呼ばれる．リスク資産への投資を選択することは，確実な収益を生む国債への投資機会を放棄することになるので，リス

ク・プレミアムをリスク資産への投資の代償として考えることができる．

2 リスク回避

リスク回避はリスクのある資産へ投資する際に，十分なリスク・プレミアムを要求することである．投資家がリスクに対する態度が厳しければ，それに対応する要求収益率も大きくなる．ここで，リスクに対する要求収益率の概念を定式化してみる．投資家がリスク資産の期待収益率（リターン）とリスクをもとにして，それぞれの資産へ投資した場合の効用（満足度）に得点をつけることができると想定しよう．効用得点の高い資産はより魅力的なリスク・リターン関係をもつ資産であると考える．合理的な投資家であれば，経済的利益を追求する上で不確実性を嫌うので，自然に，高い期待収益率に高い効用得点，高いボラティリティ（リスク）に低い得点が与えられる．予想収益率 $E[r]$ と収益率の分散 σ^2 の資産に対して，効用得点を次のような式で表現する．

$$U = E[r] - 0.5 A \sigma^2 \quad \cdots\cdots\cdots\cdots\cdots\cdots\cdots\cdots\cdots\cdots\cdots\cdots\cdots\cdots\cdots\cdots\cdots \text{〔6.1〕}$$

ここで，U は効用の値，A は投資家のリスク回避度で，0.5 は便宜上でつけた係数である．

上の式で，効用は期待収益率の増加とともに増大し，リスクの上昇に対して減少するという考え方に対応している．分散が効用を引き下げる度合いは投資家のリスク回避度 A に依存する．リスクの回避度が高い（A の値が大きい）投資家は，リスクのある投資をより厳しく評価する．投資家は各自のリスク回避度のもとで，それぞれのリスク資産の効用を計算し，より高い効用をもつ資産を選択して投資する．〔6.1〕式からわかるように，リスクのない資産の効用は単に収益率となる．従って，無リスク資産は投資評価のベンチマークである．先の例では，22％の期待収益率と34％の標準偏差をもつリスク資産で，$A=3$ の投資家にとっては，効用は $0.22 - 0.5 \times 3 \times 0.34^2 = 4.66\%$ となり，無リスク資産の収益率よりも小さくなる．この投資家にとっては国債への投資はより魅

力的である.これはこの投資家がリスク・プレミアムとして,期待収益率を $0.5\times3\times0.34^2=17.34\%$ 下方に修正した結果である.リスクの回避度が $A=2$ の投資家は,期待収益率を 11.56% 下方に修正する.この場合はリスク資産の効用水準は 10.44% となり,この投資家にとってはリスク資産への投資がより魅力的である.

以上でわかるように,リスクとリターンを分析するのは,リスク・プレミアムがどれだけあれば十分な代償となるのかという議論になる.以下では,よく機能している資本市場においてリスク資産に対するリスク・プレミアムの決定について説明する.

3　リスク回避度と資産配分

前節では投資家のリスク回避度によって,選択する資産が異なることをみてきた.実際には,どの特定の資産を選択して投資することではなく,2種類の資産に振り分けて投資することにより,効用の最大化を図ることができる.この節では,投資家にとって利用可能な資産の組み合わせに対応するリスクとリターンの関係について考察し,最適な資産配分を導出する.

全体の投資予算のうち,リスク資産の P に y の割合で投資し,残りの $1-y$ を無リスク資産 F に投資することを考える.リスク資産の期待収益率,標準偏差をそれぞれ $E[r_p]$,σ_p で表し,無リスク資産の利子率を r_f で表すと,2つの資産からなるポートフォリオ C の期待収益率は,

$$E[r_c]=yE[r_p]+(1-y)r_f=r_f+y\{E[r_p]-r_f\} \quad\cdots\cdots\cdots\cdots [6.2]$$

となる.〔6.2〕式の右辺からわかるように,投資ポートフォリオの基本となる収益率は無リスク資産の利子率であり,それに加えて,リスク資産のリスク・プレミアム $E[r_p]-r_f$ にリスク資産の保有比率 y を乗じた追加的収益率が期待される.このとき,ポートフォリオの標準偏差は,

$$\sigma_c=y\sigma_p \quad\cdots\cdots\cdots\cdots\cdots\cdots\cdots\cdots\cdots\cdots\cdots\cdots\cdots\cdots\cdots\cdots\cdots\cdots [6.3]$$

である．〔6.3〕式の両辺を σ_p で割ると，

$$y = \frac{\sigma_c}{\sigma_p}$$

となり，これを〔6.2〕式の y に代入すると，

$$E[r_c] = r_f + \frac{\sigma_c}{\sigma_p}\{E[r_p] - r_f\} \quad \cdots\cdots\cdots\cdots\cdots\cdots\cdots\cdots\cdots\cdots\cdots\cdots \text{〔6.4〕}$$

となる．〔6.4〕式から，ポートフォリオの期待収益率と標準偏差の関係は，切片 r_f と傾き，

$$S = \frac{E[r_p] - r_f}{\sigma_p}$$

の1次関数（線形関数）となることがわかる．この直線は資本配分線（CAL）と呼ばれ，投資家が選択可能なあらゆる比率で組み合わせたリスク資産と無リスクのポートフォリオのリスクとリターンの関係を示すものである．傾き S は追加的に1単位のリスクを負担したとき，ポートフォリオの期待収益率がどのぐらい高くなるかを示すもので，ポートフォリオのリスクとリターンのトレードオフ関係の度合いを示している．図表6－3は，$E[r_p] = 15\%$，$\sigma_p = 22\%$，$\sigma_f = 7\%$ のときの資本配分線を示したものである．

投資家は資本配分線上でひとつのポートフォリオを選択することになるが，

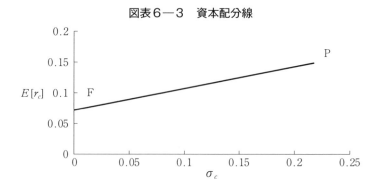

図表6－3　資本配分線

選択されたポートフォリオは必然的にリスクとリターンのトレードオフ関係を伴う．投資家は自身のリスク回避度に応じて最適な組合せを決定する．投資ポートフォリオの期待リターンとリスクが所与のとき，投資家の効用は〔6.1〕式で与えられる．また，資産配分線上から選択したポートフォリオのリスク資産の割合が y であるとき，期待収益率と分散は〔6.2〕式と〔6.3〕式からそれぞれ，

$$E[r_c] = r_f + y\{E[r_p] - r_f\}, \quad \sigma_c^2 = y^2 \sigma_p^2$$

となるから，投資家は効用 U のレベルを最大にするリスク資産への投資比率を決めればよい．すなわち，

$$\max_y \quad U = E[r_c] - 0.5A\sigma_c^2 = r_f + y\{E[r_p] - r_f\} - 0.5Ay^2\sigma_p^2 \quad \cdots\cdots\cdots 〔6.5〕$$

から，

$$y^* = \frac{E[r_p] - r_f}{A\sigma_p^2} \quad \cdots\cdots\cdots\cdots\cdots\cdots\cdots\cdots\cdots\cdots\cdots\cdots\cdots\cdots\cdots\cdots\cdots\cdots 〔6.6〕$$

がリスク資産への最適な投資比率となる[1]．〔6.6〕式から，リスク資産への最適投資比率はリスク回避度と逆の関係にあることがわかる．

4　リスクの分散と最適ポートフォリオの選択

前節では，無リスク資産とリスク資産との間での資金を配分について検討した．現実の世界では多数のリスク資産が存在し，リスク資産を組み合わせることによって，リスク資産のリスクとリターンのトレードオフ関係を改善することができる．このことを説明するために，ここでは，2つリスク資産からなるポートフォリオの期待収益率とリスクの関係について示す．

リスク資産1とリスク資産2の2つの資産のポートフォリオを考える．リスク資産1の期待収益率と標準偏差を $E[r_1]$ と σ_1 で表わし，リスク資産2の期待収益率と標準偏差を $E[r_2]$ と σ_2 で表わすことにし，2つのリスク資産の相関係数を ρ とする．保有比率をそれぞれ w_1 と $w_2(=1-w_1)$ とすると，ポ

ートフォリオの期待収益率は,

$$E[r_p] = w_1 E[r_1] + w_2 E[r_2] \quad \cdots\cdots\cdots\cdots\cdots\cdots\cdots\cdots\cdots\cdots\cdots\cdots\cdots\cdots\cdots\cdots \quad (6.7)$$

となり,ポートフォリオの分散は,

$$\sigma_p^2 = w_1^2 \sigma_1^2 + w_2^2 \sigma_2^2 + 2 w_1 w_2 \rho \sigma_1 \sigma_2 \quad \cdots\cdots\cdots\cdots\cdots\cdots\cdots\cdots\cdots\cdots\cdots \quad (6.8)$$

となる.ポートフォリオの期待収益率はそれぞれの資産の収益率の加重平均であるが,ポートフォリオの標準偏差のそれぞれの資産の標準偏差との関係は自明ではない.そこで,$\rho = 1$ としてみる.この場合,

$$\sigma_p^2 = w_1^2 \sigma_1^2 + w_2^2 \sigma_2^2 + 2 w_1 w_2 \sigma_1 \sigma_2 = (w_1 \sigma_1 + w_2 \sigma_2)^2$$

となり,

$$\sigma_p = w_1 \sigma_1 + w_2 \sigma_2$$

となるので,ポートフォリオの標準偏差はそれぞれの資産の標準偏差の加重平均となる.相関係数が1であるとき,2つの資産がまったく同じリスク構造をもつ場合であることから,リスクを分散することにはならない.$\rho < 1$ の場合,

$$w_1^2 \sigma_1^2 + w_2^2 \sigma_2^2 + 2 w_1 w_2 \rho \sigma_1 \sigma_2 < (w_1 \sigma_1 + w_2 \sigma_2)^2$$

となるので,リスク構造が異なる2つの資産に投資すれば,リスクを分散する効果が得られる.相関係数が-1の場合,個別資産の構成比を,

$$w_1 = \frac{\sigma_1}{\sigma_1 + \sigma_2}, \quad w_2 = 1 - w_1$$

にすると,ポートフォリオの標準偏差はゼロとなる.すなわち,個別資産の収益率が完全に負の相関をもつとき,ポートフォリオの標準偏差がゼロとなるポートフォリオを構成することができる.したがって,証券の間の相関係数が小さいほど,分散投資の効果は大きくなり,ポートフォリオのリスクも低くなる.異なる相関係数の2つのリスク資産から構成するポートフォリオの標準偏差と期待収益率の関係をグラフで示すと図表6—4のようになる.ここで,資産1の期待収益率と標準偏差を $E[r_1] = 0.14$, $\sigma_1 = 0.2$,資産2の期待収益率と標準偏差を $E[r_2] = 0.08$, $\sigma_2 = 0.12$ とした.A 点は資産1のみで,B 点は資産2のみで構成されるポートフォリオのリスクとリターンを表している.A と B

図表6-4 ポートフォリオの標準偏差と期待収益率

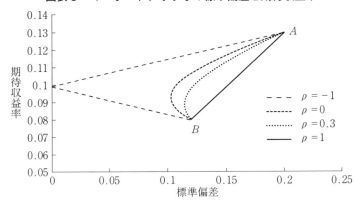

を繋ぐ線は資産1と資産2をあらゆる構成比w_1と$w_2=1-w_1$で組み合わせたポートフォリオのリスクとリターンの関係を示す．従って，AとBを繋ぐ線は投資機会の集合として考えることができる．相関係数が1の場合，投資機会の集合はAとBを繋ぐ直線になるので，ポートフォリオのリスクとリターンは比例的に変化する．相関係数が1より小の場合，AとBを繋ぐ線は直線より左に位置し，同じ期待収益率のポートフォリオについて相関係数が小さいほど曲線が左に位置する（標準偏差が小さい）ことを確認できる．各曲線のもっとも左に位置する点は標準偏差がもっとも小さいポートフォリオとなり，最小分散ポートフォリオと呼ばれる．標準偏差が最小の点より右では，同じ標準偏差のポートフォリオは曲線上で最小点より上方と下方でひとつずつを構成できるが，明らかに，上方に位置するポートフォリオの収益率が高い．従って，最小標準偏差の点とA点を結ぶ投資機会集合からポートフォリオを選ぶことになる．

投資家は投資機会の集合からポートフォリオを選択し，無リスク資産と組み合わせて，投資の効用を最大にすることを考える．どのようなリスク資産のポートフォリオを選択すればよいだろうか．リスク資産による投資機会の集合ともっとも高い位置で接する資産配分線がもっとも高いリターンをもたらすので

図表6—5 最適なリスク資産のポートフォリオと最適な資産配分線

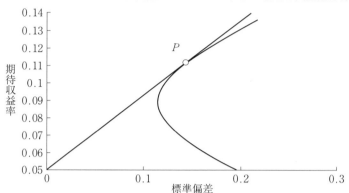

あるから，リスク資産による投資機会集合と資産配分線の接点に位置するリスク資産の組み合わせが最適なリスク資産のポートフォリオとなる．これを図示すると，図表6—5の接点 P で与えられるポートフォリオが無リスク資産を導入したときの最適なリスク資産のポートフォリオとなる．2つのリスク資産の場合，最適リスク資産のポートフォリオ P における資産配分比率は次のように求められる．

$$w_1 = \frac{\{E[r_1]-r_f\}\sigma_2^2 - \{E[r_2]-r_f\}\rho\sigma_1\sigma_2}{\{E[r_1]-r_f\}\sigma_2^2 + \{E[r_2]-r_f\}\sigma_1^2 - \{E[r_1]-r_f+E[r_2]-r_f\}\rho\sigma_1\sigma_2},$$

$$w_2 = 1 - w_1 \cdots\cdots\cdots\cdots\cdots\cdots\cdots\cdots\cdots\cdots\cdots\cdots\cdots\cdots\cdots\cdots \text{〔6.9〕}$$

最適リスク資産のポートフォリオ P の期待収益率と標準偏差はそれぞれ〔6.9〕式で求めた最適構成比率を〔6.7〕と〔6.8〕式に代入して求められる．最適リスク資産のポートフォリオ P と無リスク資産を組み合わせたポートフォリオが最適な完全ポートフォリオとなり，投資家の効用を最大にする最適な完全ポートフォリオでのポートフォリオ P の保有比率は〔6.6〕式によって与えられる．

5 市場ポートフォリオのリスク・プレミアム

　前節では2つのリスク資産を仮定した場合の最適なリスク資産ポートフォリオの選択について議論したが，多数のリスク資産が存在する現実の資本市場についても，2つのリスク資産からなる投資機会の集合と類似する効率的な投資機会の集合（効率的フロンティア）を求めることができ（同レベルの期待収益率について，リスクが最小となる資産の組み合わせ，あるいは同レベルのリスクについて，期待収益率が最大となるような資産の組み合わせの集合を求めることになる.），無リスク資産を導入して，最適なリスク資産ポートフォリオを求めることができる．

　無リスク資産と最適なリスク資産ポートフォリオを組み合わせた完全ポートフォリオを保有することは，リスクとリターンの関係をもっとも望ましい状態（リスクの量に対して，最大なリターンを実現する.）にするのを保証する．この知識がすべての投資家で共有しているとすれば，各投資家の保有する完全ポートフォリオは，各々のリスク回避度によって，無リスク資産とリスク資産の構成比は異なるものの，リスク資産のポートフォリオについてはすべての投資家で同様なものを保有することになる．すなわち，すべての投資家が無リスク資産と最適なリスク資産ポートフォリオを含む完全ポートフォリオを保有することになる．市場全体のリスク資産である市場ポートフォリオは全投資家の保有するリスク資産のポートフォリオの合計であるから，当然，市場ポートフォリオの構成は最適なリスク資産ポートフォリオと一致する．したがって，投資家の資産配分は図表6-6で示すように，無リスク資産の金利と市場ポートフォリオを結ぶ線である資本市場線の上にある．ここで，M は市場ポートフォリオ，$E(r_M)$ と σ_M はそれぞれ市場ポートフォリオの期待収益率とリスクである．

　個々の投資家の最適な完全ポートフォリオでの市場ポートフォリオの保有割

図表6—6　効率的フロンティアと資本市場線

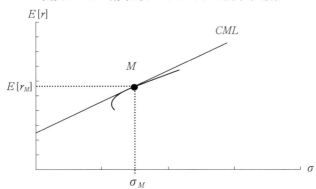

合は〔6.6〕式により,

$$y = \frac{E[r_M] - r_f}{A\sigma_M^2} \quad \cdots\cdots\cdots\cdots\cdots\cdots\cdots\cdots\cdots\cdots\cdots\cdots\cdots\cdots\cdots\cdots\cdots\cdots\cdots\cdots\cdots\cdots\cdots\cdots\cdots\cdots\cdots\cdots\cdots\cdots\cdots\cdots\cdots\cdots\cdots \text{〔6.10〕}$$

となる．無リスク資産は投資家の間の貸借より生じると単純化すると，資金の借り手がもつ負債（マイナスの無リスク資産）と資金の貸し手がもつ無リスク資産は常に同じ量となり，経済全体にある無リスク資産の総計はゼロ（貸借のネットはゼロ）となる．そこで，代表的投資家のリスク回避度（平均リスク回避度）を $\bar{A}$ として，また，投資家のリスク資産の平均保有比率を $\bar{y}=1$ とすることができ，これを上の〔6.10〕に式代入し，変形すると，

$$E[r_M] - r_f = \bar{A}\sigma_M^2$$

となる．これから，市場ポートフォリオのリスク・プレミアムはその収益率の分散と投資家の平均リスク回避度に比例することがわかる．

6　個別の投資プロジェクトのリスクと要求収益率

5節の議論は資本資産価格モデル（capital asset pricing model, CAPM, キャップエム）による資本市場の均衡状態を説明するものである．その議論でわかるよ

うに，資本資産価格モデルはリスクのある資産の均衡期待収益率とリスクの関係について明確に定式化するものである．期待収益率とリスクの関係を明確にすることにより，これから行う投資を評価する際に，期待収益率の基準を示してくれる．たとえば，企業の新規投資の評価基準となる．以下では，CAPM理論に基づく投資プロジェクトのリスクと要求収益率について議論をする．このために，まずは個別資産のリスク・プレミアムを決める必要がある．CAPM理論では，個別資産の適正なリスク・プレミアムはその資産が投資家のポートフォリオ全体のリスクに対する貢献度から決まるものであるとしている．

投資家の要求するリスク・プレミアムは市場ポートフォリオのリスク・プレミアム $E[r_M] - r_f$ であり，それに対応するリスクの量を表わす分散は σ_M^2 であるから，これらについて比をとると，

$$\frac{E[r_M] - r_f}{\sigma_M^2}$$

となる．このリスク・プレミアムの分散に対する比率は，1単位のリスクをとったときにどれだけの超過収益率を得られるかを意味している．この比率はリスクの市場価格とも呼ばれる．他方，個別資産 i のポートフォリオ全体の分散に対する貢献はその資産の構成比が w_i であるときに，$w_i Cov(r_i, r_M)$ となる．ここで，$Cov(r_i, r_M)$ は資産 i の収益率と市場ポートフォリオの収益率の共分散である．したがって，資産 i のリスク・プレミアム $E[r_i] - r_f$ と共分散の比は，

$$\frac{E[r_i] - r_f}{Cov(r_i, r_M)}$$

である．この比率がリスクの市場価格と一致しなけれならないことから，

$$\frac{E[r_i] - r_f}{Cov(r_i, r_M)} = \frac{E[r_M] - r_f}{\sigma_M^2}$$

が成立し，個別資産のリスク・プレミアムは，

$$E[r_i] - r_f = \frac{Cov(r_i, r_M)}{\sigma_M^2}[E[r_M] - r_f]$$

と書ける．ここで，

$$\frac{Cov(r_i, r_M)}{\sigma_M^2} = \beta_i$$

とすると，β_iは資産 i の市場ポートフォリオのリスクに対する相対的なリスクの大きさを表わすことになる．たとえば，β_i が1の場合は，資産 i は市場ポートフォリオと同等のリスク，β_i が2の場合は，資産 i は市場ポートフォリオの2倍のリスクをもつと考えることができる．そうすることで，資産 i のリスク・プレミアムは，

$$E[r_i] - r_f = \beta_i[E[r_M] - r_f]$$

と表現することができ，資産 i の期待収益率は，

$$E[r_i] = r_f + \beta_i[E[r_M] - r_f] \quad \cdots\cdots\cdots\cdots\cdots\cdots\cdots\cdots\cdots\cdots\cdots [6.11]$$

となる．〔6.11〕式は個別資産の期待収益率とベータ値の関係を表わす証券市場線（SML）と呼ばれる．証券市場線の切片は無リスク金利 r_f であり，傾きは市場ポートフォリオのリスク・プレミアムである．これを示したのが図表6―7である．

図表6―7　証券市場線

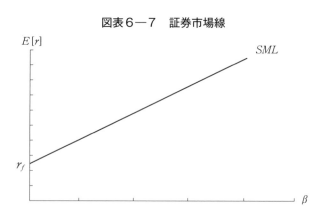

〔6.11〕式により，資本市場において，個別資産の相対的リスクの大きさに対応する期待収益率がわかる．このことが実物資産への投資に対してどのような意味をもつのかを考えてみる．たとえば，新規の自動車工場を建設する意思決定の場合，その収益率の基準は自動車産業の β を用いて〔6.11〕式から推計される期待収益率となる．なぜなら，自動車産業から収益を得るには，自動車株を購入することと自ら工場を建てることの2つの選択肢あり，新規の自動車工場を建設する投資プロジェクトから得られる内部収益率が自動車産業の β から推計される期待収益率を上回らなければ，自動車株あるいは同等のリスクをもつ株式に投資する方がよいことになる．言い換えると，自動車株あるいは同等のリスクをもつ株式への投資から得られる期待収益率は自動車工場を建設する投資プロジェクトの機会費用，すなわち，最低限に要求される収益率である．コーポレート・ファイナンスでは，リスクが β の投資プロジェクトについて，〔6.11〕式から推計される期待収益率を要求収益率，または，資本コストと呼んでいるのは，この理由からである．

注）
1）〔6.5〕式の右辺を y について微分し，それを零に等しいとおくと，
$$E[r_p] - r_f - Ay\sigma_p^2 = 0$$
となり，これから y を求めると，〔6.6〕式を得る．

参考文献

ボディー, Z., ケイン, A., A. マーカス著, 平木多賀人ほか訳（2010）『インベストメント 第8版（上）』日本経済新聞出版社.

ブリーリー, R., マイヤース, S., F. アレン著, 藤井眞理子・國枝繁樹訳（2014）『コーポレート・ファイナンス 第10版（上, 下）』日経BP社.

Ross, S. A., Westerfield, R. W. and J. F. Jaffe 著, 大野薫訳（2012）『コーポレートファイナンスの原理 第9版』きんざい.

第7章　資本コスト

資本コスト　　不確実性

加重平均資本コスト

最適資本構成

期待成長率

資本コスト (the cost of capital) の問題は，1950年代後半から経営財務の領域に大きな影響を与えてきた．特に，この資本コスト論は「意思決定論的財務論」において，重要な領域を提供してきたのである．今日において，資本調達論，および投資決定論との橋渡しを演じている「資本コスト論」は，まさしく経営財務の新しい流れのなかで，避けて通ることはできない課題なのである．

本章では，いわゆるウェストン，ブリガムやソロモンに代表されるいわゆる伝統派の学説を中心に，この資本コストの基礎理論の検討を加えることにする．もちろん，モジリアーニ，ミラーに代表される近代経済学の理論を母体にする学説についても一応の評価を与えておこう．しかしながら，ここで経営体の立場から資本コスト論を展開する意図をもっているとすれば，まず伝統派の学説を理解することが必要である．

さて，ここでは，まず資本コストの概念について若干の検討を行う．続いて，事例を使って資本コストの計算を行うことによって，いわゆる資本コストの経営財務上の考え方を展開することにしたい．

1 資本コストの概念

前述でも指摘したが，資本コストの概念ほど，ここ十数年間，経営財務にかかわる問題として議論されてきたものはない．特に1950年代後半からの「意思決定論的財務論」の台頭以来，この資本コスト論は，もっとも重要な課題であり，各学者は，その解明に多大な力を注いだのである．ところで，経営財務における資本コスト論は，単に一義的に説明するには多くの困難性をもっている．つまり，資本コスト概念の明確化については，多くの論者の見解があるということである．したがって，ここではまず，いわゆる伝統的立場にたって展開してきたソロモン (Solomon, E.) の指摘から検討を加えることにする．[1] ソロモンは，資本コスト概念について，次のような点から始める．

「正味現在価値の極大化の目標によって示される意思決定過程は，業務活動

上，２つの方法で述べられる．資金の運用を必要とするどのような企業体の投資案でも，次のようであるならば，正味現在価値を増大するのが期待され，したがって採用されなければならない．

1. 投資案が約束する見積の正味増分利益の流れおよびその実施のために必要とされる見積の正味資本支出の流れとが，「資本コスト」を測る割引率 k で資本化され（あるいは割り引かれ），前者の現在価値が後者の現在価値よりも大きいとき．

2. 投資案が約束する利益率（正確には，期待支出と期待利益から計算される）が，資本コスト k よりも大きいとき．」[2]

この場合，ソロモンは，この資本コスト k の正確な測定に重点をおこうというのである．つまり，この k の概念規定が問題となるのである．

「k とは何か．それはいかにして測定されるべきか．これは，明らかに財務管理に直面する中心的課題である．k を資本コストとして定義することは，その本質と機能を表すひとつの方法にすぎず，おそらくもっとも有用な方法ではないであろう．k の役割について，それ以外の記述が存在する．このようにして k は次のように論述されてきた．(a)資本を運用する投資案の必要最低利益率，(b)資本支出の切捨率，(c)資本運用が正当化されうるならば，こえなければならない『障害』の利益率か『目標』の利益率，(d)財務基準」[3]

ソロモンは，k を測定する概念上の困難性として，２つの要因をあげる．ひとつは，不確実性（uncertainty）であり，もうひとつは，不確実性から派生した制度的なものである．そこで，ソロモンは次のように考える．

「完全に，確実性の世界の仮定においても，k はまた，正味現在価値を極大化するように設計された合理的な資本割り当ての過程のなかで，本質的な要素となるであろう．……完全に，確実性の世界では，k は単に利子率 i に等しく，k よりも大きい明確で確実性をもった利益率を提供するすべての投資案は，正味現在価値の極大化の基準を満足させるであろう」[4]．そして，ソロモンは，「確実性の解あるいは，確実性等価の解は，価値のある出発点であり，数多くの有[5]

用な洞察を提供している[6]」と考えるのである．一方，不確実性を考えてみるとこの資本コストは次のような問題に直面する．

「第1に，会社の投資のための資金調達額の相当部分が，自己資本の形態で所有者によって提供される．この利子率は，これらの資金のコストを測定するものとして適切ではない．第2に，会社が利用する借入資金の利子支払義務については，不明確であったり，不確定であったりすることは何もない．これらの義務は，約定されており，明確になっている．しかも債務契約によって課せられる利子率はこの事実を反映しているのである．これに反して，投資案によって約束される利益率は，せいぜい不確定な未来の見積もりにすぎない．したがって投資案の採否は，これら2つの率の単純な比較によってでは確かめることはできないのである．[7]」

不確実性の世界のなかで，資本コストを測定し，概念規定することはむずかしい．ソロモンは，資本コストkを次の方向で測定しようとする．

「現実的なkの測定には，現在の投資による未来利益の一般的不確実性，および同じ会社内でも異なった資金の利用は異なった不確実性の度合いを含むということを考慮に入れなければならない．資金が多くの異なった方法で引き出されうること，また利用できる各資金調達の組み合わせは，企業体の所有者に帰する正味の残余利益の量と質に異なった効果をもたらすことを考慮に入れなければならない．最後に，確実性モデルにおける利子率と同様に，資本コストの測定は，すべての資金が究極的に引き出される資本市場の状況の変化を反映しなければならない．[8]」

ソロモンの具体的展開は，ここでは取り上げない．しかし，ソロモンの主張する点は，正味現在価値の極大化のもとでの投資案の採否に関する選択基準の設定であり，それは資本市場の変化や資金の投資や再投資から期待される利益の質の変化とも関連したものを考えているのである．いわゆる資本コストkは，以上の展開として主張されるのである．

さて，資本コストは投資決定と資本調達を結びつける概念である．つまり，

資本コストの概念がはっきりしなければ，投資決定と資本調達とを統合できない．では，資本コストはどのように概念規定されるのであろうか．

　資本コストの概念は次のように考えられる．もしある企業体がある資本量を調達し，それを投資プロジェクトにあてたとしてみる．この場合，この投資プロジェクトが最低，稼得しなければならない利益率が存在する．つまり，この投資プロジェクトの利益率は，その資金調達のコストを上まわるものでなければならない（企業体の正味現在価値の極大化を目的とする）．したがって，この投資プロジェクトが稼得しなければならない「必要最低利益率」を「資本コスト(the cost of capital)」とよぶのである．このようにして，資本コストは概念上，投資プロジェクトの採否を意思決定する基準であり，目標とすべき利益率であるといいかえることもできる．このことは，資本コストが単なる事後的に把握されるものではなく，事前的に把握されなければならないことを意味している．資本コスト原理は，すぐれて経営体における経営機能に関連したものであると考えることができる．通説においては，資本コストの問題に関連しても，その行動主体は，株主あるいは投資家におかれる．しかしながら，ここでは，資本コストの問題が，経営機能のなかで十分に説明され，規定されなければならないという意味で，その行動主体は，経営体（経営者）にあると考えるのである．ここに，資本コスト論の実践経営学的意味が存するように思われる．

2　資本コストの計算

　前節では，資本コスト概念について，その一端にふれた．ここでは，その具体化としていわゆる伝統的な資本コスト概念について，次のようなプロセスを追うことによって検討を加えることにする．まず第1に，資本構成における各構成要素——債務，優先株，自己資本のコストが検討される．第2に，各構成要素のコストが加重平均資本コストを求めるために結合される．第3に，最初の2つの部門で展開された概念が，ある実際の会社での資本コスト計算の例によ

って説明される．以下，ウェストン，ブリガムによってみてみよう．

2－1．債務のコスト

　ウェストン，ブリガムによれば，第1次接近として，債務コストは，普通株主に利用可能な利益を変化させないようにするために，債務によって資金調達した投資が稼得しなければならない利益率として定義されるという．したがって，もし企業体が1年に6％の利子で10万ドルを借りるならば，その税引き前の百分率コストは6％となる．すなわち，債務コストは債務の利子率であることがわかる．というのは，もしも企業体が，利子率にちょうど等しい税引き前利益率を稼得するために資金を借り入れて，その資金を投資するならば，普通株に利用可能な利益は変化しないままでいることになるからである．このことは，以下のように証明される．

　例　示　　ABC会社は，100万ドルの売上高と90万ドルの営業費用を有し，しかも債務はなく，50％の率で課税されている．その損益計算書は図表7－1の事前欄に示される．それから，この会社は，6％で10万ドルの資金を借り入れ，その資金を資産に投資すると，それによって，売上高は7,000ドルだけ増加し，営業費用は1,000ドルだけ増加する．つまり利子控除前利益は6,000ドルだけ増加することになる．この新たな状況は図表7－1の事後欄に示される．税引き後利益は，投資がちょうどその資本コストを稼得しているので，変化がない．

　ウェストン，ブリガムによれば，債務のコストは新たな債務に適用されうるものであって，以前の古い未払いの債務に対する利子でないということに注目しなければならないという．換言すれば，われわれは増分債務コストあるいは限界債務コストに関心を示しているのである．資本コストに関する本来の関心事は，それを意思決定過程新投資をなすための資本をいかにして獲得するかを決定することに利用することである．したがって，過去において，企業体が高いあるいは低い利子率で借り入れたという事実とは関係がないのである．[9]

図表7-1　ABC会社の損益計算書

	損益計算書	
	事前	事後
売上高	$1,000,000	$1,007,000
営業費用	900,000	901,000
利子・税金控除前利益（EBIT）	$ 100,000	$ 106,000
利子（I）	—	6,000
税引き前利益（EBT）	$ 100,000	$ 100,000
税金（T）	50,000	50,000
税引き後利益（EAT）	$ 50,000	$ 50,000

2-2. 優先株のコスト

ウェストン，ブリガムによれば，優先株コストの定義は債務コストのそれと類似しているという．すなわち，それは，普通株主に利用可能な利益を変化させないでおくために，優先株によって資金調達した投資が稼得しなければならない利益率である．この必要利益率は，1株当たりの優先配当（D_p）を，優先株の新規発行分の1株の売り出しから企業体が得ることのできる正味価格（P_n）で割ったものであることがわかる．

$$優先株コスト = \frac{D_p}{P_n}$$

たとえば，もし企業体が1株当たり6ドルの配当および引受手数料差し引き後1株当たり正味95ドルを有する額面100ドルの優先株を売り出すならば，そのとき優先株コストは，6.3％となる．[10]

2-3. 税金の調整

ウェストン，ブリガムによれば，債務コストと優先株コストとの定義は一致しないという．つまり，税務上では，利子支払いは控除しうるが，優先株配当はそうでない．次の例示が証明である．

例　示　ABC会社は，6％で10万ドルを借り入れることができるし，一方では，6ドル配当の優先株1,000株を1株当たり正味100ドルで売ることもできる．この会社の投資前の状態は，図表7-2の事前欄に与えられる．この

会社は，普通株主に利用可能な利益を変化させないようにするために，新たな資金調達からの収入をどのぐらいの利益率で投資しなければならないであろうか．

図表7-2からわかるように，もしその資金が税引き前6％の利回りで投資されるならば，普通株主に利用可能な利益は，債務が用いられるなら不変であるが，資金調達が優先株でなされるなら下落することになる．5万ドルの正味利益を維持するためには，優先株の売り出しからもたらされる資金が，税引き前12％の利回りで投資されることが必要である．

資本コスト計算は，税引き前基準あるいは税引き後基準のいずれかでなされる．しかしながら，究極的には，経営意思決定者は税引き後の効果を考慮しなければならない．それゆえ，所得税控除後の資本コストのみが取り扱われる．優先株コストはすでに税引き後基準が定義とされているが，税引き後の債務コストを求めるためには単純な調整が必要とされる．利子支払いは税務上控除されうることが認められており，したがって債務コストは次のように引き下げられる．

計算をやりやすくするために，一般に仮定されているように，税率が50％であるとするならば，税引き後の債務コストは利子率の半分となるであろう．また，ウェストン，ブリガムによれば，欠損のある企業体の税率はゼロであり，したがって，欠損会社の債務コストは引き下げられないことに注意しなければ

図表7-2　債務，優先株による資金調達の資本コスト

	事前	投下資産利回り		
		6％		12％
		債務	優先株	優先株
EBIT	$100,000	$106,000	$106,000	$112,000
I	—	6,000	—	—
EBT	100,000	100,000	106,000	112,000
T（50％）	50,000	50,000	53,000	56,000
優先配当	—	—	6,000	6,000
普通株配当可能額	$ 50,000	$ 50,000	$ 47,000	$ 50,000

ならないといっている。[11]

2—4．自己資本コスト

　ウェストン，ブリガムによれば，自己資本コストは，現在の普通株持分の価値を変化させないでおくために，自己資本で資金調達した投資から稼得しなければならない最小の利益率として定義されるという．換言すれば，もし10％が会社の自己資本コストであるならば，内部投資利益率が10％を超える限り，——しかも超える限りにおいてのみ——自己資本によって資金調達された投資の価値は自己資本コストを高めるであろう．このことは機会原価概念を意味する．もし投資家が少なくとも同じような危険をもつ10％の利回りの投資を企業体の外部で見いだすことができるならば，——すなわち，もしその事業に結びつけられた資金の機会原価が10％であるならば——そのとき投資家は10％に満たない利回りの自己資本投資をなす企業体を望まないのである．一般に，新たに普通株を売り出すことによって資金調達される自己資本と，留保利益によって資金調達される自己資本に適用される資本コストには差異がある．これらの点については次のように説明される．

1）留保利益

　ウェストン，ブリガムによれば，留保利益のコスト，さもなくば留保利益によって資金調達された投資が稼得しなければならない利益は，投資家がその株式から受けとる期待をなす利益率に等しいという．説明のために，DEF会社を考えてみる．この会社は，現在1株当たり2ドルを稼ぎ，配当には1ドル支払い，しかも1株20ドルで売り出すことができる．この会社の利益配当は，すべて年に約5％で成長し，この成長率は無限に続くものと期待される．このとき株式に対する期待利益率は次のように計算される．

$$期待あるいは必要利益率 = \frac{配当}{株価} + 期待成長率$$

$$k = \frac{\$1}{\$20} + 5\% = 10\%$$

株価に対する期待成長率は5％である．最初の株価が20ドルであるから，株式の価値は1ドル増加することになる．もし会社が1ドルを留保し，この金額を10％利回りで投資するなら，この株価の増大は達成されるであろう．しかしながら，もし留保利益の1ドルが5％のみの利回りに投資するならば，そのとき利益は年に0.05ドルだけ成長するのであって，期待される1株当たり0.10ドルには成長しないのである．新たな利益は2.05ドルであり，期待される2.10ドルにはならない．このことは，5％の成長ではなくて，2.5％の成長を表している．もし投資家が，企業体が将来において留保利益の5％のみ稼ぎ，したがって2.5％の成長率のみを達成するものであると信じるならば，投資家は次のように株式の価値を再評価するであろう．

$$現在価格 = \frac{配当}{(1+k)} + \frac{現在価格 \times (1+期待成長率)}{(1+k)}$$

$$P = \frac{\$1.00}{1.10} + \frac{P \times (1.025)}{1.10}$$

$$= \frac{\$1.00 + 1.025P}{1.10}$$

$$1.10P = \$1.00 + 1.025P$$

$$1.10P - 1.025P = \$1.00$$

$$0.075P = \$1.00$$

$$P = \$13.33$$

しかしながら，DEF会社が留保利益としての自己資金をその資本コストより低く投資をしたためにこの株価の下落を生じたことに注目しなければならない．この会社がこの投資をなすのを控え，その利益を配当に支払うとするならば，会社は成長率ゼロに陥るであろう．しかし株価は，投資家がその投資に対し10％の必要利益率をいまだ得ているという理由で下落しないであろう．

$$k = \frac{D}{P} + g = \frac{\$2}{\$20} + 0 = 10\%$$

すべての利益は配当の形になるであろうが，利益率は必要な10％となろう．

2）新たな普通株

ウェストン，ブリガムによれば，新たな普通株のコスト，さもなくば外部自己資本コスト k_e は，新たに普通株を売り出すのに含まれている発行費のために留保利益のコストよりも高いという．説明のために，DEF会社の例を続けてみよう．この会社は1万株の発行済み株式数をもち，しかも次年度にも2万ドルを稼ぎ1株当たり2ドルが期待される．投資家はこの会社が利益の50％を配当に支払う政策を続けることを予想し，したがって1ドルが次年度の期待配当である．会社はまた1年に5％で成長し，この成長率は維持されるように期待される．投資家は株式に対し利益率10％を必要とし，それは1株当たり20ドルで売られる．

さて，DEF会社は，1株当たり20ドルで一般に対し5,000株を売り出す．なお，1株当たり2ドルの売り出し費用を生ずるので，1株当たり正味18ドルとなり，総額9万ドルとなる．もしこの9万ドルが10％利回りで投資されるならば，利益配当，および期待株価はどうであろうか．最初に，われわれは，株式の売り出しおよび新たな投資に対する影響を与える，1株当たりの新たな利益を計算する．

増加利益 ＝ $\$90,000 \times 0.10 = \$9,000$

純利益　 ＝ $\$20,000 + \$9,000 = \$29,000$

増加株式 ＝ 5,000

総株式　 ＝ $10,000 + 5,000 = 15,000$

1株当たりの新たな利益 ＝ $\dfrac{\$29,000}{\$15,000} = \$1.93$

この1.93ドルは，1株当たり期待される2ドルを下回る．新たな株式の売り出しは利益を希薄化し，株価は1株20ドルを下回るであろう．したがって，この投資は資本コストの定義に符合しないことになる．

この行動を価値あるものにするために株式を売り出すことによって調達され

た資金が稼得しなければならない利益率は何%であるのか，さもなくばこれを他の方法にするために，新たな普通株のコストは何%であるのか．この答えは次の公式を適用することによって求められる．

$$\text{新たな普通株コスト}, k_e = \frac{\text{普通株の必要利益率}}{1 - \text{新たな普通株を発行するコスト比率}}$$

われわれの例では，新たな自己資本発行の発行費は $10\% \left(\frac{\$2}{\$20}\right)$ であり，この公式を適用することによって，われわれは新たな普通株のコストが 11.1% であることがわかる．

$$k_e = \frac{10\%}{1.0 - 0.10} = \frac{10\%}{0.9} = 11.1\%$$

もし DEF 会社が新たな普通株発行によって調達された投資で 11.1% を稼得するならば，1株当たりの利益は以前の期待値を下回らないであろうし，また株価は下落しないであろうし，投資は資本コストを補填することになろう．

3）普通株に対する基本的必要利益率の算定

ウェストン，ブリガムによれば，会社の普通株への投資家によって必要な基本的利益率，k はもっとも重要な記号であることが今までに明らかにされているという．この必要利益率は留保利益のコストであり，普通株発行のコストに利用される場合には，それは新株発行から得られる資本コストの基礎を形成している．この重要な記号はどのように評価されるのであろうか．

彼らによれば，一般に次に示す2つの方法によって満足すべき評価が得られるという．

(1) 単純に，投資家が過去において得ていた平均利益率をみたり，将来においても株式が過去における利益率と同じ利益率をもちつづけることを仮定したり，現在の自己資本コストの評価としてこういった歴史的平均を利用したりすること．

(2) 下の記述に関連して推奨され，利用されるもうひとつの手続きは，次のような必要利益率を評価することができる．

利益率 = 配当/価格 + 平均成長率

$$k = \frac{D}{P} + g$$

　全体経済の成長率とほとんど等しい率で成長している正常的会社では，一般に2つの手続きは同じような結果を与える．もし最近の成長が極端に高く，その結果，成長率が維持されることは疑いないのならば，そのときは最初の手続きがよいものとなる．[12]

2—5. 加重平均資本コスト

　ところで，ある特定会社の債務コストが2.5%であると見積もられ（新たに社債の発行による利子率は5%である），また自己資本のコストが8%であると見積もられ，それで次年度のプロジェクトは社債を売り出すことによって資金調達されるように決定がなされていたと仮定してみよう．しばしば，これらのプロジェクトが社債によって資金調達されるものであるという理由で，そのコストは2.5%である，という議論が主張される．ウェストン，ブリガムによれば，この立場は基本的誤謬を含んでいるという．一連の特定のプロジェクトを債務でもって調達することは，企業体が新たな低いコストの債務を得る能力の一部をまた使用していることを意味する．それ以後の年度に拡張が行われるにしたがって，ある時点において，会社は追加的自己資本の調達を利用することが必要であり，きもなくば負債比率があまりにも大きくなることに気がつくであろう．

　この点を説明するために，会社は2.5%の債務コストと10%の自己資本コストとをもっていると仮定しよう．初年度において，その過程における債務能力を利用することによって3%利回りのプロジェクトは資金調達するために借り入れられる．2年目には，会社は初年度のプロジェクトの利益の3倍である9%の利回りを得られるプロジェクトをもつが，会社は，プロジェクトが10%の自己資金で調達されなければならないという理由で，プロジェクトを受け入

れることができない．ウェストン，ブリガムによれば，この問題を避けるために，会社は，継続事業としてみなされなければならず，資本コストは，それが使用する種々のタイプの資金すなわち債務，優先株および自己資本の加重平均として計算されなければならないと主張するものである．

① 計算手続き

ウェストン，ブリガムによれば，加重平均を計算するのに採用されるべき一連の適当な重みづけを議論する前に，計算手続きについて簡単にみてみることは有益であるという．この方法は次の例で証明される．

例 示 SIM会社の貸借対照表の右側は，図表7－3の第(2)欄に示され，各金額は第(3)欄に合計額の百分率で示される．第(4)欄は種々の資本の型すなわち債務，優先株および自己資本の税引き後コストを示す．第(5)欄は第(3)欄と第(4)欄の積を示す．第(5)欄の合計は会社の加重平均資本コスト――0.0775すなわち7.75％を表している．

② 加重方式

ウェストン，ブリガムによれば，財務の理論家および会社の財務担当経営者は，借入金政策のあらゆる特定の見解とは意見の一致をみないけれども，会社は最適資本構成を求めているという点では，一般的に意見が一致しているという．ここで「最適」とは，彼らによれば，加重平均資本コストを最小にする資本構成として定義され，その概念は次のように説明される．混乱を最小限にす

図表7－3　SIM会社の資本構成要素別資本コスト

(1)	(2)	(3)	(4)	(5)	(6)
資本構成要素	貸借対照表金額	合計に対する比率(％)	税引き後の構成要素別コスト	第(3)欄×第(4)欄	第(2)欄×第(4)欄
債　務	$ 30,000,000	30％	3％	0.0090	$ 900,000
優先株	5,000,000	5	7	0.0035	350,000
自己資本	65,000,000	65	10	0.0650	6,500,000
合　計	$100,000,000	100％		0.0775	$7,750,000

るために，会社は優先株をもたないと仮定する．

図表7-4は仮説のR産業の負債比率に対して印された債務コストおよび自己資本コストとのばらつきの図を示している．各点は仮説のR産業における会社のひとつを表す．たとえば，「1」をつけられた点は会社1を表し，10％のみの債務をもつ会社である．会社1の税引き後の債務コストは3％であり，一方，自己資本コストは12％である．会社2は，20％の債務を利用し，そのうえ，3％の債務コストと12％の自己資本コストとをもっている．会社3は，4％の債務コストと14％の自己資本コストとをもっている．この会社は35％の債務を利用し，投資家は，これが会社の高い証券利回りを必要とするのに十分な高い債務水準であると考える．この特定の産業においては，投資家を悩まし始める最初の負債比率は20％である．

債務コストおよび自己資本コストは個々の債務および自己資本コストの重み

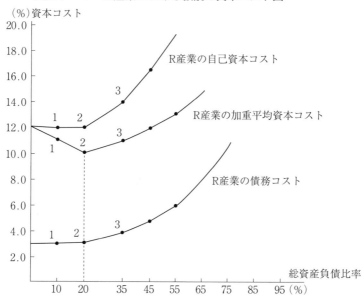

図表7-4　R産業における仮説の資本コスト図

出所）Weston, J. F. & E. F. Brigham（1969）

づけを基礎にして平均化される．会社1は，11.1％に等しい資本コストをもっている．会社2は，10.2％の資本コストをもち，会社3は，10.5％の加重平均資本コストをもっている．これらの加重平均資本コストは，当該産業にある他の会社のそれとともに図表7－4に印される．われわれは，会社2がもっとも低い加重平均資本コストをもっていることがわかる．すなわち，20％の債務が加重平均資本コストを最小限にする負債比率であり，したがって，最適資本構成は会社が20％の債務を利用することを必要とする．この理論に従えば，当該産業における他の会社は20％の負債比率に向かって移動しなければならない．

図表7－5において，リスクの高い産業（R）と安定した産業（S）における

図表7－5　リスクの高い産業とリスクの低い産業における資本コスト図

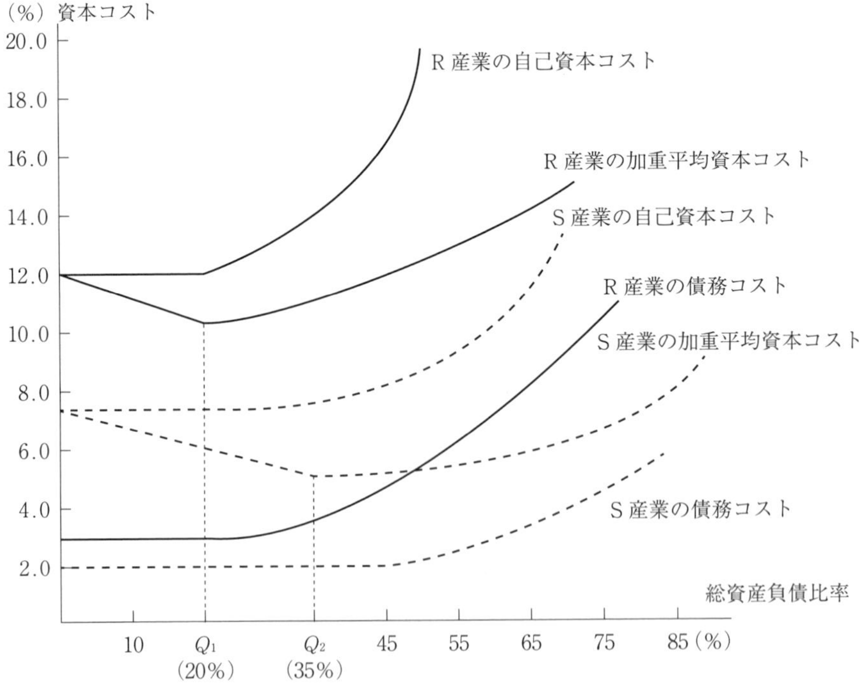

出所）Weston, J. F. & E. F. Brigham（1969）

会社の資本コスト図が示される。R産業は，図表7—5が基礎とされている産業であり，ジーゼル機関車製造業から，S産業は電力事業からなる。グラフのもっとも高い線はR産業における会社の自己資本コストと負債比率との間の関係を示している。債務がない場合は自己資本コストは12％である。R産業は債務が20％に到達するまでこの水準にとどまるが，この点をこえると，より多くの債務によって増大する危険のためにコストは上昇する。下から2つ目の曲線はR会社の債務コストと負債比率との間の関係を示している。この曲線は税引き3％で出発し，しばらくは一定であり，債務によって資金調達される資産比率がより大きくなるにつれて上昇する。R産業の自己資本コストは，すべての資金調達が比較的コストのかかる自己資本でもってなされているので12％である。R産業の加重平均資本コストは，債務が総資本の20％に到達したとき上昇しはじめる。

　以上みてきた同じ原理が危険の少ない産業における会社に適用される一方，そのコスト関数はR産業のそれとまったく異なっている。最初の場合，S産業の全体的危険はより低く，すべての債務水準においてより低い債務コストと自己資本コストとを生ぜしめる。さらに，会社が比較的安定してることは，いかなる債務比率においてもそれに伴う危険がより少ないことを意味する。それゆえ，その債務コストと自己資本コスト両者——結局，その加重平均資本コストは，R会社のそれよりも右側でいっそう上昇する。その最適負債比率（Q_2）は，S産業の会社では35％である。

　特定の会社における現実の最適資本構成を決定することとは，経営者の分析と意思決定とを必要とし，したがってその会社のもっともよい資本構成を決定することは，会社の財務担当経営者の職務である。一度，この決定がなされると，加重平均資本コスト計算のための加重方式もまた決定される。経営者が現在の資本構成が最適であると考えることを前提とし，以上で示した資本コスト計算によるこういった一連の重みづけを利用することになる。[13]

3 実践経営学の視点からの資本コスト

　以上にわたって，資本コストについて，その意味内容を展開してきた．ここでは，加重平均資本コストとしての伝統的見解を中心にみた．資本コストは，今日の経営財務において論じなければならない重要な概念を含んでいる．特に，資本コストが，経営体の経営財務的意思決定過程に組み込まれるとすれば，この資本コスト論を中心に投資決定および資本調達の領域を統合した理論が必要とされるのである．この場合，その統合された理論は，経営財務原理としての経営財務的意思決定理論であるという認識が必要である．

　さて，資本コスト論は，実践経営学上，あらためて問題とされなければならないであろう．なんとなれば，この資本コスト論は，階層的にみて，経営者のレベルで問題とされなければならないからである．つまり，経営体を主体とした理論として，この資本コスト論を再構築するのである．

　すでにみたように，資本コスト論は，経営財務上，非常に重要な意味を有してきたことに対し，あらためて注目しておかなければならない．つまり，筆者が指摘するところの「必要最低利益率」としての資本コストの明確化が，経営体の具体的な財務上の指導原理ともなると考えられるからである．

　なお，本章では，伝統的資本コスト論を展開したが，市場理論から導き出されるCAPM理論に基づく資本コスト論については，第9章で展開することにする．

注）
1) ソロモンについては次の文献を参照した．Solomon, E. (1963) *The Theory of Financial Management*, Columbia University Press.
2) *Ibid.*, p.27.
3) *Ibid.*, pp.27-28.
4) *Ibid.*, p.28.
5) 「確実性等価の解とは，期待利益が定められず，既知の確率分布にしたがって

変動する解である」とソロモンは説明している．
6) Solomon, *op. cit.*, p.29.
7) *Ibid.*, p.31.
8) *Ibid.*, p.32.
9) Weston, J. F. & E. F. Brigham (1969) *Managerial Finance*, 3th ed., Holt, Rinehart and Winston, pp.341-342.
10) *Ibid.*, p.342.
11) *Ibid.*, pp.342-344.
12) *Ibid.*, pp.344-348.
13) *Ibid.*, pp.348-352.

第8章　確実性下における投資決定

期待キャッシュ・フロー

期待利益率

現在価値　　経営資産

経営外資産

企業は，営利を追求して，各種の資金（本）運用機会［投資機会］を求めている．また，企業には投資機会が用意されている．企業とは，営利機会を求め既存の市場および新規の市場（市場開拓，投資の拡張場所），に算入しつづける．つまり，企業とは企業目的（たとえば，株価極大化，株主の富の極大化など）を達成するために，「資金運用」を永続的に実施しなければ存続し得ない[1]．

資金運用（投資）とは，「企業が，将来，なんらかの経済的効果（利益）の発現を期待して，現在所有している，所有を予定している経済的資源（総称して資金）を投下（運用）する行為」である．企業は，経済資源を利用して，新たな経済資源を創造することを目的としている．

投資決定は「資産」の購入に関係する．その資産は，経営資産（実物資産）と経営外資産（金融資産）に区分される．企業による投資支出は固定資産の購入と考えられている．しかしながら，投資は，資産の種類よりも，資金の拘束期間から考察することが重要である．資金の拘束という点では，在庫投資，営業債権・債務（運転資本）も投資である[2]．

企業の投資行為は，保有している（保有を予定している）経済的資源を投資対象に運用する．したがって，投資対象からの報酬，対価を求める．

1 資金運用

企業が，この「資金運用機会」に，いかにして適切に経済的資源（人，モノ，金，情報，時間）を適切（最適）に配分するかということを「投資（意思）決定」という．企業財務は，「企業目標」を達成するために財務戦略を設定する．財務戦略は，利潤極大などを目標に設定する．

企業の「資金運用」（投資決定）とは，「資産」を獲得する決定である[3]．資産は，財・サービスの生産・販売活動に利用される「経営資産」（実体資産）の取得と生産活動以外の短期証券や預金のような「経営外資産」（金融資産）の投資を選択することもある．企業が収益能力から，経営資産は，土地，建物，

工場・設備，株式のような有形資産の投資が課題となる．

さらに，企業は，①どれだけ投資するか（資金調達の問題），②どのような投資案に投資するか，③どの時点で投資するか，を決定しなければならない．

企業は保有する資産の規模と構成を決定しなければならない．決定には目標利益率（報酬率，利子率），ポートフォリオ選択，営業リスク（business risk），利益率の分散，リスク分散，リスク回避などを考えなければならない．

資金運用（投資）案は①経営資産（拡張投資，取替投資，新製品開発投資などの実体資産投資），②経営外資産（株式投資，公社債投資，債権投資など），③経常投資（支出）（社員・従業員の教育投資，消耗品投資など事業年度に「費用」として計上される支出），さらに，国際事業展開，海外進出（現地生産など），企業買収などに分類される[4][5]．

企業が行った資金運用のフローの結果は，キャッシュ・フロー計算書（投資キャッシュ・フロー），ストックは，貸借対照表の資産に表示される．しかし，経営資産，経営外資産（金融資産）の区分表示はない．経営資産は固定資産項目に集計される生産設備関連運用額など，経営外資産は現預金，有価証券，投資有価証券，関係会社株式，子会社株式・出資金などに集計される[6]．

2　投資と投資意思決定

「企業」の目的は，株主の富の極大化などである．投資は，富を創造させる利益追求が目標となる．富の創造は，企業が市場投入した製品などの価値を越える価値をえる，経済便益（economic benefits）が費用を上回る場合である．これは次のように表現することができる．

$V_j = B_j - C_j$

ここで，投資決定（j）によって創造された価値（V_j）は，経済便益（B_j）と関連する費用（C_j）の差額である．これは，企業価値を増大させる投資案だけが採択されなければならないことを意味している．つまり，$B_j - C_j > 0$ とな

るならば，投資案（資金運用案）は採択される．

　資金運用には，経営資産と経営外資産への投下の期間差異，投資規模差異，資金必要額差異，期待利益（必要利益）と資本コスト差異，リスクの許容範囲（期待利益，コストなどの分散）などを投資戦略として決定しなければならない．

　企業が選択した戦略は「利益計画（見積損益計算書）」を上位に各構成項目（部門，セグメントなど）の数値目標（生産数量，地域販売目標など）が構築されていく．資金運用は，利益計画などを実行する手段である．資金運用の基本的方針，戦術が決定され，実行されることになるが，基本的方針に不可欠な要因は，どの時点で，投資の放棄，転換などをするか，決定しておかなければならない．企業として引き返せないことが，取り返しがつかない状況を生み，ひいては企業の財務上の危機に直面することもある．

　財務意思決定（投資決定と資金調達決定）は，将来の予想，期待に基づいて行う．そこには，「時間」という経済資源の利用と不確実性，リスクが伴う．

　「時間価値」は，キャッシュ・フローが生じた時間に基づく，という重要な原則がある．この理由には，少なく，①リスク，②インフレーション，③消費選好，④投資機会である．[7]

　将来の事象を知ることはできない．明日，自分に何が降り懸かるか認識することはできない．現在は将来時点より価値がある．時間価値が下がると予想されれば現在の価値は将来より価値がある．この基本原理に基づけば，各期間に生じる，キャッシュ・フローを均等に取り扱うことはできない．今，投資機会から貨幣と時間価値を考える．たとえば，企業にたいして期間利子率（i）で銀行などに預金するという「資金運用（投資）機会」が開かれていれば，第1期に獲得したキャッシュ・フロー（F_1）を利用しないことはない．

　このように考えれば，キャッシュ・フローの発生時点，効果のタイミングの差異に注目しなければならない．この貨幣の時間を勘案するのは，キャッシュ・フローを一定の利子率（割引率，利益率）で割引することである．この方法が割引現金流入法である．

第8章　確実性下における投資決定　157

　割引現金流入法（Discounted cash flow method）は，貨幣の時間価値，すなわち，利子の要素をなんらかの方法で計算し，発生時点を異にする cashflow の各構成要素を比較可能なひとつの数値に換算する．

　より具体的にいえば，キャッシュ・フローの各構成要素を発生時点の差異により，時間価値（weight）付ける．これによって，現在時点まで，将来の一定時点で発生したキャッシュ・フローを引き戻すことができる．

$$PV = \frac{F_1}{(1+i)} + \frac{F_2}{(1+i)^2} + \cdots\cdots + \frac{F_n}{(1+i)^n} = \sum_{t=1}^{n} \frac{F_1}{(1+i)^t}$$

将来の価値が確定している，利子率が確定されていることが仮定されている．経済環境に確実性はない．将来に関する不確実性および資本市場の不完全性が存在するために，利子率の可変性が生じる．時間価値の概念を理解するために，現状を「捨象」する．そこに生み出された「仮想」が，完全資本市場である．通常，資本市場における完全市場は，以下の条件が充足されている．

(1) 必要（関連する）な情報は，市場の参加者全員が自由に利用できる．
(2) 資本市場を利用することに取引費用，税金などが含まれない．
(3) 市場参加者（貸付・借入；投資者）は市場価格に影響を及ぼさない．
(4) 市場参加者全員が同一利子率で，貸借される．

　このような条件のもとで，非常に単純化された仮定を設定することは，財務（管理）の基礎を理解することにある．

3　企業の投資（資金運用）行為と投資意思決定基準

3―1．経営資産の取得（実体資産投資）

　企業が行う経営資産（実体資産の購入）とは，「企業」の主たる事業目的である製品（製品製造・サービス）を生産するための投資であり（つまり，既存製品・サービスの増産，新製品の生産など），企業が行う基本（基盤）投資である．その投資は，資本支出（capital expenditure）が中心である．資本支出は，証券

投資，為替，業務投資支出・経常投資支出（原材料，製品，給料）とは違い，経済効果（投資効果）が長期的であることから，①製品製造原価引き下げ（取替投資，機械化投資），②収益増大（拡張投資，製品投資，戦略投資）などの目的で行われる．①，②の投資は，投資額が巨額になる傾向がある．たとえば，新製品ラインの工場が建設されて稼働し，製品の生産が開始され，それが市場にでるまでの期間，支出額，運転資金の必要額も巨額であり，資金が長期に拘束されると同時に，成果は即座に期待できない．したがって，この投資案の立案・決定は，企業戦略（戦略投資），企業目標，長期的展望のもとで決定されることになる．

3－2．企業の投資（資金運用）行為と投資意思決定基準

実体資産の各種投資案（資本支出，投資プロジェクト）の採否，優劣の評価方法（投資決定法）には，一般に，次のようなものがある．

(1) 回収期間法（Payback Period Method：PP法）

(2) 平均利益率法（会計的利益率法）（Average Rate of Return Method：ARR法）

(3) 内部利益率法（Internal Rate of Return Method：IRR法）

(4) 正味現在価値法（Net Present Value Method：NPV法）など

投資案（資本支出）の評価と決定方法（投資利益率：ROI）企業は報酬と期待して活動する組織体である．その企業が「投資行為」を行うことによってもたらされる報酬（利益，便益）はどのように認識され，測定されるのか．投資利益率（Return on Investment：ROI）の認識，測定はいかに行うのか．

財務論で投資案の評価（基準）に利用される測定値は，会計上測定される損益ではなく，「投資」に関連して生じるキャッシュ・フローが測定の基礎となる．キャッシュ・フローの流出額は，簡単に認識・測定可能である．流入額（インフロー）の測定が問題である．ここでは，このキャッシュ・フロー値は，会計システムで認識・測定・計算された「営業利益」[8]に「減価償却費」（再投資）などを加算した値がキャッシュ・フロー概算値として求められる．

投資利益率は，投下資本によってどれだけの利益が得られたかは．投下資本

（I）と利益（R）を比較した投資の効率性を判断する方法のひとつである．企業が行う経営活動には投資活動も含まれる．投資は，設備投資，証券投資，合併，買収などさまざまな形態をとる．投資は経済効果，収益の増加などを期待して行われるが，企業はこれらさまざまに異なる投資案を体系的に評価しなければならない．投下資本と利益の対応関係が適切でなければ投資案の評価に誤った判断を下すことになる．投資利益率は一般に利益額／投資額として計算される．つまり，投資の結果得られる期待利益額と投資額との関係比率で投資の経済性が判断されることになる．この場合，分子の利益額には年平均予想会計利益額または予想原価節約額か現在の利益が用いられることになる．投資利益率は投資の結果もたらされる将来の利益額に対して時間価値，利子の要素と投資期間の相違を考慮することはない．投資は独立投資と排他的投資とに二分することができよう．提案されている投資案が独立的投資であれば予め定められたこの投資による期待利益率，要求利益率と投資利益率とを比較することにより採否が決定される．排他的投資では投資利益率の大小をもって投資の優劣を判断する．なお投資利益率は割引キャッシュ・フロー法のひとつである内部利益率と同義に用いられることもある．

3－3．資本支出意思決定方法

資金運用（投資）とは「資産」を購入することであった．企業の「資金運用（投資）」は大別して，「実体資産」と「金融資産」への投資に分類できる．「資金運用（投資）」とは，現時点から，将来を見通して行う行為である．つまり，事前行為，決定である．したがって，「資金運用（投資）」を決定する多くの変数（要因）は期待値である．本来，資金運用決定に利用される数値（変量）は，確率変数であるはずである．資金運用に利用される方法を説明する手段として，また単純化するために，投資者の期待値が予想通り実現するものとして扱われる（確実性下の投資意思決定，効率的市場）．

企業が「実体資産」を購入するのは製品などを生産するのが主目的である．企業は製品などを生産するために，原材料を購入し，これに加工などを加え製

品を生産し，これを販売し，販売代金を回収し，回収した資金から再生産・資金提供者などへの報酬を支払う，という経済活動を営んでいる．企業は，商・製品（財・サービス）を生産するために，必要な資金を投入する生産手段である資本支出（総称して設備投資）が投資行為の中心である．「企業」が行っているのは「経済行為（経済的資源の配分）」である．この行為の適否を判断する基準も経済指標であるべきである．つまり，この指標とは，最小の経済的資源を使用し，より多くの経済的資源を獲得することを基準・目標とするものである．つまり，経済的便益が最大となり，それを獲得するために最小の犠牲ですむものが選択される．複数の投資案が提案されている場合，提案されている選択案のなかから，投資案を決定する（採否，選択順位）のもこの基準に基づく．もちろん，資金運用（投資）決定は調達可能な資金額によって制約をうける．資金制約の条件のもとでの採否，順位付けである．

　資本支出を中心とする経営資産に経済的資源を配分する方法には，回収期間法，平均利益率法，正味現在価値法，内部利益率法などがある．これらは，① 時間要因を考慮しない方法，② 時間要因を考慮する方法に区分される．

　企業財務で用いられる基本的測定値は，「会計数値」ではなく，現金収支（キャッシュ・フロー）である．しかも，このキャッシュ・フローも「将来のキャッシュ・フロー」を基本とする場合が多い．「将来のキャッシュ・フロー」には，将来生じると予想されるキャッシュ・フローに時間価値（貨幣の時間価値）を投資決定の要因に入れる場合とそうではない場合がある．

1）回収期間法（Payback Period Method）

　回収期間法は，「投資」支出からもたらされる年々のキャッシュ・フロー（inflow），つまり，償却前利益の合計額（予測，見積額）が，投資額（キャッシュ・フロー，outflow・支出額）に等しくなるに要する「期間」を計算し，計算された各投資案の回収期間を投資決定基準とする．（資金）制約条件のもと，提案されている投資案は，回収期間が短い方がより選択される．

　たとえば，回収期間の計算方法は，投資額＝I_0，キャッシュ・フロー（累

計）＝C_Fとすれば，次式で表すことができる．

$$回収期間 = \frac{I_0}{C_F}$$

$$回収期間 = \frac{I_0}{現金便益}$$

たとえば，初期投資額に10,000円投下し，投資により取得した資産が10年間の経済的耐用年数の間，各年に一定額（2,500円）の正味キャッシュ・フローを創造すると予測されるならば，

回収期間＝10,000/2,500＝4または4年

と算定され，この値が他の投資案と比較される．

2）現金回収率法

回収期間法のバリエーションとして「回収期間の逆数」を使用する方法がある．現金回収率（Cash Recovery Rate）である．現金回収率は「内部利益率」の概算値となる[9]．「回収率は，投資利益率にくらべて理解しやすく，直観的な魅力をもち，明解で恣意性がなく操作性がないという点で優れている．いうまでもなく，回収率はプロジェクトの経済的命数を組み入れないが投資利益率はそうではない」[10]．

$$現金回収率 = \frac{1}{回収期間}$$

たとえば，回収期間が4年と算定されれば，現金回収率は，1/4＝25％と計算される．現金回収率によって，投資案の順位を決定するとすれば，数値の大きい順に決定されることになる．

回収率は，回収期間の逆数である．回収率の経過をみれば，企業回収期間（corporate payback period）およびプロジェクトの回収期間に関する情報をえることができ，この情報を利用し投資などの意思決定をくだすことができる．プロジェクトの経済的命数のデータにキャッシュ・フローに関する仮定を結びつければ，プロジェクトおよび企業割引キャッシュ・フローの見積値が得られる．

つまり，キャッシュ・フローが一定，プロジェクトが永久であれば回収率は割引キャッシュ・フローに等しく，割引キャッシュ・フローの優れた概算値ともなる．

回収期間法では投資プロジェクトの真の採算性や収益性は測定できない．つまり，①回収期間後に生じるキャッシュ・フローの評価が欠けている，②キャッシュ・フローの時間差異（要素）を考慮しない．しかし，①投資の回収の安全性，流動性が認識できる，②計算が簡単で恣意性が少ない．

今，AとB投資案が提案されている．投資額は40,000円であり，図表8―1のようなキャッシュ・フローを生むものと仮定している．A案は投資資産は5年，B案は7年でその経済的価値が消滅する．なお，残存価額は5,000円と仮定し，その売却代金を入金する（これは，基本的には回収期間法では問題にはならない）．A，Bとも回収期間は5年となり評価は同一となる．しかし，回収期間経過後もキャッシュを創造し，創造する額は相違する．「回収期間」を投資の判断とする「企業」は多い．企業は，投資（額）はできるかぎり早期に回収したいことの現れである．

3）平均利益率法

現在の企業会計の基本測定システムである，主に「発生主義会計」のもとで算定された，「実現収益」と「発生費用」の差額として算定される会計利益と投資額との関係で捉えられる[11]．投資利益率（Return on Investments : ROI）である．

図表8―1　キャッシュ・フローと累積キャッシュ・フロー

A)

年次	現金流入	累積現金流入額
1	5,000	5,000
2	6,000	11,000
3	8,000	19,000
4	10,000	29,000
5	11,000	40,000
5	5,000	45,000

B)　　　　　　　　　　　　　　（単位：円）

年次	現金流入	累積現金流入額
1	8,000	8,000
2	8,000	16,000
3	8,000	24,000
4	8,000	32,000
5	8,000	40,000
6	8,000	48,000
7	8,000	56,000
7	5,000	61,000

平均会計利益率法を求める関係式は，償却費控除後利益を分子に平均投資額を分母にして計算される．この関係式で求められた計算数値が投資決定の基準となる．つまり，計算数値が大きい順に投資案を「投資が資金制約」されるまで選択する．

計算方法は，（税引前・後）会計利益＝Ap，投資額＝I，残存価額＝S，耐用年数＝nとすると，

$$r_t = \frac{Ap/n}{I_0}$$

$$r_a = \frac{Ap/n}{(I_0+S)/2}$$

30,000円の投資（資産購入）を行うことになった．その資産の耐用年数は10年である．この投資によって，現金収入（たとえば，売上高）が増加し，運用費（営業費用・支出）も増加した．その結果，図表8―2のような計算表が作成できた．なお，減価償却費の計算は，定額法を利用し，残存価額の処分収入には課税されない，と仮定した．税引前利益を利用すると，r_tは23.0%となる．

図表8―2　平均利益率計算

（単位：円）

年次	現金収入(R)	経常支出(E)	減価償却額(D)	税控除前利益(A=R−E−D)	税額50%(T=EBT×0.5)	税控除後利益(B=A−T)	現金便益(C=B+D)
1	10,000	2,000	2,700	5,300	2,650	2,650	5,350
2	10,000	2,000	2,700	5,300	2,650	2,650	5,350
3	12,000	2,000	2,700	7,300	3,650	3,650	6,350
4	12,000	2,000	2,700	7,300	3,650	3,650	6,350
5	12,000	2,000	2,700	7,300	3,650	3,650	6,350
6	15,000	2,000	2,700	10,300	5,150	5,150	7,850
7	15,000	2,000	2,700	10,300	5,150	5,150	7,850
8	10,000	2,000	2,700	5,300	2,650	2,650	5,350
9	10,000	2,000	2,700	5,300	2,650	2,650	5,350
10	10,000	2,000	2,700	5,300	2,650	2,650	5,350
10	3,000						3,000
	119,000	20,000	27,000	69,000	34,500	34,500	64,500

平均利益率法（会計的利益率法）の特徴は，① 測定値が会計方針（政策）に左右される傾向にある．企業会計の仕組みから算定される値を利用するために会計慣行，会計方針の選択に左右される，② 企業会計システムの理解・解釈に困難である，③ 計算数値の認識が異なる．つまり，分母は現金支出（キャッシュ・アウトフロー）であるのに対して分子が会計測定利益である．したがって，減価償却費の効果を除いて可能な限りキャッシュベースで計算する方法もある．④ 時間の価値を認識しない，⑤ 情報利用可能性が高い，⑥ 計算（計算値）を認識し，理解できる可能性が高い．

企業会計の仕組みで計算された投資利益率は，企業の事後評価，業績評価の値として利用すべきである．投資意思決定としての事前評価システムを，その機構に持ち合わせていない．

4）正味現在価値法（Net present value method）

正味現在価値（net present value : NPV）を投資の決定基準とする．投資によりもたらされるキャッシュ・フローのNPVがプラスとなれば採択され，NPVの数値が大きい順番に投資案を決定する方法である．

計算方法は，キャッシュ・フロー予測値（n期間の流列，ECF）を一定の利益率（k）で割り引くことによりキャッシュ・フローの現在価値を求め，この値から投資額（I_0）を差し引き，NPVを算定する．NPV法は，キャッシュ・フローが生じる時間の相違を考慮している．また，キャッシュ・フロー流列を割り引く利子率（利益率）は既知を前提とする．

$$NPV = \sum_{t=1}^{n} \frac{ECF_t}{(1+k)^t} - I_0$$

今，投資案C，投資案D，投資案Eの投資案を選考しなればならないとする．3案の期待利益率は12％，残存価額10％，10年の耐用年数をもつと仮定されている．取得資産は10年後に残存価額で処分されると予想された．NPV法は期待キャッシュ・フローを割り引き，投資額を控除したNPV値は負となり選択されることはない．C案とE案はともに正の値となるから選択可能で

あるが，NPV 値の大きい C 案を優先して採用する．

5）収益性指数法（Profitability Index：PI）

収益性指数（*PI*）を投資の判断基準とする．投資によってもたらされるキャッシュ・フローの現在価値総額と投資額の比を計算し，その値を意思決定の基準とする．

$$PI = \frac{\frac{ECF_t}{(1+k)^t}}{I_0}$$

この等式から理解できるように，収益性指数（*PI*）が1より大きい投資案は採択，1より小さい投資案は採用に値しない．収益性指数が1の場合，投資を行うかどうかは任意である．図表8―3の例，CとE投資案の*PI*は，Cが348,673/300,000 = 1.162，Eが320,421/300,000 = 1.068となる．両案とも指数は1.0を越えていることから選択されるが，C案の値が大きく比較優位となる．

6）内部利益率（Internal rate of return：IRR）法

内部利益率（IRR）法は，投資額の現在価値とキャッシュ・フロー流列の現

図表8―3　内部利益率計算

(単位：円)

現価率(12%)	C	キャッシュ・フロー	現在価値	D	キャッシュ・フロー	現在価値	E	キャッシュ・フロー	現在価値
1.000	0	△300,000	△300,000	0	△300,000	△300,000	0	△300,000	△300,000
0.893	1	60,000	53,571	1	50,000	44,643	1	55,000	49,107
0.797	2	60,000	47,832	2	50,000	39,860	2	55,000	43,846
0.712	3	60,000	42,707	3	50,000	35,589	3	55,000	39,148
0.636	4	60,000	38,131	4	50,000	31,776	4	55,000	34,953
0.567	5	60,000	34,046	5	50,000	28,371	5	55,000	31,208
0.507	6	60,000	30,398	6	50,000	25,332	6	55,000	27,865
0.452	7	60,000	27,141	7	50,000	22,617	7	55,000	24,879
0.404	8	60,000	24,233	8	50,000	20,194	8	55,000	22,214
0.361	9	60,000	21,637	9	50,000	18,031	9	55,000	19,834
0.322	10	60,000	19,318	10	50,000	16,099	10	55,000	17,709
0.322	10	30,000	9,659	10	30,000	9,659	10	30,000	9,659
		現在価値総額	348,673			292,170			320,421
		正味現在価値	48,673			△7,830			20,421

在価値の総和とが等しくなる利益率を算定する．これが内部利益率である．内部利益率が計算されると，①投資により期待される利益率（切捨点）を比較して投資の適否を判断し，②内部利益率の数値が大きい順番に投資の順位を決定する．

キャッシュ・フロー流列を一定の値で割り引くことは，キャッシュ・フローの時間価値を考慮している点では正味現在価値法と同じであるが，現在価値法と相違するのは，利益率などが未知数である点である．内部利益率は，次式の(k)を充たす値である．

$$\sum_{t=1}^{n} \frac{ECF}{(1+k)^t} - I_0 = 0$$

$$\sum_{t=0}^{n} \frac{I_t}{(1+k)^t} = \sum_{t=0}^{n} \frac{ECF_t}{(1+k)^t}$$

左辺はkで割り引いた資本支出の現在価値，右辺kで割り引いたキャッシュ・フローの現在価値である．つまり，投資からもたらされる「正味現在価値をゼロにする割引率」(k)が内部利益率となる．

投資案F（支出額500,000）が提案されている．この投資を実行する期待利益率は4.5％と前提している．10年間で予想されるキャッシュ・フローは図表8−4のように予想される．IRRを求めて試行した結果，4％と5％の間にある4.24％が計算された[12]．この計算は期待利益を上回ることができないと予想されることからF案は否決される．

資本支出を中心とした実体資産の購入における，内部利益率による投資評価分析は，4つの基本計算ステップを踏むことになる．①投資額を決定する，②キャッシュ・フローを推測する，③投資額に対する利益率を計算，④資本コスト（要求利益率）[13]との比較が必要とされる．

図表8—4　内部利益率試案

(単位：円)

年次	キャッシュ・フロー①	試案 (1) 5%②	試案 (1) 現価=①×②	試案 (2) 3%③	試案 (2) 現価=①×③	試案 (3) 4%④	試案 (3) 現価=①×④
0	△500,000	1.000	△500,000	1.000	△500,000	1.000	△500,000
1	60,000	0.952	57,143	0.971	58,252	0.962	57,692
2	60,000	0.907	54,422	0.943	56,556	0.925	55,473
3	60,000	0.864	51,830	0.915	54,908	0.889	53,340
4	60,000	0.823	49,362	0.888	53,309	0.855	51,288
5	60,000	0.784	47,012	0.863	51,757	0.822	49,316
6	60,000	0.746	44,773	0.837	50,249	0.790	47,419
7	60,000	0.711	42,641	0.813	48,785	0.760	45,595
8	60,000	0.677	40,610	0.789	47,365	0.731	43,841
9	60,000	0.645	38,677	0.766	45,985	0.703	42,155
10	60,000	0.614	36,835	0.744	44,646	0.676	40,534
10	30,000	0.614	18,417	0.744	22,323	0.676	20,267
現在価値総額			481,721		534,135		506,921

4　投資方法の選択順位

投資案評価方法（資本支出，プロジェクト）の理論的順位づけは，（一般的に）次のようになるであろう．

(1) 内部利益率[14]
(2) 正味現在価値
(3) 収益性指数

内部利益率を第1に挙げたのは，資金運用（投資）行為を考えた場合，論理がその他の方法に比較して，優れているからである．

実際に企業は，投資案に対してどのような方法を採用しているのか．企業が資本予算決定に関して利用している方法を調査した結果がある（図表8—5）[15]．この調査によれば，主にして内部利益率を利用し，それを補完する方法に回収期間法を用いていることが理解できる．時間価値を考えながら，非時間価値をも視点に入れ決定している．投資の安全性，早期回収を確保したいという意図

がそこには見える.

図表8－5　投資決定方法の選択

方　　法	主　　　要		補　　　完	
	採用数	%	採用数	%
内部（又は割引）利益率	60	53.6	13	14.0
利益率（平均利益率法）	28	25.0	13	14.0
正味現在価値	11	9.8	24	25.8
回収期間	10	8.9	41	44.1
費用／便益（収益性指数）	3	2.7	2	2.2
回答総数	112	100.0	93	100.0

　企業では，投資案の決定は複数の方法を組み合わせて行われている．この組み合わせで，回収期間を中心とした方法の組み合わせがもっとも多く用いられていた．PPは回収期間法，ROIは投資利益率法，NPVは正味現在価値法，IRRは内部利益率法とすれば，PP—ROI—IRR，PP—ROI—NPV，PP—ROIの順に多い[16]．この調査結果から，ひとつの方法だけを利用して資本支出を決定している企業はほとんどないことが理解できる．さらに，企業の資金運用（投資）は投資の安全性確保を最優先にして行われる．

　資本支出と時間価値の決定方法のうち，時間価値を考慮した，正味現在価値法，収益性指数および内部利益率法との関係は，一定の条件の下では，以下のような関係が成立する．

　　　　採　用　　　　否　決
　　　NPV$>$0　　　　$<$0
　　　IRR$>k$　　　　$<k$
　　　PI$>$1　　　　　$<$1

ここで，kは期待利益率である．また，NPV$=$0，IRR$=k$，PI$=$1の場合，そのような投資案は企業価値にとって，プラスでもマイナスでもない．したがって，企業にとっては無差別である．

　資本支出案を採否するかどうかの指標として，NPV，IRRおよびPIが一致するのは，①正味現在価値がプラスならば，内部利益率は，常に期待利益率

より大きく，利益性指数は1より大きい，② 正味現在価値がマイナスならば，内部利益率は，常に期待利益率より小さく，利益性指数は1より小さい，③ 正味現在価値が0であるならば，内部利益率は，常に期待利益率と等しく，利益性指数は1となる．

　資金制約などから相互に排他的投資を順位づける場合には，異なった結果を生むことがある．① 投資規模が異なっている．② 期待キャッシュ・フローのパターンが異なっている．たとえば，耐用年数の早期に大きなキャッシュ・フローが生じる，後半になればなるほど，小さくなる場合である．その逆も該当する．③ 初年度に正の期待キャッシュ・フローを生じさせた後，期待キャッシュ・フローがマイナスになることが予想される．

4－1．投資規模の相違

　期待キャッシュ・フローは図表8－6に示すような投資案（G，H）を仮定している．期待利益は，2つの投資案とも12％と仮定した．この投資案が「独立投資」であるならば，① 双方とも現在価値が正であり，② 内部利益率は，12％より大きく，③ 利益性指数は，双方とも1以上である採択される．しかし，この投資案が「相互排他的投資」（たとえば，資金制約，150,000限度）であるならば，資本支出方法は，どちらを選択すればよいか異なった結論を下すことになる．つまり，投資案Gは内部利益率および収益性指数ではH案より高い．それに反して，投資案Hは，G案に比べて，正味現在価値が大きい．このような場合，どの方法を利用すべきか，また，それは，なぜか．一般的には，提案されている投資案が相互排他的投資である場合には，正味現在価値法が使

図表8－6　投資決定方法の比較

(単位：円)

1	2	3	4	5	6
投資案	初期投資額	キャッシュ・フロー （一定：10年間）	正味現在価値 （12％）	IRR	PI
G	100,000	20,000	13,004	15.10％	1.13
H	140,000	27,500	15,381	14.60％	1.11

用されるべきである．正味現在価値すなわち投資案を総合した総価値となるからである．つまり，企業は投資案の総体である．内部利益率および収益性指数は，投資企業の効果を考慮外に置くことになる．たとえ投資案Hの内部利益率および収益性指数が投資案Gより，投下資本1単位当たり価値が低くとも，H案がより多くの投資額を必要とする事実は，企業に対して，それゆえ，企業の所有者により大きい価値総計をもたらす．

4－2．現金流入の時間パターンの相違

　資本支出の投資優先順位を決定する場合，投資案によって生じる期待キャッシュ・フローのパターンが相違する場合に差異が生じる．図表8－7に示した投資案（K, L）が仮定される．期待利益率は10％，投資額は10,000である．投資案Kの期待キャッシュ・フローは，早期は比較的小さく，3年次以降，増加する．一方，L案は，5年の耐用年数期，一定である．投資案KはLと比較して，正味現在価値および収益性指数では大きく，内部利益率では小さい．3つの方法に基づいて投資案の順位づけする場合，2つの投資案が相互排他的投資であるならば，ここでも，異なった結論を導きだすことになる．これは，時間が経過するにしたがって，期待キャッシュ・フローの現在価値により大きな影響を与えることから，時間価値の修正に利用される割引率は小さくなる，という事実に基づいている．割引率は，投資によってもたらされる期待キャッシュ・フローが再投資されることによる期待利益率である．これは「再投資率」とも言われる．正味現在価値法および収益性指数法は，再投資率は期待利益率と等しいとする仮定に基づいている．一方で，内部利益率法は，再投資率は内部利益率と等しいと仮定している．

　企業間競争の圧力は，再投資収益率を期待利益率まで引き下げる，と考えているからである．このために，正味現在価値および収益性指数によって示される順位づけは，内部利益率法によって示される順位づけより優れていると考えられる．しかしながら，正味現在価値法だけが，投資規模の相違を説明することを認識しておかなければならない．

図表8—7　投資決定の優先

(単位：円)

年次	投資案K	投資案L
0	10,000	10,000
1	1,000	3,300
2	2,000	3,300
3	5,000	3,300
4	5,000	3,300
5	5,000	3,300
現在価値（10%）	2,838	2,510
内部利益率	18.3%	19.4%
収益性指数	1.28	1.25

4—3．複数の収益率の可能性

　一定の条件でもと，内部利益率法は，提案されている投資案が「独立投資」または，ひとつの投資案だけが対象とされている場合でも，不適切となる場合がある．このような状況は，投資案の正味現金流入額に適応される符号が複数ある場合に生じる．投資案の多くは，初期投資に現金支出が行われ，その後，投資案の経済的価値が存続している将来期間，現金流入額が発生すると考えている．現金収支に一度だけ符号が付けられているのである．つまり，初期投資額にマイナス（現金支出），その後に生じる現金流入額にはプラスである．しかしながら，ひとつの投資案は複数の符号をもつことがある．たとえば，初期投資額がプラスになり，その後現金流入がマイナス（現金支出）となることもあろう．このような状況にある場合，内部利益率は，ひとつの投資案に対して複数求められる．

　投資額は10,000円見込まれる．企業は1年後の30,000円で売却することと見積もった．第2年次に正味22,000円支出しなければならない，と見積もった（図表8—8）．この投資による現金収支は，次のように要約できる．

　投資案の現在価値をゼロとする割引率は，27.64%と72.36%の2つが存在している．つまり，2つ内部利益率が計算できる．数学的な観点から，この2つの内部利益率が正解であるのであるから，この場合，投資案を決定するのに

図表8—8　2つの内部利益率

(単位：円)

年次		現金収支
0	▲	10,000
1		30,000
2	▲	22,000

内部利益率法は使用できないことになる．

正味現在価値法の優位性は，符号によって影響されることはないことである．経営者が，この投資案に12％という要求利益率（割引率）を設定するならば，

正味現在価値 $= \triangle ¥10,000 + (0.8929)¥30,000 + (0.7972)\triangle ¥22,000$

$\qquad\qquad = \triangle ¥753$

したがって，この投資案の内部利益率（27.64％と72.36％）が，要求利益率を超えているにもかかわらず，この投資案の選択は，企業価値を減少させることになる．投資案は否決されるべきである．内部利益率法は，提案されている投資からもたらされる現金収入が，ひとつの符号の場合にだけ有効であることが理解できる．

5　経営外資産投資

企業は営利を目的に営まれている．したがって，「利益」が存在すると判断されれば，そこに資金が投入されるのは必然である．しかし，財・サービスを生産し，これを市場で販売し，利益（利潤）を獲得しようとしている企業を考えれば，金融資産への投資は第二義的な意味をもつと考えるべきである．つまり，余剰資金の運用形態のひとつとすべきである．企業が行う経営外資産の取得は，原則的には余剰資金運用である．企業は利益（利潤）を求めて経済活動を行っている．したがって，保有している資金に余裕が生ずればこれを運用するのは自明の理である．財・サービス生産・販売を等閑にして，金融資産投資によって，本業を越える利益を獲得することはできないであろう．一時的には

可能かもしれない．しかし，長期的には不可能である．経営外資産からえる利益は経営資産からえる利益を上回ることはない．[17]

企業は，極大の利益などを目的に経済行為を行っている．その目的を達成する効率的方法は，財・サービスを製品市場で売却し，利益をえることである．しかし，企業が運用しようとする資金は，財・サービスを生産するために行われる経営資産の購入だけではない．株式，債券，社債などの金融商品・金融派生商品（先物，オプション，スワップなど）に対しても資金は運用されている．

「経営外資産」は，利殖目的（短期・長期）に所有する金融商品・派生商品と表現されている．[18] 金融商品である有価証券の取得には，支配・統制などを目的に関連・子会社株式，社債，関連会社株式の取得もある．これは，業務提携・相互持合，支配・統制，系列化，TOB防止，再建支援・融資などの投資目的を持っている．

株式，社債など金融商品は，「所有権の証明書」「証券」を表している．つまり，証券とは，資産の請求権を表し，その資産がもたらす将来のキャッシュ・フローを表す．[19] たとえば，社債権保有者は一定時に，一定利子および元本を受け取ることを示している．株式は，企業の発行済株式の一定割合を保有し，株式に応じた現金配当の請求権などを保有している．「証券」という場合，単に，株式および社債以外に，非常に多くの資産に対する請求を包含している．不動産権利証書は証券である．車両を購入するために，金銭の借入書に署名した証書も証券である．

経営外資産の取得は営業外活動であり，その結果は，貸借対照表上でストックとして経営外資産として集約しなければ得られないが，その成果は営業外収益などに示される．経営外資産への投資，投資方法は「財務テクノロジー」（Financial technologies）と表現される．

企業が経営外資産を取得する方法は，主に証券会社などを通じて「市場」からである．つまり，資本市場投資である．経営外資産の主な項目は金融商品・金融派生商品（ディリバティブ），外国為替（為替関連投資）など「市場」が存

在する．

　経営外資産の投資は余剰資金の運用が原則である．しかし，経営外資産の取得である有価証券の取得は，企業の集団形成，垂直統合，水平統合など成長戦略を決定に利用される．既存会社の内外会社の買収などを通じて市場拡大，企業規模の拡大は，新規事業を企図する以上に企業リスクを軽減する方法である．

注）
1）企業の目的は，株主の富の極大化，企業の現在価値（current value）を極大化することと仮定されている．しかし，最近，EVA（経済付加価値）など新たな企業価値の思考が導入されてきている．
2）Bowlin, O. D., Martin, J. D. & D. F. Scott（1990）*Guide to Financial Analysis,* 2nd Edition, McGraw-Hill, p.116.
3）Pike, R. & B. Neale（1993）*Corporate Finance and Investment,* Prentice-Hall, p.7.
4）運転資本投資，運転資本管理とも呼ばれている．
5）投資分類の方法は，投資目的から，拡張投資，取替投資，近代化投資，研究開発投資，戦略投資，その他投資，相互関係から，相互排斥的投資，独立投資，従属投資などに区分される．
6）企業の財務報告書の「有価証券の時価情報」(1)有価証券の項には，簿価・時価情報が記載されている．これは，有価証券と投資有価証券の合計額である．それ以外にも，関係会社株式・社債などの有価証券へ投資されている．
7）Pike and Neale, *op. cit,* p.55.
8）営業利益を利用するのは，企業本来の経済活動に利用された投資によって生み出された物であるからである．さらに，営業利益は，資金源泉（資金調達政策）の影響を受けない，本来の「投資効率」を示している．
9）Ijiri, Yuji（1980）"Recovery Rate and Cash Flow Accounting," *Financial Executive,* March, p.58.
　Salamon, Gerald L.（1982）"Cash Recovery Rates and Measures of Firm Profitability," *The Accounting Review,* Vol.LXII, No.2, April, pp.292-302.
10）Ijiri, op. cit. p.58.
11）現在，企業会計の認識測定の仕組みが変動している．諸資産に時価評価が採用され，包括利益が計算され，純資産項目に直入されている．
12）補間法を利用して詳細な値を計算してきたが，PC表計算ソフトの財務関数などを利用することで簡単に計算できる．
13）投資者が投資行為に期待する「利益率」である．たとえば，複数提案されてい

る投資案からA案を選択したと仮定する．投資者は，選択した投資案から投資者が得られる一定の利益（報酬）を期待している．そのような投資案を選択したことになる．
14）内部利益率には重大な欠点がある．解答が得られない，複数の解答が計算される場合がある．したがって，「現在価値法」が最も優れた方法であると主張されることもある．
15) Lawrence, G. J. & R. J. Forrester Jr. (1977) "A Survey of Capital Budgeting Techniques Used by Major U. S. Firm," *Financial Management*, Fall, pp.68-69.
16) Bavishi, V. B. (1981) "Capital Budgeting Practices at Mutinationals," *Mamegement Accounting*, August, p.33.
17）本末転倒した企業も多い．本業が順調に推移しているにもかかわらず，金融資産への投資によって，経営破綻に至る企業，倒産には至らなかったが，企業の財政状態に多大な損失をもたらした企業も多い．これらの企業が一様にして述べることは「本業回帰」である．金融資産の購入は余剰（余裕）資金を活用する方法である．しかし，歴史がある優良企業ほど経営外資産の割合が高い場合も存在する．
18)「証券」は大きく4つに分類される．社債（SB, CB, WB），普通株式，優先株式および派生証券である．
　　Russell, F. J. & J. L. Farrekk Jr. (1987) *Modern Investments and Security Analysis*, McGraw-Hill, pp.14-15.
19) *Ibid.*, p.9.

参考文献

Bowlin, Oswald D., Martin, John D. & David F. Scott (1990) *Guide to Financial Analysis*, 2nd ed., MacGrew-Hill.
Chorafas, Dimitris N. (2002) *Liabilities, Liquidity, and Cash Management*, Wiley.
Dobbins, Richard & Stephen F. Witt (1988) *Practical Financial Management*, Blackwell.
Ehrhardt, Michael C. (1994) *Measuring the Company's Cost of Capital*, Harvard Business School Press. （真壁昭夫・鈴木毅彦訳『資本コストの理論と実務・新しい企業価値の探求』東洋経済新報社，2001年）
Fabozzi, Frank J. & Pamela P. Peterson (2003) *Financial Management & Analysis*, 2nd ed., Wiley.
Kaen, Fred R. (1995) *Corporate Finance*, Blackwell.
Maness, Terry S. (1988) *Introduction to Corporate Finance*, MacGraw-Hill.
Peterson-Drake, Pamela & Frank J. Fabozzi (2012) *Analysis of Financial Statements*, 3rd ed., Wiley.

Pike, Richard & Bill Neale (1993) *Corporate Finance and Investment : Decisions and Strategies,* Prentice Hall.

Ryan, Bob (2007) *Corporate Finance and Valuation,* Thomson.

Venanzi, Daniela (2012) *Financial Performance Measures and Value Creation: the State of the Art,* Springer.

浅田孝幸 (2002)『戦略的管理会計』有斐閣.

朝岡大輔 (2006)『戦略的コーポレートファイナンス』NTT出版.

石島博 (2008)『バリュエーション・マップ』東洋経済新報社.

大西淳 (2009)『コーポレート・ファイナンス理論と管理会計』京都大学出版会.

小椋康宏編 (2007)『経営学原理 第二版』学文社.

久保田敬一 (2006)『決定版コーポレートファイナンス』東洋経済新報社.

小松章編著 (2009)『経営分析・企業評価』中央経済社.

小山明宏 (2001)『財務と意思決定』朝倉書店.

野村證券金融工学研究センター編 (2011)『企業価値向上の事業投資戦略』ダイヤモンド社.

仁科一彦 (1995)『財務破壊』東洋経済新報社.

仁科一彦 (2004)『企業ファイナンス入門 (第2版)』中央経済社.

蜂谷豊彦・中村博之 (2001)『企業経営の財務と会計』朝倉書店.

花枝英樹 (2005)『企業財務入門』白桃書房.

保坂和男 (1991)『新版 現在企業財務』森山書店.

若杉敬明 (1988)『企業財務』東京大学出版会.

第9章　不確実性下の投資決定

正味現在価値
投資決定基準
リアル・オプション
2項格子法

投資価値は将来のキャッシュ・フローの現在価値により決まる．キャッシュ・フローの現在価値と投資コストの差である正味現在価値の正負が投資決定基準となる．この理論は将来キャッシュ・フローが約束されていることを前提としている．しかし，実際に多くの実物資産の投資では，将来のキャッシュ・フローは確実ではない．また，経営者は正味現在価値の正負で投資決定しているのではなく，より有利な条件で投資を行うように柔軟に投資決定をしている．この章では，不確実性下の投資決定の基礎的な知識と投資決定基準の本質について説明する．

1 単純な正味現在価値法

投資プロジェクトの将来のキャッシュ・フローが確定している場合，正確にキャッシュ・フローの現在価値を求めることができる．この場合，将来すべてのキャッシュ・フローが確定しているので，将来の収入にはリスクがなく，現在価値を求める際に無リスク利子率を割引率として使用される．将来 n 期間のキャッシュ・フローを $CF_1, CF_2, \ldots, CF_n$ であるとし，無リスク利子率を r で表すと，キャッシュ・フローの現在価値 PV は次のようになる．

$$PV = \frac{CF_1}{1+r} + \frac{CF_2}{(1+r)^2} + \cdots + \frac{CF_n}{(1+r)^n}$$

上のキャッシュ・フローを生みだすための初期投資額が I であると，この投資プロジェクトの正味現在価値（Net Present Value：NPV）は次のようになる．

$$NPV = PV - I$$

正味現在価値は投資の本質的価値を表すものであるから，これが正であれば，この投資を実行した場合，投資者に実質的に富をもたらす．従って，正味現在価値法の投資判断基準は NPV が正（$NPV>0$）のプロジェクトを採用し，そうでない場合（$NPV≤0$）は採用しないことである．また，複数の投資プロジェクトから選択する場合は，正味現在価値がもっとも大きいものを選択する．

正味現在価値法は投資判断のもっとも基本的な法則で，理論上で唯一正しい基準である．債券のような将来のキャッシュ・フローが確定している場合，正味現在価値法を直接に応用できる．正味現在価値法は非常にわかりやすいものであるから，実際に実務で非常に広く利用されてきた．しかし，実際の投資プロジェクトの多くは，将来の製品価格とコスト変動や需給関係の変化などで，キャッシュ・フローは確定したものではない．このような将来の収益が不確定な投資をリスクのある投資という．この場合，正味現在価値法はどのように利用されているのか．実際によく使用されてきた方法は将来各時点のキャッシュ・フローを予測し，期待されるキャッシュ・フローの現在価値を求め，期待される正味現在価値を計算する．この場合，現在価値を求めるための割引率はリスク調整後割引率（要求収益率）が使用される．将来期待されるキャッシュ・フロー（expected cash flow）を $ECF_1, ECF_2, \cdots\cdots, ECF_n$ とすると，キャッシュ・フローの期待現在価値は次のように計算される．

$$EPV = \frac{ECF_1}{1+k} + \frac{ECF_2}{(1+k)^2} + \cdots\cdots + \frac{ECF_n}{(1+k)^n}$$

従って，期待正味現在価値は次のようになる．

$ENPV = EPV - I$

この場合も，正味現在価値の投資ルールが適用される．しかし，より賢明な経営者は将来の状況を予想しながら，現在よりも有利になった時点で投資を実行することが多い．現時点で将来各時点のキャッシュ・フローをひとつの値として予想する方法では，このような経営の柔軟性を正味現在価値に反映することができない．また，どのような状況の下で投資を実行するのがもっとも合理的であることもわからない．このような問題点を認識しながらも，それを代替する方法がなく，長い間にわたって，正味現在価値の投資ルールが使われてきた．

1970年代から1980年代の初頭にかけて，ファイナンス理論の研究が急速な進歩を遂げ，そのコーポレート・ファイナンスへ応用として，不確実性下で投

資決定理論も新しい段階に突入し，急速な発展を見せた．次節では単純な例を使いながら，不確実性下での投資タイミングの決定について説明する．そこでは将来の状況（たとえばキャッシュ・フローの変動）をひとつの値で推定するのではなく，投資を取り巻く不確実的な状況を確率変数でモデリングし，投資のタイミングと投資価値を求める．この方法により，従来の正味現在価値法で考慮できなかった経営の柔軟性を投資価値に取り入れることができ，投資実行のタイミングを正確に示すことができる．これらのことから，この方法は従来の正味現在価値法と異なると主張することもできるが，本質的はこの方法も上で説明した正味現在価値の基本的な考え方と変わりなく，3節以降での議論のように，これを正味現在価値法を修正したものと理解することもできる．この意味で，ここでは従来の正味現在価値法を「単純な正味現在価値法」とよぶことにした．

2 不確実性下の投資タイミング

本節ではキャッシュ・フローが確率的に変化する場合，経営者が状況の変化に応じて投資実行のタイミングを決定するモデルを取り上げる．まず，実務でもよく利用され，直感的にわかりやすい2項モデル[1]の利用について，簡単な例を使って説明する．次に，一般化されたモデルについて触れる．

ABC社はある新製品の生産について，その特許を保有する企業とこれから最大5年間の生産ライセンスの契約を結んだとしよう．生産量が一定で，ABC社はこの新製品を市場価格で販売することができる．新製品の価格はその流行や競合製品の開発で将来かなり変化することが予想されるため，ABC社の財務担当者が生産開始の時期について検討している．新製品の価格は現在1単位1万円で，価格の年間変動率は20%の標準偏差をもつ正規分布に従うと想定されている．単純化するため，1年間ごとに価格を改定するとし，価格は上昇と下落する2つの状態になるとする．このとき，1年間の価格上昇の倍

図表9—1　各時点での価格の分布

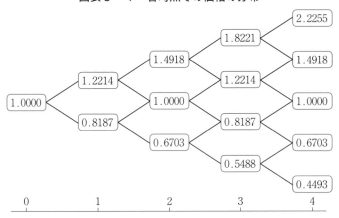

率は $u=1.2214$，下落の倍率は $d=0.8187$ となる[2]．この前提で求めた各年の価格の分布は図表9—1に示している．各時点の価格を $P_t(i)$ で表すことにする．ここで，添え字の t は期間を表し，現在時点を0とし，左から右へ1, 2, 3, 4で表す．i は各時点の状態を表し，上から下へ1, 2, ……, $t+1$ で表す（以下の図表9—2と3も同様な表記を使用する）．たとえば，1年後の価格は，

$P_1(1) = uP_0(1) = 1.2214 \times 1 = 1.2214$,

$P_1(2) = dP_0(1) = 0.8187 \times 1 = 0.8187$

の2つの状態になり，2年後価格は

$P_2(1) = uP_1(1) = 1.2214 \times 1.2214 = 1.4918$,

$P_2(2) = dP_1(1) = 0.8187 \times 1.2214 = 1$ あるいは

$P_2(2) = uP_1(2) = 1.2214 \times 0.8187 = 1$,

$P_2(3) = dP_2(3) = 0.8187 \times 0.8187 = 0.6703$

の3つの状態になる．以下，同様にして各時点での価格の状態を求めることができる[3]．ここでの特徴は1回上がって1回下がる状態は1回下がって上がる状態と等しくなることである（$d=1/u$ に注意するとわかる）．図表9—1のような構造は一般に2項格子あるいは2項ツリーと呼ばれるものである．単純な構造

図表9－2　各時点でのキャッシュ・フローの現在価値

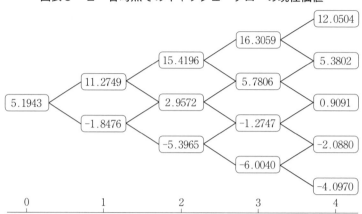

であるが，1期間の時間の長さを小さくすると正規分布を近似できるので，ファイナンスの分野では広く利用されている．

　1期間の生産量は一定で，10万単位とする．いったん生産を開始するとライセンス終了まで途中停止しないとし，1単位の生産コストが0.9万円とする．単純化のため，販売額と生産コストが期末に清算され，すなわち，期末にキャッシュ・フローが発生すると仮定する．[4] 次のステップは各時点でのキャッシュ・フローの現在価値を求めることになる．ここでは，割引率は要求収益率を使用し，価格が上下に変動する確率をそれぞれ50％であるとする．[5] 各時点でのキャッシュ・フローの現在価値を求めると，図表9－2で示す結果となる．各時点でのキャッシュ・フローの現在価値$PV_t(i)$が次の説明のように計算される．計算は最後の期間から順次に0期間までに行う．最後の期間については，各状態の期末に発生するキャッシュ・フローを1期間割り引く．それ以外の期間については，各状態の期末に発生するキャッシュ・フローを1期間割り引いて，さらに，その状態に続く次の期間の2つの状態でのキャッシュ・フローの現在価値の期待値（平均値）を1期間割り引いて，両方を足し合わせる．時点4でのキャッシュ・フローの現在価値は，たとえば，$PV_4(1)$，$PV_4(2)$は次の

ように計算される.

$$PV_4(1) = \frac{(p_4(1) - 0.9) \times 10}{1 + 0.1} = \frac{(2.2255 - 0.9) \times 10}{1 + 0.1} = 12.0504 \text{ 億円}$$

$$PV_4(2) = \frac{(p_4(2) - 0.9) \times 10}{1 + 0.1} = \frac{(1.4918 - 0.9) \times 10}{1 + 0.1} = 5.3802 \text{ 億円}$$

同様に $PV_4(3)$, $PV_4(4)$, $PV_4(5)$ を計算する. 時点3では, $P_3(1)$, $P_3(2)$ の計算を示すと次のようになる.

$$PV_3(1) = \frac{(p_3(1) - 0.9) \times 10}{1 + 0.1} + \frac{0.5 \times PV_4(1) + 0.5 \times PV_4(2)}{1 + 0.1}$$

$$= \frac{(1.8221 - 0.9) \times 10}{1 + 0.1} + \frac{0.5 \times 12.0504 + 0.5 \times 5.3802}{1 + 0.1}$$

$$= 16.3059 \text{ 億円}$$

$$PV_3(2) = \frac{(p_3(2) - 0.9) \times 10}{1 + 0.1} + \frac{0.5 \times PV_4(2) + 0.5 \times PV_4(3)}{1 + 0.1}$$

$$= \frac{(1.2214 - 0.9) \times 10}{1 + 0.1} + \frac{0.5 \times 5.3802 + 0.5 \times 0.9091}{1 + 0.1}$$

$$= 5.7806 \text{ 億円}$$

以下同様にして時点0まで計算する.

次のステップは各時点で投資実行した場合の正味現在価値 $NPV_t(i)$ と, その時点で投資せずに投資決定を次の時点に延ばした場合の現在価値 $OPV_t(i)$ を計算し, 両者の値を比較し, 大きい方を選択する. すなわち, $NPV_t(i)$ が大きければ, その時点で投資を実行し, $OPV_t(i)$ が大きければ投資決定を次の時点へ延ばす. ここでは, 設備投資のコスト K が4億円であるとし, 生産終了後設備の価値をゼロとする. キャッシュ・フローの現在価値が設備投資コストを下回った（正味現在価値が負の）場合は, 投資を実行せず, このときの $NPV_t(i)$ はゼロとなる. 計算の結果を図表9―3に示した. 各状態を表すノードの上段の数字は $NPV_t(i)$, 下段の数字は $OPV_t(i)$ を表す.

図表9−3　各時点でのプロジェクト価値と投資実行領域

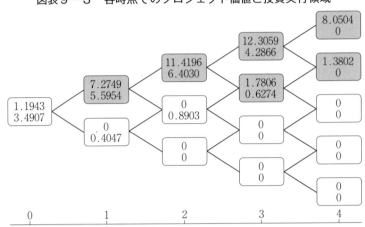

ここでも時点4から時点0へ計算を行うことになる．時点4で投資実行した場合の正味現在価値は，

$NPV_4(1) = PV_4(1) - K = 12.0504 - 4 = 8.0504$ 億円,

$NPV_4(2) = PV_4(2) - K = 5.3802 - 4 = 1.3802$ 億円

であり，正味現在価値が零以下のとき，投資実行しないので，$NPV_4(3) = NPV_4(4) = NPV_4(5) = 0$ となる．時点4は投資実行可能な最後の時点であるから，$OPV_4(i)$，$(i=1, 2, 3, 4, 5)$ がすべてゼロとなる．各状態で価値の高い方が選択されるので，4時点において，価格が状態1あるいは状態2にあるときに投資実行が選択されることになり，$NPV_4(1)$ と $NPV_4(2)$ が時点3の $OPV_3(i)$ の計算で利用される．時点3では，

$NPV_3(1) = PV_3(1) - K = 16.3059 - 4 = 12.3059$ 億円,

$OPV_3(1) = \dfrac{0.5 \times NPV_4(1) + 0.5 \times NPV_4(2)}{1+0.1} = \dfrac{0.5 \times 8.0504 + 0.5 \times 1.3802}{1+0.1}$

$= 4.2866$ 億円

$NPV_3(2) = PV_3(2) - K = 5.7806 - 4 = 1.7806$ 億円,

第9章 不確実性下の投資決定 185

$$OPV_3(2) = \frac{0.5 \times NPV_4(2) + 0.5 \times NPV_4(3)}{1+0.1} = \frac{0.5 \times 1.3802 + 0.5 \times 0}{1+0.1}$$

$$= 0.6274 \text{ 億円}$$

となる．同様にして，$NPV_3(3)$, $NPV_3(4)$, $OPV_3(3)$, $OPV_3(4)$を計算するが，すべてゼロとなる．上の結果から時点3では，$NPV_3(1) > OPV_3(1)$，$NPV_3(2) > OPV_3(2)$であり，価格が状態1あるいは状態2にあるときに投資実行が選択される．従って，$NPV_3(1)$と$NPV_3(2)$が時点2の$OPV_2(i)$の計算で利用される．時点2では，

$$NPV_2(1) = PV_2(1) - K = 15.4196 - 4 = 11.4196 \text{ 億円},$$

$$OPV_2(1) = \frac{0.5 \times NPV_3(1) + 0.5 \times NPV_3(2)}{1+0.1} = \frac{0.5 \times 12.3059 + 0.5 \times 1.7806}{1+0.1}$$

$$= 6.4030 \text{ 億円}$$

$$NPV_2(2) = 0,$$

$$OPV_2(2) = \frac{0.5 \times NPV_3(2) + 0.5 \times OPV_3(3)}{1+0.1} = \frac{0.5 \times 1.7806 + 0.5 \times 0}{1+0.1}$$

$$= 0.8903 \text{ 億円}$$

となり，$NPV_2(3)$, $OPV_2(3)$がゼロとなる．$NPV_2(1) > OPV_2(1)$であるから，状態1で投資実行が選択され，$NPV_2(2) < OPV_2(2)$であるから，状態2で投資実行しないことが選択される．時点1では，

$$NPV_1(1) = PV_1(1) - K = 11.2749 - 4 = 7.2749 \text{ 億円},$$

$$OPV_1(1) = \frac{0.5 \times NPV_2(1) + 0.5 \times OPV_2(2)}{1+0.1} = \frac{0.5 \times 11.4196 + 0.5 \times 0.8903}{1+0.1}$$

$$= 5.5954 \text{ 億円}$$

$$NPV_1(2) = 0,$$

$$OPV_1(2) = \frac{0.5 \times OPV_2(2) + 0.5 \times OPV_2(3)}{1+0.1} = \frac{0.5 \times 0.8903 + 0.5 \times 0}{1+0.1}$$

$$= 0.4047 \text{ 億円}$$

となり，状態1で投資実行が選択され，状態2では投資実行しないことが選択される．時点0では，

$NPV_0(1) = PV_0(1) - K = 5.1943 - 4 = 1.1943$ 億円,

$OPV_0(1) = \dfrac{0.5 \times NPV_1(1) + 0.5 \times OPV_1(2)}{1 + 0.1} = \dfrac{0.5 \times 7.2749 + 0.5 \times 0.4047}{1 + 0.1}$

$= 3.4907$ 億円

となるので，投資実行しないことが選択される．

　上の結果を使ってどのように投資決定を行うのかについて以下に説明する．時点0では，直ちに投資を実行すると，正味現在価値が1.1943億円になるのに対し，投資実行の判断を次の期にゆだねる決定をした場合のプロジェクトの期待現在価値が3.4907億円になり，かなり高くなっていることがわかる．なぜそのようになるのか．これは，単純な正味現在価値法では現在の正味現在価値の正負で投資判断することに対し，下段の数字は，上の計算プロセスからわかるように，将来各時点においてその時の状況によってプロジェクトの価値が大きくなるような投資判断が織り込まれているからである．時点1では価格が上昇した（状態1）場合投資を実行することになるが，価格が下落した（状態2）場合は投資せずに次の時点に投資判断をゆだねる．時点1の状態2から時点2の状態2と3に移るが，いずれも投資実行しないことが選択される．価格が下落した（状態3）になった場合は将来投資を実施する可能性がなくなる．このことは投資の機会を失ったとみるかもしれないが，実は投資して損失を被る可能性を排除したことになる．このこともプロジェクトの現在価値を大きくするひとつの要因になっている．時点2の状態2から時点3の状態2と3に移るが，価格が上昇した（状態2）の場合に投資が実行され，下落した（状態3）場合は将来投資実行する可能性がなくなる．時点1の状態1は現在の価格から1回上昇した状態で，時点3の状態2は現在の価格から1回下落と2回上昇した結果であり，結果として現在価格から1回上昇した状態にある．このことから，時点0の価格から1回上昇した価格が投資実行するとしないの境界線（基

準)になっていることがわかる．この価格の値は実行限界ともよばれ，ここでは1年を1期間としているので，大雑把な値になっているが，期間の刻みを小さくすれば，かなり正確な投資実行の限界をえることができる．この値より上の領域においてはすべて投資実行されるので，投資実行領域（塗りつぶしのある部分）とよばれる．

2項格子法はオプションの評価でも広く使われている方法で，上で説明した方法は基本的にアメリカン・コール・オプションの評価と同じである．オプション評価方法を実物投資に応用したことで，しばしばリアル・オプション法とよばれている．上の計算プロセスで理解できるように，リアル・オプション法による計算されたプロジェクト価値 $OPV_t(i)$ (Option Value) は将来の正味現在価値の現在価値になっている．従って，リアル・オプション法は，正味現在価値の正負で投資判断する単純な方法ではないが，本質的には正味現在価値法と同じであることがわかる．リアル・オプション法がどのように正味現在価値法を修正しているのかについては以下で議論する．

2項格子法は投資期間が有限の場合に利用しやすいが，かなり期間の長いプロジェクトについては計算量が膨大になる．ここでは，期間の制限がない場合の連続時間モデルについて，もっとも単純なケースの結果を取り上げる．この場合の投資実行限界が代数的に求めることができるので，確定的なケースと比較して，リアル・オプション法での投資基準の性質を明らかにすることができる．

単純化のため，プロジェクトを実行すると連続的にキャッシュ・フローが発生し，プロジェクトは永続すると仮定する．キャッシュ・フローの変動は，より一般的な状況に対応するため，一定トレンドを持って，ランダムに変化する場合を想定する．キャッシュ・フローの平均変化率を μ（成長率と同じものであると考えればよい），標準偏差を σ で表す．時刻 t でのキャッシュ・フローを $X(t)$ で表す．投資コストを K，割引率を r とする．ただし，$\mu < r$ とする[6]．プロジェクトの価値を最大にする投資実行限界をキャッシュ・フローの水準 x^* で

表すと，次のようになる。[7]

$$x^* = \frac{a}{a-1}(r-\mu)K \quad \cdots\cdots\cdots\cdots\cdots\cdots\cdots\cdots\cdots\cdots\cdots\cdots\cdots\cdots\cdots\cdots \quad [9.1]$$

ここで，$a>1$ は次の2次方程式の正の根である．

$$\frac{1}{2}\sigma^2 z(z-1) + \mu z - r = 0 \quad \cdots\cdots\cdots\cdots\cdots\cdots\cdots\cdots\cdots\cdots\cdots\cdots \quad [9.2]$$

[9.1]の投資実行限界の意味は明確でないので，2辺を$(r-\mu)$で割って次のように変えてみる．

$$\frac{x^*}{r-\mu} = \frac{a}{a-1}K$$

この式の左辺は投資実行時点のキャッシュ・フローの現在価値であることがわかる．$a/(a-1)$ は1より大であるので，投資実行時点でのキャッシュ・フローの現在価値が投資コストよりかなり大きくなければならないことを意味する．このことから，リアル・オプション法が正味現在価値が正であれば投資を実行する単純な正味現在価値法と異なる理論と理解すべきなのか．次にリアル・オプションの投資決定基準の本質について議論する．

3　投資価値の最大化問題

2節の議論は投資価値を最大にするような投資基準を求めることであった．投資基準の性質を明確にするため，本節では連続的キャッシュ・フローを仮定して議論を進める．まず，将来のキャッシュ・フローが確定的な（不確実性がない）場合についてみてみる．キャッシュ・フローを$X(t)$で表し，これが時間tの確定的な関数であると仮定する．投資コストをK，割引率をrで表す．現在の時点を0，投資実行時点をτとすると，正味現在価値は次のようになる．

$$NPV(\tau) = \int_\tau^\infty e^{-rt}X(t)dt - e^{-r\tau}K = \int_\tau^\infty [X(t)-rK]e^{-rt}dt \quad \cdots\cdots\cdots \quad [9.3]$$

この式の右辺はキャッシュ・フローと投資コストの利子 rK の差の現在価値が正味現在価値になることを示している．この式から，正味現在価値を最大にする投資実行の条件は次のようになる．

$$X(\tau) = rK$$

上の式は最適投資実行時点ではキャッシュ・フローが投資コストの利子と等しくなることを意味する．すなわち，最適投資実行時点では投資を延期することにより得られる利益（rK）と失うキャッシュ・フローが等しくなることを意味する．最適投資実行時点では経済学での限界原理（限界収入が限界支出と等しい）が成立することになる．

キャッシュ・フローが確率的に変動する場合でも，正味現在価値については確定的場合と同様に表現することができる．現在時点を0とし，時刻 t でのキャッシュ・フローを $X(t)$ とする．また，現在のキャッシュ・フローの水準を x とする（$X(0) = x$）．キャッシュ・フローが最初に x_1 に到達するか x_1 を超えた時点を τ とし，時刻 τ で投資を実行するものとすると，正味現在価値の期待値は，

$$ENPV(x; x_1) = E_0 \left[\int_\tau^\infty e^{-rt} X(t) dt - e^{-r\tau} K \,\middle|\, X(0) = x \right]$$

$$= E_0 \left[\int_\tau^\infty (X(t) - rK) e^{-rt} dt \,\middle|\, X(0) = x \right] \quad \cdots\cdots\cdots\cdots\cdots\cdots \text{〔9.4〕}$$

となる．〔9.4〕式からわかるように，キャッシュ・フローが不確実な場合でも，正味現在価値の期待値は各時点のキャッシュ・フローと投資コストの利子の差の現在価値であり，投資コストの利子が投資決定基準の基本要素となることがわかる．では，不確実的な場合の投資決定基準はどのように表現できるのか．次の節では，2節で取り上げた連続的不確実なキャッシュ・フローの例についてさらに掘り下げてみる．

4 不確実性下の投資決定基準

この節では，2節で取り上げた投資実行限界〔9.1〕式をキャッシュ・フローが確定的な場合と比較可能な表現に変更した上，不確実性下の投資実行限界について議論する．〔9.2〕式を z の2次式で表現すると次のようになる．

$$F(z) = \frac{1}{2}\sigma^2 z(z-1) + \mu z - r$$

$F(z)$ の正根を a，負根を β とすると次のように書ける．

$$F(z) = \frac{1}{2}\sigma^2 (a-z)(\beta-z)$$

$F(0)$ と $F(1)$ はそれぞれ次のようになる．

$$F(0) = r = \frac{1}{2}\sigma^2 a\beta$$

$$F(1) = \mu - r = \frac{1}{2}\sigma^2 (a-1)(\beta-1)$$

2者の比をとると次のようになる．

$$\frac{F(0)}{F(1)} = \frac{r}{r-\mu} = \frac{a}{a-1}\frac{\beta}{\beta-1}$$

この式を変形すると次の関係式が得られる．

$$\frac{a}{a-1}(r-\mu) = \frac{\beta-1}{\beta}r$$

この関係式を利用すると2節の投資実行限界を表す〔9.1〕式は，次のようになる．

$$x^* = \frac{a}{a-1}(r-\mu)K = \frac{\beta-1}{\beta}rK$$

キャッシュ・フローが確定的な場合，最適な投資実行時点ではキャッシュ・

フローの水準が rK に等しかったのに対し，不確実的な場合は rK に係数 $(\beta-1)/\beta$ がかかった水準にまで上昇する（β は負根であるから係数は1より大となる）．その上昇分は，

$$\frac{\beta-1}{\beta}rK - rK = -\frac{1}{\beta}rK$$

である．このことから，投資実行限界の基本的部分は投資コストの利子水準であり，キャッシュ・フローが確率的に変化する場合は将来のキャッシュ・フローの下降の可能性の影響により投資実行の水準が上方修正されることと理解できる．

5 結 び

本章では新規投資決定を例に不確実性下の投資決定の手法と投資決定基準の本質を見てきた．リアル・オプション理論の研究は，今日の企業を取り巻く複雑な環境に対応して，急速に発展してきている．たとえば，現在操業中のプロジェクトについて，状況が悪化した場合に撤退する意思決定を行う撤退オプション，将来状況によってプロジェクトの規模を拡大したり，縮小する意思決定をするための拡張オプションと縮小オプションなどがある．また，不確実的な状況を正規分布のみでモデリングするのではなく，突発的な変化も考慮するような複雑なモデルに発展してきている．しかし，複雑な状況であっても，4節で議論したように投資決定基準の本質は変わらない．

注)
1) 2項モデルの詳細な説明については，ハル (2009) やルーエンバーガー (2002) を参照．
2) 正規分布が2項モデルで近似する際の上昇倍率は $u = e^{\sigma\sqrt{t}}$ となる．ここで σ は標準偏差，t は時間間隔を表す．下落の倍率は $d = e^{-\sigma\sqrt{t}} = 1/u$ となる．この例では $\sigma = 0.2$，$t = 1$ であるから，$u = e^{0.2} = 1.2214$ となり，$d = 0.8187$ となる．
3) 表計算ソフトで，計算式についてコピー・アンド・ペーストを利用すると簡単

に計算を行うことができる．
4）実際に2項モデルを利用する時には，期間をかなり短くすることができるので，代金はその都度に清算され，瞬時的にキャッシュ・フローが発生すると考えることができる．
5）価格あるいはキャッシュ・フローの変動の確率をリスク中立的な確率測度に変更し，無リスク利子率を割引率としてキャッシュ・フローの現在価値を求めるように説明している文献もあるが，このことは自然資源開発のようなプロジェクトについて，産出物がすでに競争的な市場に取引されている場合に理論上適用できる．多くの実物投資プロジェクトはそのような状況下にあるとは考えにくい．個別企業の投資決定の場合，実際に想定される確率と要求収益率を使用することが妥当と考えられる．
6）μはキャッシュ・フローの成長率に相当するもので，これが割引率より大きい値であると，キャッシュ・フローの現在価値が無限大となる．
7）この結果の導出は幾何ブラウン運動や伊藤の定理などの確率論の知識が必要となるため省略した．興味のある読者は，たとえば，ディキスト＆ピンディク（2002）などを参照する．

参考文献

ジョン・ハル著，三菱UFJ証券市場商品本部訳（2009）『フィナンシャルエンジニアリング―デリバティブ取引とリスク管理の総体系　第7版』金融財政事情研究会．

ルーエンバーガー，D. G. 著，今野浩・鈴木賢一・枇々木規雄訳（2002）『金融工学入門』日本経済新聞社．

コープランド，T.・U. アンティカロフ著，栃木克之訳（2002）『決定版リアル・オプション―戦略フレキシビリティと経営意思決定』東洋経済新報社．

アムラム，M.・N. クラティラカ著，石原雅行・吉田次郎・中村康治・脇保修司訳（2001）『リアル・オプション―経営戦略の新しいアプローチ』東洋経済新報社．

ディキスト A. K. 著，R. S. ピンディク，川口有一郎他訳（2002）『投資決定理論とリアルオプション―不確実性のもとでの投資』エコノミスト社．

第 10 章　資本調達と資本構成

普通株　　優先株

財務レバレッジ

最適資本構成

MM 理論　資本コスト

資本の調達は，いわゆる「資本調達論」として，経営財務における基本的課題として論究されてきた．特に，「企業金融論的財務論」においては，その制度的側面を重視した研究が行われてきた．この場合，特に資本調達手段について考察されたのである．

一方，「意思決定論的財務論」においては，資本の調達問題は，資本コストの問題，最適資本構成の問題とも絡ませながら，新しい分析視角からの理論構築がなされてきた．ここでいう資本調達論は，単なる制度的研究にとどまらず，資本調達の最適化を求める研究に展開していった点にその特色をもっている．

さて，本章では，それらの点をふまえ，まず，企業金融論的財務論において特に研究されてきた資本調達手段を中心に検討を加えることにする．

1　資本調達の制度論

資本の調達のなかで検討されてきた課題は，特に資本調達手段である．資本調達手段は，経営体にとっても，またその利害者集団のひとつである株主集団および金融機関などにとっても，十分に熟知しておかなければならないものである．

さて，企業金融論的財務論においては，長期資本調達をその主題とし，そのなかで，具体的な資本調達手段を考えてきたのである．資本調達が企業体の発展過程のなかで必要欠くべからざるものであり，また資本調達が企業体の財務活動として決定的に重要な中心的活動をなしてきた点については，正しい評価をなしておかなければならない．ここにおいて，資本調達論として，経営財務上，重要な意味が存していることが理解できるのである．

さて，企業金融論的財務論は，このようにして，制度論的分析を展開していくのであるが，そこにはどのような経営学的意味を示していると考えられるのであろうか．この問題もあわせ，企業金融論的財務論における資本調達論を中心としながら，資本調達手段をみていくことにする．

このタイプの財務論で，一番，強く論じられたのは，長期資本調達手段としての株式（stocks）と社債（bonds）の研究である．企業体は株式や社債を通じて，企業体の外部から長期の資本を調達することからもそれは理解できる．では，株式あるいは社債についてはどのような記述がなされるのであろうか．

1－1. 株　　式

企業金融論的財務論においては，株式は次のように説明される．すなわち，株式は，所有権を表したものであり，あらゆる企業体においてみられるものである．したがって，株式による資本調達は，企業体にとってもっとも基本的なものとして考えられることになる．

さて，株式を取り上げる場合，まずその種別化を通じて行われる．この場合，株式は大きく分けて普通株（common stock）と優先株（preferred stock）とに分けられる．ところで，この両者を説明する前に，ここでまずガスマンとドゥゴールが指摘するように[1]，株式所有権の基本的権利の特徴を5つあげてみよう．

(1) 利潤分配権――配当として分配される
(2) 取締役に対する投票権――企業体を管理するうえでの所有者を代表するものに対して
(3) 新株引受権――現在の株主の持株数に比例して
(4) 会社帳簿の検査権
(5) 残余財産の分配権――解散の場合における債権者への弁済後

また，ドナルドソンとファールによれば，その点に関し，次のような点を中心として考える[2]．

(1) 株式の移転
(2) 配当をうける権利
(3) 投票権
(4) 株主に対する有限責任

普通株について，額面株（par value stock）と無額面株（stock without par value, no-par stock）に分ける見方をする[3]．

ここでまず，額面価格について考えてみると，1株当たりの額面価格は，証書に記載されている金額であり，その重要性は，株式を額面よりも低い価格で発行してはならないという規則があるにすぎない．したがって，実践の経営財務の場では，株式の場合，ほとんどその意味をもたないことになる．そこでは，むしろ額面価格のもつ意味の不都合な点があらわれてくるのである．この点について，ガスマンとドゥゴールは次のような特徴をあげる．

① 株式は，任意の価格で財産として発行されるのである．
② 額面価格は，株主の総支払額の一部分のみを表しているにすぎないことである．
③ 留保利益は，最初の株式価値を増加させたりするし，損失はそれを減少させたりするということである．
④ 投資としての企業体の市場価値は，表面的な額面数字よりもむしろ，常に，もっとも重要な価値の手段でなければならない．

次に，無額面株について考えてみると，無額面株の最初は，無額面ということを意識し，普通株からの額面価格の移動や所有者の持ち分における残余分配の変動として，その本質的特質を強調することが望ましいと信じる人びとから生じてきたという[4]．無額面における主な財務的利点は，新株を売り出す価格設定について，取締役会に自由が与えられているということである．無額面株は，額面株それ自体がもつ意味が薄らぐにつれて，制度的に取り上げられ，普及していくことになる．ハズバンドとドッケレー（Husband, W. H. & Dockeray, J. C.）によれば，次のように無額面株の支持者の利点を述べている[5]．

① 偶発的な債務の忌避
② 株式発行の市場性の増大
③ 名目的価値の忌避
④ 株式の資本勘定への融通性

ただし，この額面株及び無額面株の違いはわが国においては2001年の商法改正により，額面株式制度が廃止され無額面株式に統一されている．また同時

にそれまでの単位株制度は廃止され，単元株制度が導入されている．さらに，2002年には新株予約権制度の創設やストック・オプション制度の規制緩和，種類株式に関する規制緩和なども行われている．

　株式の種別に関しては，この普通株式以外に，主なものとして優先株式・複数議決権株式・功労株式・劣後株式・混合株式・譲渡制限株式・償還株式・黄金株などが存在し，それ以外にも会社法第108条（図表10—1）により，「株式会社は，次に掲げる事項について異なる定めをした内容の異なる2以上の種類の株式を発行することができる」としている．ただし，公開会社に関しては，図表10—1の第九号に掲げる事項についての定めがある種類の株式を発行することができないこととなっている．

　優先株は，契約条項の配当金に対する優先権が与えられ，一般に財産に関して優先がなされており，すなわち清算時における他の株式をこえて，ある特定の額（一般には額面に累積配当金を加えたもの）まで優先権が与えられるのである．優先株が長期資本調達として取り上げられていく事実と，それが次の項で

図表10—1　会社法108条

一	剰余金の配当
二	残余財産の分配
三	株主総会において議決権を行使することができる事項
四	譲渡による当該種類の株式の取得について当該株式会社の承認を要すること
五	当該種類の株式について，株主が当該株式会社に対してその取得を請求することができること
六	当該種類の株式について，当該株式会社が一定の事由が生じたことを条件としてこれを取得することができること
七	当該種類の株式について，当該株式会社が株主総会の決議によってその全部を取得すること
八	株主総会（取締役会設置会社にあっては株主総会又は取締役会，清算人会設置会社（第四百七十八条第六項に規定する清算人会設置会社をいう．以下この条において同じ．）にあっては株主総会又は清算人会）において決議すべき事項のうち，当該決議のほか，当該種類の株式の種類株主を構成員とする種類株主総会の決議があることを必要とするもの
九	当該種類の株式の種類株主を構成員とする種類株主総会において取締役又は監査役を選任すること

出所）『六法全書　平成22年版Ⅱ』p.3586

展開する社債に，その性格上，類似する諸点が見受けられることに注意しなければならない．

また普通株式は1株（もしくは1単元）につきひとつの議決権を通常有しているが，それに対して複数議決権株式は1株（もしくは1単元）につき複数の議決権が割り当てられている．たとえば米国市場に上場しているインターネット検索大手のGoogle社や，ソーシャル・ネットワーキング・サービス（Social Networking Service: SNS）大手のフェイスブック社などは，1株につき10議決権を有する複数議決権株式を発行している．複数議決権株式を発行することによって，株式の新規公開（Initial Public Offering: IPO）時にも創業者や経営陣の経営権の維持が容易となる．一方，1株1議決権の株式の公平性の面からは複数議決権は問題とされており，現在の日本の主要市場（東京証券取引所）では複数議決権株式の上場は認められていない．ただし経済産業省の企業価値研究会（2007）「上場会社による種類株式の発行に関する提言」[6]のなかで，「上場会社による種類株式の発行について証券取引所において検討が行われ，制度改革が行われることを期待したい」と述べられているように，経済界などには証券取引所に対して複数議決権株式を含む種類株式の上場に関する規制緩和を期待する声は少なからず存在する．

また海外の証券取引市場（米国・英国・仏国など）では，条件付きながらも複数議決権株式が認められており，企業価値研究会の報告によればフランスでは上場企業上位120社の内，約6割の企業が導入しているとされている[7]．

功労株式とは企業の創設や発展などに対して功績を残した人物に対して発行される株式であり，償還株式は後に償還が予定されている株式で一時的な資金調達などに利用されることが多い．劣後株式は普通株式に対して，配当や残余利益の分配が劣後する（優先順位が低い）株式であり，基本的には引き受け側にメリットはない．そのため何らかの事情で普通株式を発行できない場合などの他はあまり発行されることはない．

混合株式は配当に関しては優先権があるものの，残余利益の分配に関しては

劣後するなど，優先と劣後が混合した株式のことである．それ以外にも，図表10—1の会社法108条の四に定めるように譲渡に関する制限を加えた株式（譲渡制限株式）や特別に重要議案を拒否する権利を与えられた黄金株などが存在する．

また，優先株は，株式の一変質したものとしてみられるのであるが，いくつかのものに種別化できる．その主なものを指摘すれば，次のようになる．

① 参加的優先株（participating preferred stock）：優先配当を行った後に，配当可能利益が残っている場合に，普通株式ともに配当を受け取れるものである．

② 非累積的優先株（noncumulative preferred stock）：優先株式は利益の配当を優先的に行われるが，当該年に配当金の不足により，優先配当が受けられなかった場合に，その未払分を次期以降に繰越して優先配当されるものを，累積的優先株式といい，繰越して優先配当されないものが非累積的優先株式である．

③ 転換優先株（convertible preferred stock）：普通株式などの，他の種類の株式に転換できる権利の付いた株式

1—2. 社　　債

企業金融論的財務論においては，社債は，株式と対比した形で説明される．すなわち，社債は，長期の債務の契約を含んだ証書であり，株式のような所有権をもつものではない．社債権者は会社の債権者であり，ある場合には，所有者よりも多くの長期資金を提供することになる．そして，ガスマンとドゥゴールは，社債が株式と区別される一般的特徴として次のようなものをあげている．[8]

① 社債権者の請求権は，株主よりも先であること

② 社債権者における利子は不変の請求権であること．一方，利益が保証されるときのみ，株主への配当は可能であるということ

③ 社債利子は，固定金額に対する請求権であること

④ 社債は償還日があるが株式にはないこと

⑤ 社債権者は，経営者の任務がなされている限り，経営者に対し，投票権も意見ももたないこと

ハズバンドとドッケレーは，社債の主な特徴として次のようなものをあげている[9]．

① 元金に関して，明確な支払いの約束
② 利子に関して，明確な支払いの約束
③ 満期日
④ 支払条件の説明
⑤ その他の権利に対する社債の契約書の参照

ガスマンとドゥゴールは社債証書には次のようなものが示されるという[10]．

① 社債の名称
② 券面額
③ 支払貨幣
④ 利子率
⑤ クーポンあるいは記名様式
⑥ 連続番号
⑦ 証券の性質
⑧ 特定の要件
⑨ 署名

以上のようにして，社債は，株式とともに長期資本調達手段として幅広く利用されることになる．そして，このような社債の記述としては，社債の担保の問題が取り扱われる．この点について，ガスマンとドゥゴールの説明からみてみよう[11]．

一般に，社債には，担保が設定されているのが普通である．すなわち担保付社債（mortgage bonds）である．社債は，会社のある一定の財産における請求権，質権によって保証されているか，単に，無担保社債（debenture）として知られている一般の信用義務によるかである．また，担保付社債には，開放担保

(open mortgage) と閉鎖担保 (closed mortgage) があり，特に，無制限開放担保 (open-end mortgage) は，単一の質権によって保証された継続的発行を許しているのである．

さて，社債は，その変形した形態として，転換社債 (convertible bonds) を取り上げることができる．転換社債は，その特徴として，一般に，社債保有者が普通株に転換することが有利であると考えるときはいつでも，契約条件のもとで社債を普通株に転換する権利を与えているということである．転換社債は，いつでも株式に転換できるという意味で，株式に近い意味をもっているのである．したがって，新しい資本を調達する手段としての転換社債の利用には，発行会社の財務的態度や資本市場における状態に，大部分，依存してくるのであり，特に株式に近い社債ということから，その転換という優先権については魅力的なものとすることが必要となるであろう．

前項でみた種類株に加え，こういった転換社債といったようなものが出現することにより，長期資本の新しい変化を知る必要がある．株式と社債の接近化を通じて，それが新しい企業観を考える立場もあらわれてくる[12]．つまり，新しい企業体制の展開を知らなければならないのである．換言すれば，企業体制の発展過程のなかから，新しい経営体を考え，その立場から経営財務論を考え，資本調達論を考えるのである．

最近におけるわが国のなかで，転換社債の普及，あるいは転換優先株の出現をみるに及んで，一層，そのような見方の妥当性があるように思われる．そして，そのような変化する環境のなかで，企業金融論的財務論における資本調達論の制度的側面においての新しい展開がなされなければならない．

1－3．メザニン債

これまでみてきたような株式や社債は，現在のわが国の企業において長期資本調達手段として幅広く利用されている．この株式と社債をリスクとリターンの関係から分類するとハイリスク・ハイリターンの株式とローリスク・ローリターンの社債とに区別することができる．さらに近年はこの2つに加え，ミド

ルリスク・ミドルリターンにあたるメザニン債も注目されている．メザニン債とは債権や不動産などを証券化した資産担保証券（Asset Backed Securities: ABS）を発行する際に使われる．具体的には利回りが低いものの債務不履行が発生した際には優先的に元本が保証されるシニア債，債務不履行の際には元本の支払いが劣後するものの利回りの高い劣後債（ジュニア債），そしてその中間に位置するメザニン債と区別される．

三菱総合研究所（2013）[13]で指摘されているように，このミドルリスク・ミドルリターンでの資金調達を増やすことは，融資で調達するにはリスクが高いが，出資を募るにはリターンが低いといった新規事業や新規設備投資に対する資金供給を円滑にする効果がある．

ただし，債務不履行時の元本の支払いに関して，優先順位がシニア債に劣後することから，大きな損失が発生するようなケースではメザニン債にまで支払いが行われないケースも存在する．その際にはミドルリスク・ミドルリターンであるはずのメザニン債が，ハイリスク・ミドルリターンの債券となるおそれもある．そのためメザニン債に関しては今後も制度面からの検討が必要である．

2　資本構成の理論

資本構成の理論つまり資本構成の分析的研究は，「意思決定論的財務論」において，具体的な展開をみることになった．つまり，資本の調達に関する制度的研究から，経営財務のより広い枠組みのなかで，新しい資本調達論として展開するのである．そこでは，いわゆる資本コスト論とも関連して論究されてきたのである．ところで，本節では，以上の点をふまえたうえで，最初に，財務レバレッジの理論を展開し，続いて，資本調達と資本コストとの関連で，最適資本構成の問題にふれることにする．

2－1．財務レバレッジの理論

ここでは，ウェストン（Weston, J. F.），ブリガム（Brigham, E. F.）の示すもの

から財務レバレッジの理論を考えてみることにする[14].

おそらく，財務レバレッジの適切な利用を理解する最善の方法は，異なった状況のもとにおいて，それが収益性にどのような影響をおよぼすかを分析することであろう．特定の産業内に3つの企業体があり，これらの企業体は財務政策を除いては同じであると仮定しよう．企業体Aは債務を利用せず，したがってレバレッジ係数はゼロである．企業体Bは債務から半分と自己資本から半分を調達している．企業体Cは75％のレバレッジ係数をもっている．それら

図表10—2　種々のレバレッジと経済状況下での株主の利益

	経済状況					
	極めて不良	不良	普通	正常	良好	極めて良好
総資産利子控除前利益	2%	5%	6%	8%	11%	14%
利子控除前の総資産利益額	$4	$10	$12	$16	$22	$28
		企業体A	レバレッジ係数0%			
粗利益	$4	$10	$12	$16	$22	$28
—：利子費用	0	0	0	0	0	0
税引き前利益	4	10	12	16	22	28
税金(50%)*	2	5	6	8	11	14
普通株への処分可能額	2	5	6	8	11	14
普通株利益率	1%	2.5%	3%	4%	5.5%	7%
		企業体B	レバレッジ係数50%			
粗利益	$4	$10	$12	$16	$22	$28
—：利子費用	9	6	6	6	6	6
税引き前利益	(2)	4	6	10	16	22
税金(50%)*	(1)	2	3	5	8	11
普通株への処分可能額	(1)	2	3	5	8	11
普通株利益率	−1%	2%	3%	5%	8%	11%
		企業体C	レバレッジ係数75%			
粗利益	$4	$10	$12	$16	$22	$29
—：利子費用	9	9	9	9	9	9
税引き前利益	(5)	1	3	7	13	19
税金(50%)*	(2.5)	0.5	1.5	3.5	6.5	9.5
普通株への処分可能額	(2.5)	0.5	1.5	3.5	6.5	9.5
普通株利益率	−5%	1%	3%	7%	13%	19%

出所) Weston, J. F. & E. F. Brigham (1972 : 249-253)

図表10—3　3つの異なるレバレッジ後のもとでのケース

	企業体 A	
	総負債	$0
	自己資本	200
総資産　$200	負債・資本合計	$200

	企業体 B	
	総負債（6%）	$100
	自己資本	100
総資産　$200	負債・資本合計	$200

	企業体 C	
	総負債（6%）	$150
	自己資本	50
総資産　$200	負債・資本合計	$200

の貸借対照表は次に示される．

　このような異なった財務の型は，株主の利益にどのように影響するであろうか．図表10—2からわかるように，その解答は産業の経済情勢に依存する．

　同じ例示の数値を用いて，図表10—2，3，4は，3つの異なるレバレッジ係数が与えられた場合における，資産利益率と自己資本利益率との間の相互作用を図示している．ここにおいて，注目すべき興味ある点は，資産が債務の利子コストに等しい6％をもたらす点において，3本の直線が交差していることである．この点において，自己資本利益率は3％である．資産利益率がいっそう高くなれば，レバレッジは株主の利益を改善して好ましいものであるといわれる．資産が6％未満の利益しか稼がないとき，株主の利益は減少してレバレッジは好ましくないものとして定義される．一般に，資産利益率が債務コストを超過するときはいつでもレバレッジは好ましいものであり，レバレッジ係数が高くなればなるほど自己株資本利益率も高くなる．

　これらについては，財務分析のなかで考えられうるものであり，また，実践上，これらの概念は利用されているのである．

図表10—4　異なったレバレッジ状態のもとでの自己資本利益率と資産利益率との関係

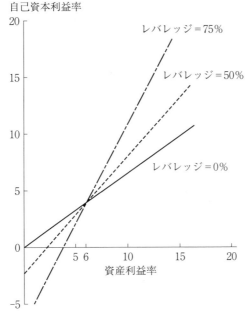

出所）Weston, J. F. & E. F. Brigham（1972）

2—2．資本調達と資本コスト

　意思決定論的財務論における資本調達論が，企業価値の極大化のもとで，投資決定論とともにその領域が位置づけられると，次に，この意思決定論的財務論で展開される資本調達論の中心的課題が何であるのか検討しなければならないことになる．

　ところで，資本調達論で特に問題とされるのは，次のようなものである．ひとつは，自己資本と負債とをどういう観点からその構成比率を決定するべきかといった問題であり，もうひとつは，自己資本のうち，増資と留保利益との構成比率をどういった原理によって決定するべきかといった問題である．前者は，いわゆる「最適資本構成」に関する問題であり，後者は，いわゆる「最適配当政策」に関する問題である．ここでは，前者の問題に焦点をしぼり，後者の点

に関しては，次章以降に譲ることにする．

1) 資本調達論の分析的アプローチ

経営者あるいは財務担当経営者にとって，必要な資金をどのような形で調達するかは，経営財務政策上，重要な問題である．特に意思決定論的財務論における資本調達論では，資本調達に関し，分析的アプローチがとられることになる．

ここで，資本調達について，最適資本構成が問題となるのは，資本調達に伴う資本コストの問題が重要な要素となっているからである．いわゆる「資本コスト」の概念は，意思決定論的財務論にとって欠くことのできないものとなっている．資本コストの把握が，資本調達はもとより，投資決定に大きな影響を与えているからにほかならない．

資本調達の分析的アプローチとして，資本コストと資本構成の問題が論じられてきた．具体的には，投資計画をたてるうえで，同時に資金調達計画が必要となる．その場合，企業体にとっての最適資本構成をどのように考えたらよいかという問題である．そして，この最適資本構成に関し多くの問題が提起されるのである．[15]

さて，いわゆる伝統的理論においては，企業体の平均資本コスト（加重平均資本コスト）は資本構成（あるいは負債比率）に依存し，企業体は，平均資本コストが最低となる点における資本構成を「最適資本構成[16]」として選択するものと考えてきた．一方，MM理論（修正論文）では，企業体は，ある目標負債比率を長期的に設定し，そのときどきにおける実際の負債比率は，この目標負債比率のまわりのある範囲内を動くものであると考えたのである．では，これらの主張はどのような展開をとげているのであろうか．次に，ウェストンなどの指摘から，現在における最適資本構成の問題を考えてみることにする．

2) 最適資本構成

資本調達論で，最適資本構成をどのように説明したらよいかが重要な問題となる．ここでは，ウェストン，ブリガムの概括を援用しながら，この問題を考えることにする．[17]

図表 10—5　負債の利用と資本コストとの関係に関する代替的見解

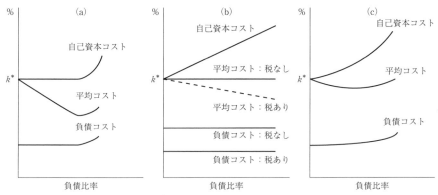

出所）Weston, J. F. & E. F. Brigham（1972）

　まず，レバレッジに関して，3つの代替的見解を明らかにしてみる．
(1) 図表 10—5 (a) に表される「伝統論」の見解は，あるレバレッジの範囲までは，レバレッジの変化に対して，負債および自己資本のコストは不変であり，その後で両者は上昇しはじめることを示している．いわゆる伝統論のアプローチの仮説のもとでは，最適資本構成が生じることになる．
(2) 図表 10—5 (b) に表されるモジリアーニ，ミラー（MM）の見解は，レバレッジの増大に伴って，自己資本コスト k は直線的に上昇し，利子率は一定であり，もし税金が存在するならば平均資本コストは減少するが，税金が存在しないならば一定である，ということを仮定している．[18]
(3) 図表 10—5 (c) に表される折衷案の見解は，ウェストン，ブリガムの考え方を示したものである．最適資本構成は表されるが，平均資本コスト曲線は，伝統論の見解のもとにおいてよりも平らである．その結果，正確な最小点から離れたところでも緩やかである．

　伝統論の見解は最初 MM の論文があらわれる 1958 年まで，広く支持されてきたようである．MM は，一連の仮説のもとにおいて，平均資本コストは，レバレッジの程度とは無関係であることを証明した．彼らの最初の仮説は次の

点である.

(1) 資本市場は完全である.このことは,すべての投資家は完全な情報をもっており,取引費用はなく,またすべての投資家は合理的に行動することを意味している.

(2) 企業体の未来の期待営業利益は,確率分布の方法によって表され,この分布は,すべての投資家にとって同じであり,しかも一定である.

(3) 「リスク・クラス」が存在する.各企業体はリスク・クラスに分類され,あるひとつのクラスにあるすべての企業体は,同じ程度の営業リスク (business risk) をもっている.

(4) 法人税は存在しない.MMは,後に,この仮説をおろすことになる.

これらの仮説の基礎に,MMは,2つの主要な命題を開発する.

Ⅰ ある企業体の総市場価値は,リスク・クラスと無関係である.総市場価値 (V) は,リスク・クラスでの適切な資本コスト (k^*) で資本化した期待営業利益 ($\overline{X}$) に等しい.

$$V = \frac{\overline{X}}{k^*} = 一定$$

もちろん,これは,k^* が一定であることを意味している.

$$k^* = \frac{\overline{X}}{V} = 一定$$

Ⅱ ある企業体の株式の必要利益率 (k) は,そのリスク・クラスの負債をもたない企業体の必要利益率 k^* にリスク・プレミアムを加えたものに等しい.

$$k = k^* + (k^* - i)\left(\frac{B}{S}\right)$$

ただし,B/S は負債比率に等しく,i は企業体の負債の利子率に等しく,それは一定である.第Ⅰの命題が保たれるならば必要条件となる第Ⅱの命題は,k が図表10―5 (b)で示したような負債比率によって直線的に増大することを

示している．

　MMは，次のような議論によって第Ⅰの命題を証明する．
(1) 企業体の総リスクと期待利益とは資本構成と無関係である．
(2) もし借り入れのある企業体の証券の総市場価値が，同じリスク・クラスにおける同一視できるような借り入れのない企業体の総市場価値を超えるならば，総利益率は，借り入れのある企業体の方がより高いことになろう．
(3) 2つの企業体の総リスクが同じようであるならば，つりあいとして，それらの総利益率はまた同一でなければならない．
(4) このつりあいを達成するためには，投資家は裁定取引 (arbitrage) に従事する．すなわち，過大な価値をもつ企業体における株式を売却し，借り入れのない企業体の株式を購入するために（借り入れのある企業体が借り入れるのと同じ利子率で），個人的に借り入れるのである．このプロセスは，企業体が，(a) 同じ総市場価値と (b) 同じ総利益率とをもつようになるまで続けられる．

　命題Ⅰが与えられるためには，命題Ⅱが，保たれねばならない．すなわち，それは，命題Ⅰとその他のMM仮説から数学的に解かれる．

　MMが，税金を導入したとき，負債コストの効果的な減少となり，しかも自己資本コストには影響を与えないので，平均資本コストは減少することになる．MMの理論的モデルは，企業体は負債だけを利用すべきであるという結論に導く．MMは，これが非合理的な結論であることを認め，自らは，いくつかの理由——第一義的には不本意ながらも債務資本を供給し続ける貸し手の側から——によって，ある目標とする水準まで企業体がレバレッジを制限していることを示すのである．

　MMの論文は，レバレッジの問題に関し，多大の学問的関心を刺激した．彼らの仮説が与えられると，彼らの理論的議論はまったく正しいものとなった．しかしながら，彼らの仮説は，非常に多くの問題があり，今日，MMの立場

を受け入れる権威者は少ない（ウェストン，ブリガムの考えによる）．

MM に対し使われる議論には，次のようなものがある．

① 破産のリスク[19]

営業リスクは，現実的意味においては，レバレッジの程度の関数である．ひとつあげれば，もしある企業体が，不況期に負債の負担を補填しきれなくなると，企業体は好況期にレバレッジの効果を達成するまで生き残れないであろう．また，倒産は高いコストをもち，これらのコストに耐えなければならない企業体の収益性は，レバレッジとともに上昇する．

② 個人のレバレッジ対企業体のレバレッジ

投資家は，個人のレバレッジと企業体のレバレッジとの間には関係がないということが議論されてきた．個人の破産の恐れは，企業体の負債よりも個人の方がより高い利子率にあり，すべて借り入れに対する制限は，企業体のレバレッジが個人のレバレッジよりも好ましいものであることを示している[20]．

③ レバレッジ問題に関する検証

資本コストに関するレバレッジ効果を検証するいくつかの経験的研究が行われてきた．大部分，これらの研究は，主要な独立変数として負債比率を，従属変数として資本コストの評価を利用することによって，複数の回帰モデルを含めて考えてきた．その他の独立変数は，また財務レバレッジ（financial leverage）以外の要因を一定に保つことを含めて考えてきた．まったくむつかしい問題は，資本コストに影響を与えるレバレッジ以外の要因を一定に保つ問題の第一義的な困難性によって，統計的研究のなかで出くわしてきた．これらの統計的問題のために，実証的研究は，この議論を解決できなかった．つりあい上，彼らは，図表10—5 (c) に示される折衷案の見解を微弱ではあるが支持をしているようである．

ウェストンなどが指摘する点のなかには，MM 理論の性格が必ずしも明確に理解されていない点もあると考えられる．それらの点については，新しい観点も含めて研究課題としておきたい．なお，レバレッジの議論に関して要約的

に整理すれば次のようになろう．すなわち，1958年以前，図表10—5 (a)で表されたような状況が存在していたという見解が一般的であったこと．MMは，税金を除けば，最適資本構成は存在しないことを強く提案した．税金のある場合に，(1)最小限の資本コストは100％の負債を要求することであり，(2)貸し手はある目標負債比率の水準でレバレッジを制限していることを提案した．J. F. ウェストン，E. F. ブリガムを含めて一般的見解は，MMの立場でもなく，伝統論の見解でもないものが正しいものとなっていることである．ここでむしろその真実は，両者の間のどこかにあるということである．すなわち，最適資本構成は存在するが，平均資本コスト曲線は比較的，レバレッジ比率のかなりの範囲まで平らであるということである．このようにして，企業体は，目標資本構成において資金調達計画をうちたてなければならない．しかし，この目標からの偏差は，あまりコストがかかるようにはみえないので，財務管理者は，資本市場の状態の利益をうけるために資金調達の組み合わせ（financing mix）を変更しうるのである．

　ところで，資本調達と資本コストに関し，できるだけ資本コストが低い点を経営者が求めていることは事実であろう．いわゆる最適資本構成の問題については，単に存在するとか存在しないという議論ではなく，もっと異なった要素も考慮したうえで検討してみることが必要であると考えられる．ただし，すでに指摘したように，企業体が最適資本構成をかなり強く目標としながら，経営行動している事実は否定できないように思われる．したがって，そのような事実をふまえたうえで，今後の精緻化した理論展開が期待されるのである．

3　資本調達に関する若干の考察

　以上にわたり，資本調達論に関し，経営学的見地より考察してきた．資本調達が経営財務の活動においてもっとも重要であるということには，異論はないと思われる．そして，「企業金融論的財務論」および「意思決定論的財務論」

におけるそれぞれの資本調達論は，その取り上げ方に大きな差異を示しながらも，それ自体を重要な領域として取り扱ってきたのである．この事実は，資本調達論が経営財務上，必要欠くべからざるものであり，経営財務の本質を明らかにする手掛かりを与えたものであるといってよい．経営財務の本質をこの資本調達論をもって検討を加えることに対しては，今，一層の分析化を必要とするであろう．つまり，それには，あらゆるタイプの財務論における資本調達論の統一的把握を要求されるであろうということである．

ここでは，実践経営学的アプローチを強調することによって，資本調達論を考えてきた．数多くの財務論が資本調達論を取り上げていこうとしていることについては注意しなければならない．しかしながら，その取り上げ方についてはかなりの差異を見出すことができるであろう．したがって，ここでは，実践経営学的アプローチを明確にすることによって，経営財務における資本調達論が一層，明確にされうるものであると考えてみたいのである．

さて，資本調達論は，「企業金融論的財務論」においては，その制度的題材の記述的分析に主眼点がおかれた．資本調達に関連する制度的諸問題の記述は，それが今日の社会における経営体においても，新しい意味をもっている．つまり，経営体の新たな発展過程のなかで，資本調達に関する新しく充実した説明が必要となるのである．株式，社債，転換社債，優先株などにおける基本的な性格が変わらずといえども，新しく変化する環境のなかでの経営体にとっては，自ら，それらの新しい理論づけが必要であり，新しい原理が要求されているのである．企業金融論的財務論で展開されてきた資本調達論は，単に古い過去の産物としての意味しかもっていないのではなくて，新しい問題を常に考え，環境の変化に対応して展開を試みてきているところに大きな意味を有しているといえよう．最近における経営体の国際化の過程における資本調達論は，まさにそのような点をふまえたものであるといわなければならない．

一方，「意思決定論的財務論」における資本調達論は，その展開方法としては，分析的視角に基づくものであり，資本調達の理論的側面を強調し展開した

ものであった．意思決定論的財務論は，一般には，「企業体の現在価値の極大化」という目標のなかで，資本調達論の分析理論を構築しようとしてきたのである．資本調達に関する諸問題は，最近の経営体においては，階層的にみて，管理者のレベルから経営者のレベルへ移行しているものも多い．つまり，資本調達論は，経営者の財務的意思決定過程と密接な関連をもってきているのである．つまり，そういった意味で，意思決定の観点から資本調達を分析的に取り扱うところの意思決定論的財務論は，有用なものとして取り入れていく必要があると思われる．こういった資本調達論の展開は，経営者の意思決定に大きな武器を与えることになろう．経営環境の変化は，経営財務の領域に対し新しい理論化を余儀なくさせているのである．

　最後に，資本調達論は，それ自体のなかにおける展開に対し，それを実践経営学的観点から，整理をしてみることが必要であると思われる．経営財務における資本調達論としては，単に経済学的理論あるいは社会学的理論の発展として考えるのでは不十分であり，実践経営学的観点からの積極的な展開によってはじめて充実した実践原理が生まれてくるものであると考えたい．経営学と異質な領域の発見から，経営財務における資本調達論の展開があるのではなくて，経営学的研究の発展のなかに，資本調達論の展開があるのである．

注）
1) Guthmann, H. G. & H. E. Dougall (1962) *Corporate Financial Policy*, 4th ed., Prentice-Hall, p.130.
2) Donaldson, E. F. & J. K. Pfahl (1963) *Corporate Finance*, 2nd ed., New York, The Ronald Press, pp.84-88.
3) 主として，次のものを参考にして展開している．
　Guthmann & Dougall, *op. cit.*, pp.141-145.
　Donaldson & Pfahl, *op. cit.*, pp.92-95.
4) Guthmann & Dougall, *op. cit.*, p.143.
5) Husband, W. H. & J. C. Dockeray (1972) *Modern Corporation Finance*, 7th ed., Irwin, p.62.
6) 企業価値研究会（2007）「上場会社による種類株式の発行に関する提言」

(http://www.meti.go.jp/policy/economy/keiei_innovation/keizaihousei/pdf/joujouteigen2.pdf)
7）フランスでは一定期間株式を継続保有した場合に議決権が2倍になる多議決権株式が認められている．
8）Guthmann & Dougall, *op. cit.*, pp.163-164.
9）Husband & Dockeray, *op. cit.*, p.87.
10）Guthmann, H. G. & H. E. Dougall, *op. cit.*, pp.171-176.
11）*Ibid.*, pp.177-182.
12）この点については，次の論文を参照されたい．
　　山城章（1952）「資本の自・他性」『会計』第61巻第3号（昭和27）森山書店）pp.43-59.
　　山城教授の「企業体制論」については，次の文献を参照されたい．
　　山城章（1961）『現代の企業』森山書店．
13）三菱総合研究所（2013）「国内外のメザニン・ファイナンスの実態調査」．
　　(http://www.meti.go.jp/meti_lib/report/2013fy/E002426.pdf)
14）Weston, J. F. and E. F. Brigham (1972) *Managerial Finance*, 4th ed., Holt, Rinehart and Winston, pp.249-253.
15）伝統的立場としてJ. F. ウェストン，E. F. ブリガムやE. ソロモンの主張を考えることができる．これに対しF. モジリアーニ，M. H. ミラーの主張があるところは周知の通りである．
16）ここでいう「最適」とは，加重平均資本コストを最小にする資本構成として定義される．
17）Weston & Brigham, *op. cit.*, pp.337-339.
18）Modigliani, F. & M. H. Miller (1958) "The Cost of Capital Corporation Finance, & the Theory of Investment," *American Economic Review*, XLVIII, pp.261-297.
　　Modigliani, F. & M. H. Miller (1963) "Corporate Income Taxes and the Cost of Capital: A Correction," *American Economic Review*, LIII, pp.433-443.
19）Baxter, N. D. (1967) "Leverage, Risk of Ruin, and the Cost of Capital," *Journal of Finance*, XXII, pp.395-404.
20）Durand, D. (1959) "The Cost of Capital, Corporation Finance, and the Theory of Investment: Comment," *American Economic Review*, XLIX, pp.639-655.

参考文献

江頭憲治郎・小早川光郎・西田典之・高橋宏志・能見善久（2010）『六法全書　平成22年版Ⅱ』有斐閣．

第11章　企業価値評価

簿価・時価
清算価値
配当割引モデル
定成長配当割引モデル
投資機会

企業価値（株式価値）は経営を永続する企業としての価値，すなわち予想される将来のキャッシュ・フローの現在価値である．企業価値に関する情報は財務諸表，上場企業ならば株式市場からも観察できる．貸借対照表の総資産と負債の金額から企業の会計上の資産価値を知ることができ，株価はリアルタイムで公表されている．株価に企業が発行した株式の総数をかけると，企業の時価総額となる．これらの情報がどのように企業価値を反映しているのか，これを分析するためには，企業価値の評価理論を理解する必要がある．企業価値の評価理論は，株式投資のみではなく，企業経営の基本を理解するにも不可欠である．本章では，企業価値を理解するための基本概念，評価モデルについて説明する．

1　貸借対照表上の企業価値

　貸借対照表に示されている総資産から負債を引くと純資産となる．純資産は帳簿上で株主が所有する資産の価値を表すことから，簿価とよばれる．簿価を発行済株数で割ると1株当たりの純資産となる．簿価は資産の取得原価費用から減価償却費を差し引いて算出されるものであるから，資産の実勢価格を反映したものではない．他方，株式市場で観察される株価に発行済株数をかけると時価総額となり，時価とよばれる．時価は現在時点の資産と負債価値の差を測定するもので，企業の市場価値であり，経営を継続する企業の実態を反映するものである．従って，時価と簿価が合致することはまれである．時価と簿価の関係を表す指標として，株価と1株純資産の比である株価純資産倍率（price book-value ratio：PBR）が一般に利用されている．株価純資産倍率が1より大の場合が多いが，1より小の場合も珍しくない．簿価は資産の実勢価格で計測されたものではないことから，企業価値の下限にはならない．

　清算価値が企業価値の下支えの要因となる．清算価値は，企業が清算されたとき，すなわち，すべての資産を実勢価格で売却し，負債を返済した後に，株

主に分配できる残余資産の金額である．この観点から，時価総額が清算価値を下回った場合，当該企業は買収の標的になる．ただし，残余資産が負（負債額が資産売却額を上回る）になった場合は，法律上，株主にその差額を請求されることはない．このときに，企業価値はゼロとみなされる．このことは株価が負にならないことを保証している．

貸借対照表に基づくもうひとつの企業評価の考え方は，同様な会社を複製する場合，資産の再取得費用に注目することである．この考え方に従うと，株式の時価総額はその会社の資産の再取得費用を長期的に大きく超えることはない．なぜなら，その反対のことが生じるのであれば，競合関係にある企業が同様の会社を作り，新規参入する．このような会社が多数できると，競争が激化し，株式の時価総額が資産の置き換え費用までに下がるはずである．この考え方は，多くの経済学者に支持され，提唱者ジェームス・トービンの名にちなんで，株式の時価総額と資産の再取得費用の比がトービンのqとよばれている．この理論によれば，株式の時価総額と資産の再取得費用の比は長期的には1に収斂する．しかし，多くの実証研究の結果は，この理論に反し，非常に長期間にわたって，この比率は1より大きくなる．このような結果になる理由は簡単で，トービンの理論は企業の経営活動を考慮していないからである．

以上の議論でわかるように，貸借対照表による分析は，企業の清算価値や資産の再取得費用を知ることには有益であるが，企業価値を推定することはできない．経営を継続する企業としての企業価値を推定するには，予想される将来のキャッシュ・フローの分析をしなければならない．

2　株式の市場価格

株式投資の意思決定は，投資家が株式の現金配当と株価の変化を予測し，その株式に投資した場合に期待（予想）される投資収益率を推測することから始まる．たとえば，A社の株式を1年間保有するとし，投資家が予想する1年後

1株の配当 $E(D_1)$ が5円，株価 $E(P_1)$ が110円であるとしよう．現在の株価 P_0 が100円である場合，投資家が予想する保有期間収益率 $E(r_1)$ は，$E(D_1)$ に株価の変化分 $E(P_1)-P_0$ を加え，それを現在の株価 P_0 で除したものである．

$$E(r_1) = \frac{E(D_1)+[E(P_1)-P_0]}{P_0} = \frac{5+[110-100]}{100} = 0.15 = 15\%$$

ここでの $E(\ )$ は予想値であることを表す．上の式から，$E(r)$ は予想配当利回り $E(D_1)/P_0$ と，予想株価変化率（キャピタル・ゲイン利回り）$[E(P_1)-P_0]/P_0$ の和であることがわかる．

他方，株式の要求収益率 k は，資本市場評価モデル（CAPM）によると，無リスク金利 r_f に $\beta[E(r_M)-r_f]$ を加えたものである．ここで，$E(r_M)$ はリスク資産の市場ポートフォリオの期待収益率で，$[E(r_M)-r_f]$ は市場ポートフォリオの超過収益率（リスク・プレミアム），β は市場ポートフォリオのリスクの尺度を1としたときの個別資産の相対的なリスクの尺度である．従って，$\beta[E(r_M)-r_f]$ は市場ポートフォリオを基準とした個別のリスク資産の超過収益率であり，要求収益率 k はリスク調整後の収益率とも呼ばれる．いま，無リスク金利 $r_f=6\%$，A社の $\beta=1.2$，$E(r_M)-r_f=5\%$ であると，要求収益率 k は次のようになる．

$$k = 6\% + 1.2 \times 5\% = 12\%$$

この結果は，A社の株式の予想収益率 $E(r_1)$ が要求収益率を3％上回ることになる．このことは市場ポートフォリオに投資する受動的投資戦略をとることよりもA社の株式に投資した方が期待収益率が高くなる（A社の株式が割安である）ことを意味する．当然，市場ポートフォリオを買うよりも，A社の株式を買った方が有利となる．そう考える投資家はA社の株式に多くの買い注文を出し，株価は上昇する．では，A社の株価がいくらなら妥当であるのか．

金融資産の本質価値は投資家が受け取るすべての収入の期待現在価値である．ここでは，A社の株式の本質価値は1年後の予想配当 $E(D_1)$ および株式売却による収入 $E(P_1)$ をリスク調整後の収益率 k で割り引いたものである．A社の

株式の本質価値 V_0 は次のようになる．

$$V_0 = \frac{E(D_1)+E(P_1)}{1+k} = \frac{5+110}{1+0.12} = 102.68$$

本質価値は投資家が推定した株式の実質価値であり，これが市場価値より高ければ，その株式が割安で，よい投資先と考える．ここではA社の株式の市場価格が102.68円に上昇し，市場ポートフォリオに投資することと，A社の株式に投資することが無差別になる．このような状態は均衡状態といい，市場が均衡状態にあるとき，株式の市場価格はすべての市場参加者が推定する本質価値と一致する．すなわち，株価 P_0 が本質価値 V_0 と等しくなり，保有期間収益率 $E(r_1)$ が要求収益率 k と等しくなる．

3　配当割引モデル

B社の株式を1年間保有するとしよう．この株式の本質価値は1年後の予想配当 $E(D_1)$ と予想売却価格 $E(P_1)$ の和の現在価値に等しい．しかし，1年後の配当と株式価格が不確実であるため，これは確実な値でなく予想に基づくものである．前節で示したように，次の関係が成り立つ（表現の簡略化のため，予想値を表す $E(\ )$ は省略）．

$$V_0 = \frac{D_1+P_1}{1+k} \quad\cdots\cdots\cdots\cdots\cdots\cdots\cdots\cdots\cdots\cdots\cdots\cdots\cdots\cdots\cdots\cdots\cdots\cdots\cdots\cdots\cdots [11.1]$$

1年後の配当はB社の過去の配当と現在の状況から推測可能であるが，1年後の株価 P_1 を予測するのは簡単ではない．ここで，1年後の本質価格を求めることにする．〔11.1〕式により，1年後の本質価値は次のようになる．

$$V_1 = \frac{D_2+P_2}{1+k}$$

2節で述べたように，均衡市場では株価と本質価値が等しくなるので，1年後の株価がその時点の本質価値に等しいとすれば，$V_1 = P_1$ となり，これを

〔11.1〕式に代入すると，株式の本質価値は次のようになる．

$$V_0 = \frac{D_1 + \frac{D_2 + P_2}{1+k}}{1+k} = \frac{D_1}{1+k} + \frac{D_2 + P_2}{(1+k)^2}$$

この式は，保有期間が2年の場合の配当と2年後の株式売却による収入の現在価値となっている．同様に，2年後の株価 $P_2 = V_2 = (D_3 + P_3)/(1+k)$ とすることができ，保有期間3年の場合の投資収入の現在価値が求められる．

$$V_0 = \frac{D_1}{1+k} + \frac{D_2}{(1+k)^2} + \frac{D_3 + P_3}{(1+k)^3}$$

企業の経営活動が永続すると考え，同様な操作を繰り返すと，株式の本質価値は次のようになる（∞は無限大を表す）．

$$V_0 = \frac{D_1}{1+k} + \frac{D_2}{(1+k)^2} + \frac{D_3}{(1+k)^3} + \cdots\cdots + \frac{D_\infty}{(1+k)^\infty} \quad\quad\cdots\cdots\cdots\cdots\cdots〔11.2〕$$

〔11.2〕式は，株価は将来永久に得られるすべての配当の現在価値に等しいことを示している．この式は株価の配当割引モデル（discounted-dividend model：DDM）とよばれるものである．配当割引モデルは将来の配当のみに注目し，株価の上昇によるキャピタル・ゲインを考慮していないようにみえるが，上の〔11.2〕式の導出過程の説明でわかるように将来の株価を反映したものである．企業価値は株主が受け取る将来のキャッシュ・フローの現在価値にほかならず，配当割引モデルは企業価値を理解するための唯一正しい考え方である．

4 定成長配当割引モデル

配当割引モデルでは将来の各時点での配当を無限期間にわたって予想しなければならないことから，これを直接に利用することは現実的ではない．ここで，B社の配当が一定の率 g で増加していくと予想しよう．この前提をもとに，仮に，$g = 5\%$ として，直近の配当 $D_0 = 5$ 円であったとすると，

1年後の配当は $D_1 = D_0(1+g) = 5 \times (1+0.05) = 5.25$
2年後の配当は $D_2 = D_1(1+g) = D_0(1+g)(1+g) = D_0(1+g)^2$
$= 5 \times (1+0.05)^2 = 5.5125$
3年後の配当は $D_3 = D_2(1+g) = D_0(1+g)^3 = 5 \times (1+0.05)^3 = 5.788125$

となり，将来のすべての期待配当を予測することができる．

これらの配当計算式を〔11.2〕式に代入すると，株式の本質価値は次のようになる．

$$V_0 = \frac{D_0(1+g)}{1+k} + \frac{D_0(1+g)^2}{(1+k)^2} + \frac{D_0(1+g)^3}{(1+k)^3} + \cdots\cdots + \frac{D_0(1+g)^\infty}{(1+k)^\infty} \cdots\cdots\cdots 〔11.3〕$$

これでも無限個の和であるため計算できないが，実はこの式を次のように単純化できる．[1]

$$V_0 = \frac{D_0(1+g)}{k-g} = \frac{D_1}{k-g} \cdots\cdots\cdots\cdots\cdots\cdots\cdots\cdots\cdots\cdots\cdots\cdots〔11.4〕$$

この操作により，株式の本質価値は1年後の配当 D_1 を $k-g$ で割ることで簡単に求めることができる．B社の要求収益率 $k=15\%$ とすると，B社株式の本質価値は次のように求められる．

$$\frac{5.25}{0.15-0.05} = 52.5 \text{円}$$

〔11.4〕式は定成長配当割引モデルとよばれている．定成長配当割引モデルを用いると，株価を大きくする要因が非常に理解しやすくなる．株価は予想配当が大きい，配当の成長率が高い，要求収益率が低いときに大きくなる．

定成長配当割引モデルで成長率 g がゼロであると，株価が $P_0 = D_1/k$ となり，クーポンが D_1 の永久債と同じ価値をもつ．定成長配当割引モデルは g が k より小さいときのみ成立する．g が k に近づくにつれ株価は巨大なものになり，従って，g が k に等しいもしくは大きい（配当が k よりも高い率で成長していく）と，株価は無限大になる．このことは現実には不可能である．このような場合は，高成長を数年間続けた後，成長率が段階的に落ちて，g が k より小さくな

り安定成長していくと考え，各段階で評価したものを足し合わせることより評価できる．また，現在無配の企業を評価する際，このモデルを直接に利用できないが，数年後から配当を始めるとして，配当開始時の株価を計算し，さらにその現在価値を求めればよい．成長率と株価の関係については次節で詳しく検討する．

定成長配当割引モデルでは1年後の株価が次のように表される．

$$P_1 = \frac{D_2}{k-g}$$

$D_2 = D_1(1+g)$であるから，1年後の株価を次のように置き換えることができる．

$$P_1 = \frac{D_2}{k-g} = \frac{D_1(1+g)}{k-g} = P_0(1+g)$$

このことは定成長配当割引モデルでは株価も配当と同率で増加していくことを意味する．キャピタル・ゲイン率は，

$$\frac{P_1 - P_0}{P_0} = \frac{P_0(1+g) - P_0}{P_0} = g$$

となり，配当の成長率に等しい．市場が均衡状態にあるとき，保有期間収益率が次のように求められる．

$$E(r_1) = \frac{D_1 + (P_1 - P_0)}{P_0} = \frac{D_1}{P_0} + \frac{P_1 - P_0}{P_0} = \frac{D_1}{P_0} + g = k$$

したがって，定成長配当割引モデルでは配当利回りD_1/P_0を計算し，成長率を推定すると，要求収益率を求めることができる．

5　投資機会と企業価値

配当の成長率が企業価値に大きく影響することをみてきたが，成長の源泉は何処にあるのか．成長の源泉は新しい投資により生み出される将来利益にほか

ならない．配当のみではなく，投資機会による将来利益に注目することにより，企業活動そのものを評価することができる．この節では，新たに外部資金を利用することなく，企業が利益の一部を再投資することにより成長を図る戦略をみていく．[2]

t 期の利益を E_t，利益のうち再投資に回す金額を I_t で表すと，配当 D_t は次のようになる．

$$D_t = E_t - I_t$$

再投資金額 I_t は内部留保とも呼ばれ，再投資金額と利益の比率 $b_t = I_t/E_t$ は内部留保率と呼ばれる．配当金額と利益の比率 $D_t/E_t = (E_t - I_t)/E_t = 1 - b_t$ は配当性向と呼ばれる．これらの比率をどうするかの意思決定は配当政策という．配当政策を考慮した株価は次のようになる．

$$P_0 = \sum_{t=1}^{\infty} \frac{D_t}{(1+k)^t} = \sum_{t=1}^{\infty} \frac{E_t}{(1+k)^t} - \sum_{t=1}^{\infty} \frac{I_t}{(1+k)^t}$$

ここで，$\sum_{t=1}^{\infty} x_t = x_1 + x_2 + \cdots + x_\infty$ は無限個の数値の和を表している．この場合，企業価値は将来利益の現在価値ではなく，将来利益の現在価値から将来投資費用の現在価値を引いたものとなる．配当政策がどのように企業価値に影響を与えるのか詳しくみてみよう．

単純化のため，いったん決めた内部留保率を変えないと仮定し，これを b で表す．利益の成長率は定義から $g = \Delta E/E$ である．ここで，ΔE は新規投資による収益の増加分である．さらに成長率は次のように表すことができる．

$$g = \frac{I}{E} \times \frac{\Delta E}{I} = b \times r$$

ここで，$r = \Delta E/I$ は新規投資の収益率を表す．したがって，成長率は内部留保率と新規投資の収益率の積である．直感的に，内部留保率と新規投資収益率が高いほど成長率が高くなり，将来の配当と株価も早く増大していくことがわかる．このことをみるため，例を使ってみてみよう．

C 社の 1 年後の 1 株の収益が 6 円になるとしよう．配当政策として，すべて

図表 11―1　成長戦略と将来配当の成長

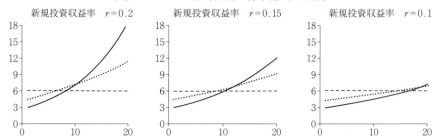

注）横軸は現在からの年数，縦軸は将来の配当額を表す．グラフの破線は $b=0$，点線は $b=0.25$，実線は $b=0.5$ の場合の配当額を示している．

の利益を配当，4分の3を配当，半分を配当する3つの選択肢を考える．すなわち，内部留保率を0，0.25，0.5の場合を考える．新規投資プロジェクトとして，収益率が20％，15％，10％の3種類を選択できるとしよう．それぞれの新規投資プロジェクトを選択した場合の将来配当の変化を示したのが図表11―1である．この図表から以下のことが読み取れる．すべての利益を配当した場合，将来の配当は現在と同水準で推移し，成長しない．内部留保率が大きいほど，1年後の配当が小さくなるが，その後は内部留保率が小さい場合より速く増加し，ある時点から内部留保率が小さい場合の配当を超える．また，内部留保率が同じであっても，新規投資収益率が大きい場合，配当がより速く増加していく．

C社の要求収益率を15％として，それぞれの新規投資を選択した場合の株価の変化を示したのは図表11―2である．すべての利益を配当する場合，現在の株価は $P_0=E_1/k=6/0.15=40$ 円，将来の株価も永久に40円となる．利益の25％を投資収益率20％のプロジェクトに投資し続けた場合の株価は，

$$P_0 = \frac{E_1(1-b)}{k-br} = \frac{6 \times 0.75}{0.15 - 0.25 \times 0.2} = \frac{4.5}{0.15 - 0.05} = 45 \text{ 円}$$

となる．再投資しない場合の株価より5円高くなっている．この5円は将来の再投資の正味現在価値であり，この金額だけ企業価値を増加させたのである．

図表11－2　成長戦略と株価

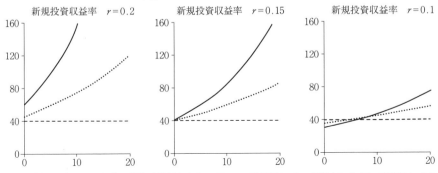

注）横軸は現在からの年数，縦軸は株価を表す．グラフの破線は b=0，点線は b=0.25，実線は b=0.5 の場合の株価を示している．

再投資の正味現在価値は成長機会の現在価値（Present Value of Growth Opportunities: PVGO）と呼ばれる．したがって，株価は成長しない場合の価値と成長機会の現在価値の和となる．

$$P_0 = \frac{E_1}{k} + PVGO$$

この場合の配当成長率が $g=5\%$ となるから，将来の株価も毎年5％で増大していく．利益の50％を投資し続けた場合，現在の株価が60円になり，再投資しない場合の株価よりさらに高くなる．しかし，投資収益率が15％のプロジェクトに再投資し続けた場合，株価は次のようになる．

$$P_0 = \frac{6 \times 0.75}{0.15 - 0.25 \times 0.15} = \frac{4.5}{0.15 - 0.0375} = 40 \text{ 円}$$

$$P_0 = \frac{6 \times 0.5}{0.15 - 0.5 \times 0.15} = \frac{3}{0.15 - 0.075} = 40 \text{ 円}$$

再投資率にかかわらず，株価はいずれも40円である．株価は再投資しない場合とまったく同じであり，成長機会の現在価値はゼロであることを意味する．この場合の新規投資プロジェクトの収益率と企業に対する要求収益率が等しいので，成長による価値の増加分は配当の減少により相殺されたと考えることができる．将来の株価は増加するが，これは株主が利益の一部を企業に預け，代

わりに成長しない場合と同じ企業規模の拡大分が株価に反映されるだけである．新規投資収益率が 10% の場合，株価は次のようになる．

$$P_0 = \frac{6 \times 0.75}{0.15 - 0.25 \times 0.10} = \frac{4.5}{0.15 - 0.025} = 36 \text{ 円}$$

$$P_0 = \frac{6 \times 0.5}{0.15 - 0.5 \times 0.10} = \frac{3}{0.15 - 0.05} = 30 \text{ 円}$$

いずれも成長戦略をとらない場合の株価よりも低くなっているので，成長機会の現在価値が負になっていることを意味する．

　成長戦略と企業価値の関係をもう少し詳しくみてみることにしよう．株価について以下の関係式が成り立つ．

$$P_0 = \frac{E_1(1-b)}{k-br} = \frac{E_1}{k} + PVGO$$

この関係式から成長機会の現在価値を求めると以下のようになる．

$$PVGO = \frac{E_1}{k-br} \frac{b}{k}(r-k)$$

この式から，新規投資収益率が要求収益率を超える（$r-k>0$）場合，成長機会の現在価値が正となることがわかる．この場合には配当を減らして，内部留保率 b をあげることで成長機会の現在価値が増加し，企業価値が大きくなる．逆に，新規投資収益率が要求収益率と等しいもしくは下回る（$r-k \leq 0$）場合，成長機会の現在価値がゼロもしくは負になってしまう．この場合，利益の一部を再投資しても，企業規模は大きくなるが，株主の富を毀損することになる．成熟もしくは衰退産業にある企業が従来通りの投資を続けるのがこのような状況に当たる．従って，新しい事業を開拓し投資収益率が要求収益率を上回るプロジェクトを創出するか，すべての利益を配当するのが正しい経営の意思決定となる．

　定成長配当割引モデルは複雑な企業価値評価を大変シンプルなものにしているが，配当政策や新規投資プロジェクトの選択など経営の意思決定と企業価値

の関係を明確に示している．また，企業価値をあげるための経営者の意思決定の基本を理解することにも大変有益である．

6 結　び

2節で述べたように，株価は株式市場の取引で決められる．企業価値を知りたければ，新聞やインターネットで調べればわかる．しかし，このことは常に可能とは限らない．たとえば，これから株式公開（上場）する企業の株価はいくらなら妥当であろうかという問題に直面する．この場合，企業価値評価モデルは基準となる株価を推定するのに役に立つ．また，企業価値評価モデルはなぜある企業の株式が今のような価格で取引されているか，あるいは同業種の企業同士の株価がなぜ異なるのかを理解する上で有益である．さらに，経営者が株式の評価を知らなければ，株主の持ち分の価値を増大させるための効率的な投資の意思決定ができない．ただし，企業価値評価モデルは将来の株価を予測することはできない．将来の株価は予測できないことを理解しおく必要がある．

注）
1）〔11.3〕式の両辺に $(1+k)/(1+g)$ をかけると次のようになる．
$$\frac{1+k}{1+g}V_0 = D_0 + \frac{D_0(1+g)}{1+k} + \frac{D_0(1+g)^2}{(1+k)^2} + \cdots\cdots + \frac{D_0(1+g)^\infty}{(1+k)^\infty}$$
これから〔11.3〕式を引くと，次の式を得られる．
$$\left(\frac{1+k}{1+g}-1\right)V_0 = D_0$$
上の式の左辺括弧内の2つの項を整理すると $(k-g)/(1+g)$ となり，上の式をこれで割ると次の式が得られる．
$$V_0 = D_0 \frac{1+g}{k-g}$$
2）新規に株式を発行し，調達した資金で投資する場合も，分析はやや複雑になるが，基本的な考え方は同様である．

参考文献

ボディ, Z.・R. C. マートン・D. L. クリートン著，大前恵一朗訳（2011）『現代ファイナンス論─意思決定のための理論と実践─原著第2版』ピアソン．

ボディー, Z.・A. ケイン・A. マーカス著，平木多賀人ほか訳（2010）『インベストメント　第8版（上，下）』日本経済新聞出版社．

バーグ, J.・P. ディマーゾ著，久保田敬一ほか訳（2011）『コーポレートファイナンス：入門編　第2版』ピアソン．

第 12 章　ペイアウト政策

対境財務　株価極大化

目標配当性向

株式持ち合い

自己株式取得

1 経営体と株主

1—1. 企業体と経営体

本章では，配当政策を経営学的に考察するうえで，まず経営体と株主との関係について若干の問題点を明らかにしたい．

最初に，今日の会社は企業体制の発展過程のなかで展開されてきたものであり，それを「企業体」あるいは「経営体」¹⁾²⁾として考えてみたい．この場合，資本的企業から現代経営体への展開が重要である．そこでの主体者は，所有者から経営者への展開がみられることになる（図表12—1参照）³⁾．そして，図表12—1からも明らかなように現代における経営体は行動主体をもつと同時に，独自の目標をもって行動する組織体である．つまり経営体は主体的役割をもち，独自の目標に向かって行動するところにその特色を見出すのである．

このようにして，企業体制発展過程のなかでの「現代経営体」が主体的役割を果たすことになり，その「経営体」の立場から経営財務を考え，展開するわけである．それは，ここでいう筆者の経営学的立場にほかならない．また，現代における経営財務の問題としては，新しい意味での対環境の問題を含んだものを展開しなければならない．この場合，経営体と環境との関係は，図表12—2で示すように，経営体と環境主体との関係でみることが適切である⁴⁾．これは，経営主体と環境主体との主体的関係のなかでの検討であり，それは，いわゆる「対境関係」を意味し，対境財務であるということができる．

以上のことは，環境が従来から一部で考えられてきたような経営体にとっての単なる制約要因として考えることでは不十分であることを意味している．環境もまた，主体的な行動原理が存在しうると考えてみる見方が必要である．現在における経営体に課せられた役割としては，環境主体（この場合，株主集団）に対し，積極的に働きかけ，自己の目標に向かって行動することにあると考える．経営体と環境主体との積極的な接触によって，経営体と環境主体（株主集

図表12—1　企業体制の発展

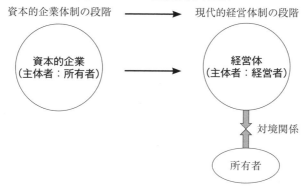

出所）筆者作成

図表12—2　経営体と環境主体との関係

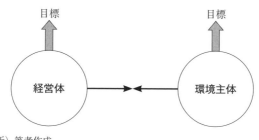

出所）筆者作成

団）の問題を解決する原理がつくりだされ，そこに新しい枠組みが構築されるものであると考えたい．

1—2．経営体と株主主体

　配当政策は経営体が稼得した利益を株主にどれだけ支払うか，換言すれば，経営体への留保部分と株主への配当部分をどのような基準でもって決定するかの問題である．この場合，経営体・経営者の主体的立場から株主をどのように規定するかが問題である．株主には大株主もおり，一般の中・小株主も存在する．筆者は，資本市場，具体的には主として証券市場で展開されるそれぞれの行動原理が株主全体としての行動原理に結びついているものであると考え，経

営学的には，株主集団を共通の目標をもつひとつの環境主体として考えてみたい．なお，大株主については，経営体に別の影響を与えるものであり，新たな環境主体としてそれを規定することができよう．配当政策は，経営体からみた対株主集団（環境主体）への活動であると定義づけることができ，そのようにみたときに，ここでいう経営学的意味が存することになる．

一方，経営体の目標（経営目標）は，「経営体の維持・発展」であると考えられる．この場合，これを「経営体の持続・成長」といいかえることもできる．これらは，いずれも，理念としての経営目標であることに注意されたい．他方，株主主体の目標は，「株主の富の極大化」であると考えられる．この場合，経営財務でよく使用されてきている「株価極大化」の原理と，それらはどのような関係にあるのか．結論的には，経営財務目標としての「株価極大化」は，経営体の目標および株主主体の目標を二次的に支える共通の原理として現在，もっとも合理的なものであると考えたい．「株価極大化が有効な経営財務目標である」と設定する最大の理由は，意思決定ルールを打ち立てるうえで合理的な経営活動目標であるからである．[6]

1—3．アメリカにおける株価極大化論

株価極大化をひとつの原理としてベースにおいているアメリカでは，その点に関し，どのような考え方がとられているのであろうか．ブリガムの見解からその問題に接近してみよう．[7]

株主は，会社を所有しており，経営集団を選任する．代わって経営者は株主の最大の利益に対し経営活動するよう仮定されている．しかしながら，多くの大会社の株式は幅広く分散されているので，そういった会社の経営者は，強い自主性をもっていることが知られている．これが一般的事例であるとすれば，経営者は，株主の富の極大化以外の目標を追求することはないのであろうか．たとえば，あるものは大型で十分，確立した会社の経営者は，公正で「合理的」な水準に株主の利益を維持し，公共サービス活動，従業員福祉，高い経営者報酬に対し，助力と資源の一部を献げるよう働いていると論じている．同様

に，確立した経営者は，株主に対する利益がその仕事をなすのに十分，高い可能性があるときでさえも，リスクのある事業を避けるのである．この議論の背後にある理論は，株主は一般に多くの異なった株式のポートフォリオを保持することによって分散化されており，もしひとつの会社が損失をうけるとしても，株主は，自分の富の一部分のみを失うにすぎない，ということである．一方，経営者は分散化されえないので，失敗は彼らに重大な影響を与えることになる．したがって，あるものは，会社の経営者が，積極的に，会社の株式の価格を極大化することを求めるよりはむしろ，「安全に仕事を遂行する」傾向にある，と主張している[8]．

　ある経営者集団が株主の富を極大化しようとしているのか，単に他の目標を追求する一方で株主を満足させようとしているのかどうかを決定することは非常に困難である．たとえば，自発的に行う従業員とか地域社会への給付プロジェクトが長期的に株主の最善の利益になるかどうかをどのように述べることができようか．比較的高い経営者報酬は，競争に打ち勝って会社を維持する優れた経営者を魅力的にしたり，制止したりするのに必要となっているのであろうか．リスクのある事業が拒否されるとき，そのことは経営者の保守主義の反映であろうか，あるいは，それは，事業のリスク対予想報酬に関する正しい判断であろうか．これらの質問に対する明確な答えをえることは不可能である．いくつかの研究は，経営者が必ずしも株主志向ではないことを示唆したが，調査結果ははっきりしていないのである．会社の業績に経営者報酬を結びつけている会社はますます多いことは事実であり，調査研究は，このことが，株価極大化と矛盾しない方法で経営活動するよう経営者に動機づけていることを示している[9]．加えて，最近においては，乗っ取り（テンダー・オファー）や委任状闘争が多くの確立した経営者を解雇してきたのである[10]．このような行動が生ずるという認識は，多くの他の会社に対し株価を極大化するよう刺激を与えたであろう．最後に，競争市場で経営活動している会社あるいは景気後退での多くのほとんどの会社は，株主の富の極大化と合理的に矛盾しない経営活動をなすこ

とを強いられるであろう．このようにして，経営者が株価の極大化に加えて他の目標をもつとしても，この株価極大化を多くの会社の支配的目標としてみなす理由があるといえる．[11]

　会社の経営者集団が株価を極大化することを実際に追求していると仮定すれば，経営者集団はどういうタイプの経営活動をなすべきか．最初に株価対利潤の問題，すなわち利潤の極大化は株価の極大化を生ずることになるのかを考えてみよう．この質問に答えるために，われわれは会社の利潤総額対1株当たりの利益の問題を分析しなければならない．ある会社が株式を売ることによって資本調達し，それから政府債にその調達額を投資すると仮定してみよう．利潤総額は上昇するであろうが，さらに多くの株式が発行済みとなるであろう．1株当たりの利益は，各株式価値，したがって現在の株主の富を下落させながら，おそらく減少するであろう．このように，利潤が重要であるという点で，経営者は会社の利潤総額よりはむしろ1株当たりの利益に関心を払わなければならない．1株当たりの利益の極大化は株主の富を極大化するであろうか．あるいは他の要因が考えられるであろうか．利益のタイミシグを考えてみよう．あるプロジェクトは，5年間，1年につき0.20ドル，つまり総額で1ドルだけ上昇させる1株の利益をもつと仮定し，他方では，もうひとつのプロジェクトは，4年間は利益の効果がないが，5年目に1.25ドルだけ利益を増大させると仮定してみなさい．どちらのプロジェクトがより適切であるか．その答えは，どちらのプロジェクトが最大限に株式の価値をつけ加えることになるかに依存する．そして次に，これは，投資家に対する貨幣の時間価値に依存する．どんな事象においても，タイミングは，単なる利益よりはむしろ株価によって測定される富に依存するための重要な理由となっているのである．[12]

　別の論点はリスク（risk）に関連したものである．あるプロジェクトは，1ドルだけ1株当たり利益を増大させると期待され，他方のプロジェクトは1株当たり1.20ドルだけ利益を上昇させると期待されていると仮定してみなさい．最初のプロジェクトはリスクはほとんどない．もし，それが引き受けられると，

利益は確実に1株当たり約1ドルだけ上昇するであろう．もうひとつのプロジェクトはかなりリスクがあり，最大限の推定では，利益が1株当たり1.20ドルだけ上昇するであろうということであり，そこまで増大しないかもしれない可能性を認識しなければならない．1株当たりの予想利益に伴うリスク度は，その会社がいかにして資金調達されるかに依存している．われわれが理解しているように，比較的多くの債務利用をなしている会社は，より大きな倒産（bankruptcy）の危険に直面している．結果的には，債務による資金調達が1株当たりの予想利益を増大させる一方，債務はまた，これらのプロジェクトの利益のリスク度を増大させるのである．[13]

もうひとつの論点は，株主への配当支払い対留保利益すなわち留保利益を会社に再投資したり，それによって利益の流れを時間の経過につれて成長させる問題である．株主は現金配当を好むが，会社に利益を再投資したことから生ずる1株当たり利益の成長をも好むのである．財務管理者は，当期の利益のうちどのくらいの額を留保額すなわち再投資額に比較して配当として払うべきかを，正確に決定しなければならない．これは，配当政策決定（dividend policy decision）と呼ばれる．[14]

つまり，株価極大化への配当政策決定の影響を考えることになる．換言すれば，アメリカ経営財務研究のなかでは，「株価極大化」の枠組みのなかで配当政策が考慮されるのである．

2 分配論としての配当政策

2—1．ペイアウト政策と環境主体

経営体・経営者の配当政策において，対株主主体への関係で考えてみると，わが国では，分配論としてとらえる見解が数多い．ここでいう分配の問題とは，経営体が稼得した利益を株主へ分配するという意味で，株主に対する成果配分を表している．具体的には，株主に対する配当という形で，その成果配分を考

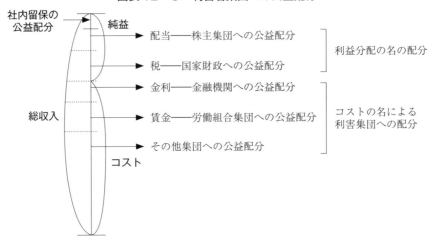

図表12—3　利害者集団への公益配分

出所）山城章（1970：162）

えている．

　経営体を取り巻く利害者集団のひとつとしての株主集団への分配として配当政策を考えるわけである．この点に関し，わが国における代表的見解をみてみよう．

　山城章は，「対境理論」による分配論のなかで考察される[15]．すなわち利害者集団のひとつとしての株主集団への配当は，公益配分として考察されるのである．この点については図表12—3において明らかにされる．また，このなかで，経営体への利益留保は利益配分として理解されているところに特色を見出すことができる．それは，経営体が社会的存在として独自の自主的活動体としてみなされているからである．

　細井卓は，配当政策，経営成果分配の一環として考察される[16]．つまり，配当政策は，利害者集団に対する経営者の利害調整的視点から論じられることになる．この点については，図表12—4において明らかにされる．また，このなかで，株主に対する配当は，細井の経営成果分配の体系のなかで資本成果の一

図表12—4　経営成果分配に直接的に関連するインタレスト・グループおよび経営成果内容

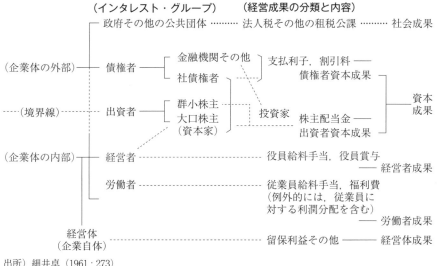

出所）細井卓（1961：273）

部として説明されることになる．

　一方，アメリカ経営財務研究のなかでも企業金融論的財務論においては，配当政策は，経営財務上，資本調達とのかかわりのなかで重要な位置を占めてきた．配当政策が制度的意味あいにおいて重要であるということは，それが経営体と株主との関係のなかで直接的に遭遇する問題であったからにほかならない．すなわち，経営体に資本を提供した株主が，経営体の経営活動の成果の一部として配当をうけるということは，配当政策が利潤分配の一環としての意味をもっていたからにほかならない．たとえば，ガスマンとドゥゴール（Guthmann, H. G. & H. E. Dougall）[17]およびドナルドソンとファール（Donaldson E. F. & J. K. Pfahl）[18]などの文献においても，このような配当政策を分配論としてみていたと解されるのである．

　企業金融論財務論を中心とする配当政策の考え方は，経営成果配分における分配論として位置づけることができよう．また，その配当政策がひとつの妥当

しうる原理として提示されてきた点も見逃すことはできない．

しかしながら，それらの学説の展開として，現代の配当政策を論ずるとしても，理念としての分配論ではなく，明確な基準をもった分配論が必要となってくるといわなければならない．つまり，経営学的立場からの明確な分配論の位置づけである．原理的には，次のような2点において，分配論としての配当政策の位置づけを考えておきたい．

第1に，経営体・経営者による配当政策は，対環境主体としての株主集団との関係でなされる経営意思決定すなわち経営機能の具体的活動である．この点は，特にわが国においてみられる「資本と経営の分離」現象をみるにつけ，看過することはできないものである．換言すれば，分配論としての配当政策は，対環境財務の問題として重要な位置を占めているといえよう．

第2に，配当政策が，経営意思決定過程で，分配論として具体化されるとき，目標配当性向（target payout ratios）として具体的基準が必要とされてくると考える．それは，株主主体の行動目標原理のなかで，どのように株主集団が資本市場などを通じて主張するかにかかっている．特に，最近における資本市場の国際化は，株主集団の統一行動原理をむずかしくしており，経営体・経営者にとって積極的な配当政策の明確な基準が要求されているともいえよう．

2−2．わが国企業体のペイアウト政策

わが国の配当政策の実態が具体的にどうなっているか，次にそれをみておこう．

まず，わが国における配当政策は，一般にいわゆる「安定配当政策」（1株当たりの配当を業績にかかわりなく一定に維持すること，時価発行定着以前は，額面に対する配当率を一定に維持することであり，実際には，株価に対しては低率であった）がとられてきた．井出正介（1994）によれば，安定配当政策で取られた額面に対して10％の配当は，金融機関の実質的な貸出利回りを基準に考えられていたとしている．この安定配当政策は，利益をより多くの投資へと振り向けることができ，高度経済成長期においては一定の役割を果たした．しかし，

このメインバンクとのつながりの深さが，バブル期には過剰投資にもつながったとの指摘もある．たとえば，宮島英昭・蟻川靖浩・齊藤直（2001）は，1980年代後半の過剰投資は，一部の企業が成熟化したという変化に加えて，規制緩和が段階的に進展し，企業が資本調達手段を自由に選択することが可能となったこの時期に固有の要因によって発生した可能性があり，自らメインバンク関係を維持した企業群が過剰投資の傾向を強めたと考えられると指摘している．

これに対し，2000年代に入り，外国法人の持ち株比率が上昇し始めると，米国流の資本の効率化や利益水準に準じた配当政策を企業に求める風潮が強くなりはじめた．いわゆる「ハゲタカファンド」と呼ばれるような，非常にアグレッシブな利害者集団の出現である．外資系ファンドを中心としたそれらの利害者集団の増加は，それまでの安定配当政策に異を唱えるきっかけとなった．

次の図表12―5は過去7年間の東京証券取引所第一部全上場企業の当期純利益と配当金総額及び配当性向の推移である．

2006年から2007年にかけて，企業の純利益は過去最高水準で推移している．同時期の配当金の総額は各5.3兆円（2006年度），6.2兆円（2007年度）となっており，配当性向はそれぞれ39.30％（2006年度），45.68％（2007年度）となっている．一方，2008年においては，サブプライムローン問題から発生した

図表12―5　東証第一部全上場企業の配当性向と株式利回りの推移

年度	集計社数	当期純利益		配当金総額		配当性向
			前年度比		前年度比	当年度
		（百万円）	％	（百万円）	％	
18(2006)	1,541	13,457,863	11.21	5,293,871	19.30	39.30
19(2007)	1,556	13,672,142	0.15	6,248,595	14.87	45.68
20(2008)	1,538	2,610,377	-81.01	5,438,901	-12.80	208.36
21(2009)	1,518	5,702,489	92.68	4,445,077	-17.56	77.91
22(2010)	1,415	6,053,938	33.56	4,491,530	14.61	74.17
23(2011)	1,399	4,510,455	-24.02	4,747,691	5.30	105.26
24(2012)	1,419	5,394,430	22.90	4,941,761	4.19	91.61

注）「前年度比」は，1行上の前年度集計数値との比較ではなく，当年度の集計対象会社について遡及集計した前年度の数値（表中にはない）との比較である．
出所）東京証券取引所，決算短信集計結果より作成

リーマン・ブラザーズの破綻（いわゆるリーマンショック）などの影響により，企業の純利益は前年度比で81％減と大幅に減少した．しかし，配当金の総額は前年度比で12.80％減と減少はしたものの，企業業績の悪化の割には軽微なものであった．その結果2008年配当性向は100％を超える水準（208.36％）となり，極めて大きな配当性向となっている（ただし，赤字企業を除き，3月決算の企業に限定した場合の配当性向は2006年〜2008年でそれぞれ，20.5％，22.6％，26.2％と，それなりに安定している）．

また企業の業績が回復した2009年の純利益は，前年度比で92.68％増だったものの，配当金の総額は逆に17.56％減となっている．さらに再度，企業業績が悪化した2011年においては企業の純利益が24.02％減少したものの，配当金の総額は5.30％増となっている．

次に各企業の株式平均利回りであるが，過去7年間の東証第一部全上場企業の株式平均利回りは図表12—6のようになっている．

過去7年間において注目すべきは，2008年の株式平均利回りである．2008年は図表12—5の通り，過去7年間でもっとも純利益が少なく，配当金の総額も前年度比で減少している．しかし，株式平均利回りは過去7年間でもっとも高い数値となっている．これはリーマンショックなどにより，企業の平均株価が下落したものの，配当水準はそれほど下落せず，結果として高い利回りに

図表12—6　東証第一部全上場企業の株式平均利回り

(単位：％)

年度	株式平均利回り
2006	1.16
2007	1.46
2008	2.52
2009	2.05
2010	1.84
2011	2.24
2012	2.08

注）各年度12月時点の月中平均の数値を使用．
出所）東京証券取引所，株式平均利回りより作成

なったと解釈できる．

　これらの結果から，わが国の企業の配当政策にはある種の硬直性が見られることが推測される．つまり業績悪化で企業の純利益が減少しても，それがそのまま，すぐに直結して配当政策の変更という意思決定に影響を与えるものではないという考え方である．もちろん，企業の収益はそれが企業経営の成果分配の源泉であることから，企業の配当政策に当然のことながら企業収益は影響を与える．しかし，配当政策の変更という意思決定には，それ以外の要因も大きな影響を与える．たとえば，リントナー（Lintner, 1956）が指摘したように企業の経営者は配当の水準よりも，配当の変更の方に関心を持っている点である．企業の経営者は，なぜそのように考えるのであろうか．それは第1に，配当政策は経営者自身の評価にもつながるからである．一般に増配は良いシグナルとして市場に受け取られる．反対に減配は市場に対し，ネガティブなシグナルを送る結果となる．そのため，減配は市場サイドからみた企業の経営者の評価の低下を招くことになり，経営者自身としては可能な限りそれを避けようとする．では，増配なら経営者も積極的に実施するのかといえば，それも一概には正しいとはいえない．なぜならば，企業の業績が将来に亘って安定して上昇するならばともかく，そうと断言できない状況下では，無理な増配は将来の減配の可能性を高めるためである．増配をしたものの，翌年減配では，経営者に対してあまり良い評価を与える結果とはならない．そのため，配当政策の変更は，増配に対しても減配に対しても硬直的となり，現状維持へのインセンティブが強くなる．

　また長年，日本では安定配当政策が続いていたことを述べたが，その背景のもとでは，経営者は半固定された配当を支払えば，最低限の仕事をしたと錯覚する風潮も存在した．株式持ち合いなどによる，「ものいわぬ株主」の存在が，経営の効率化よりも安定化を経営者に選好させた点にも注意が必要であろう．

　ペイアウト政策のなかで，現金配当以外に，2000年代に入り自己株式の取得（いわゆる自社株買い）を実施する企業も増加してきた．自己株式の取得と

は，すでに発行済みで証券市場に流通している自社の株式を買い戻す政策である．自己株式の取得は，長年日本では禁止されていたが，1994年の商法改正により解禁され，続く2001年の商法改正をきっかけに自己株式取得を実施する企業が増加している．次の図表12―7は，東証公表の2005年から2011年にかけての東京証券取引所全上場企業の自己株式の取得状況の推移を表したものである．

2006年から2007年にかけて，わが国企業体の企業業績はピークを迎えているが，自己株式の取得もそれと歩調を合わせるように高い水準で推移している．また2008年に企業業績は大きく落ち込むこととなったが，翌年の2009年の自己株式取得状況にもその影響が大きく現れている．2008年と2009年で自己株式取得の総額で約5倍，実施社数で2倍の差が生じている．これは自己株式取得を実施した企業が減っただけではなく，その実施規模も大きく縮小されたことを示唆している．同時期における配当金も，17％の減少を記録しているが，自己株式取得の減少幅はそれと比較にならないぐらい大きい．

この2つのペイアウト政策に大きな差異が生じたのはなぜなのであろうか．この両者は企業が得た利益の分配という側面では，大きな差異は存在しない．しかし，配当で指摘したような硬直性は，自己株式取得にはあまり当てはまらないような結果になっている．これは配当と自己株式取得の比較で，もっとも大きな違いのひとつとも考えられ，配当は原則，毎年継続的に株主に支払われ

図表12―7　東京証券取引所全上場企業の自己株式の取得状況

年	社数	株式数	金額
2005	434	1,363,200	3,692,915
2006	441	2,295,447	4,494,922
2007	540	2,206,329	4,494,185
2008	800	2,413,146	4,031,500
2009	401	736,509	837,683
2010	369	840,695	913,742
2011	394	1,024,518	1,655,886

出所）東京証券取引所「自己株式の取得及び処理状況」を複数年集計し作成

る利益の分配の方法であるが，自己株式取得はそのような概念ではなく，株価や業績などを比較検討し，「適時」実施される政策である．つまり，もともとが自己株式取得には配当のように，毎年実施しなければならないというような義務は存在しないのである．したがって，自己株式取得は企業業績が上向いたときには多く，企業業績が低迷した時には少なく（もしくはゼロに）することが可能なのである．その結果，配当に存在した硬直性は自己株式取得にはなく，逆に自己株式取得には選択の柔軟性が存在している．

3 株価極大化とペイアウト政策

3-1. 配当政策無関連説

配当政策が，株価とどのような関係にあるかについては，ミラー（Miller, M. H.）とモジリアーニ（Modigliani, F.）（以下「M-M」という）の論文以来，財務論（ファイナンス）の世界で多くの議論がなされてきたことは広く知られている[19]．M-Mの論文が出現する以前は，株式の評価を決定するうえで，キャッシュ・フロー，配当あるいは利益のどれが重要な要素であるかどうかをめぐって多くの議論が展開された．ここでは，M-Mの評価モデルに若干の考察を加え，続いてキャッシュ・フロー・アプローチ，配当アプローチ，利益アプローチの評価モデルへの意味づけをし，最後に，M-M理論の配当政策への接近を考えてみたい[20]．

1）M-M株式評価モデルの基礎

M-Mは，ある時点における株式価値は次の期末に支払われる配当とその時点の株価の合計の現在価値に等しいことを，完全な確実性の世界を仮定することによってその分析を始めたのである．それは，次のような関係式になる．

$$P_0 = \frac{d_1 + P_1}{(1+R_1)} \quad \cdots\cdots\cdots\cdots\cdots\cdots\cdots\cdots\cdots\cdots\cdots\cdots\cdots\cdots\cdots\cdots\cdots\cdots\cdots\cdots\cdots\cdots\cdots [12.1]$$

ただし，P_0 は 0 時点における価格に等しい．d_1 は最初の期間の期末に支払われる配当である．P_1 は，その期間の期末の価格である．R_1 は割引率である．完全な確実性の仮説のもとでは R_1 は，保有期間を通じてリスクをもたない利益率に等しい．

次に，M-M は，〔12.1〕式を会社の株式の総市場価値の測定を $t=0$ における発行済み株式数 n_0 をかけることによって，次のように変換した．

$$V_0 = \frac{D_1 + n_0 P_1}{(1+R_1)} \quad \cdots\cdots\cdots\cdots\cdots\cdots\cdots\cdots\cdots\cdots\cdots\cdots\cdots\cdots 〔12.2〕$$

ただし，$V_0 = n_0 P_0$ であり，$D_1 = n_0 d_1$ である．

$N_0 P_1$ は V_1 すなわち最初の期間の期末における企業体の価値に等しいと仮定されていないことに注目してみる必要がある．これに関する理由は，2つが同じものとなることを必要としないことである．特に，もし企業体が投資の一部（あるいは全部）のための資金調達をなす期間中に株式を売るならば，この2つは同じものにはならないであろう．逆に，これらの状況のもとでは，次の関係が得られる．

$$V_0 = n_0 P_1 + n_1^* P_1 \quad \cdots\cdots\cdots\cdots\cdots\cdots\cdots\cdots\cdots\cdots\cdots\cdots\cdots\cdots 〔12.3〕$$

ただし n_1^* は予想配当落引け値 P_1 において発行される株式である．〔12.3〕式を整理し，〔12.2〕式に代入することによって，期間 0 の期首における企業体の価値について次式をえる．

$$V_0 = \frac{D_1 + V_1 - n_1^* P_1}{1+R_1} \quad \cdots\cdots\cdots\cdots\cdots\cdots\cdots\cdots\cdots\cdots\cdots\cdots 〔12.4〕$$

しかしながら，2つの問題が残る．ひとつは，D_1 の大きさを何が決定するかであり，もうひとつは，この期間を通じて何株が発行されるのかである．両者に答える重要点は，企業体の純利益総額 Y_1 の大きさおよび企業体が I_1 の投資決定額に焦点を合わせることにある．次のように定義する．

$$n_1^* P_1 = I_1 - (Y_1 - D_1) \quad \cdots\cdots\cdots\cdots\cdots\cdots\cdots\cdots\cdots\cdots\cdots\cdots 〔12.5〕$$

すなわち，新株発行から得られる貨幣総額は，企業体の投資計画の総額から

企業体がその期間における利益から留保しようと計画する額，すなわち配当に支払われない額を差し引いたものに等しい．〔12.4〕式における $n_1{}^*P_1$ に〔12.5〕式を代入すれば次のようになる．

$$V_0 = \frac{D_1 + V_1 - [I_1 - (Y_1 - D_1)]}{(1+R_1)} \quad\cdots\cdots\text{〔12.6〕}$$

〔12.6〕式を整理すると，

$$V_0 = \frac{Y_1 - I_1 + V_1}{(1+R_1)} \quad\cdots\cdots\text{〔12.7〕}$$

〔12.7〕式は，単純に，0時点における企業体の価値は次期の利益，次期の投資，次期の期末の価値の関数であることを示している．

1年以上の期間を計算に入れるために，〔12.7〕式を拡大し，この理論をさらに続けると，企業体の利益と期間にわたる投資支出および未来のある時点における企業体の価値によって V_0 を表すことができる．これを示すために，〔12.7〕式の V_1 の代わりに $(Y_2 - I_2 + V_2)/(1+R_2)$ を代入すると次式をえる．

$$V_0 = \frac{Y_1 - I_1}{(1+R_1)} + \frac{1}{(1+R_1)}\left[\frac{Y_2 - I_2}{(1+R_2)} + \frac{V_2}{(1+R_2)}\right] \quad\cdots\cdots\text{〔12.8〕}$$

しかし，また上記の方程式に V_2 の代わりに，$(Y_3 - I_3 + V_3)/(1+R_3)$ を代入することができる．そのとき，

$$V_0 = \frac{Y_1 - I_1}{(1+R_1)} + \frac{1}{(1+R_1)}\left[\frac{Y_2 - I_2}{(1+R_2)} + \frac{1}{(1+R_2)}\left(\frac{Y_3 - I_3 + V_3}{(1+R_3)}\right)\right] \quad\cdots\cdots\text{〔12.9〕}$$

あるいは，

$$V_0 = \frac{Y_1 - I_1}{(1+R_1)} + \frac{Y_2 - I_2}{(1+R_1)(1+R_2)} + \frac{Y_3 - I_3}{(1+R_1)(1+R_2)(1+R_3)}$$

$$+ \frac{V_3}{(1+R_1)(1+R_2)(1+R_3)} \quad\cdots\cdots\text{〔12.10〕}$$

もし，割引率 R_1, R_2, R_3 等々が $R\%$ の率で期間にわたって一定しているならば，上記の方程式利回りで V_t の代わりに $(Y_{t+1} - I_{t+1} + V_{t+1})/(1+R)$ を無

限に代入すれば，次のようになる．

$$V_0 = \sum_{t=1}^{T-1} \frac{Y_t - I_t}{(1+R)^t} + \frac{V_T}{(1+R)^T} \quad \cdots\cdots\cdots\cdots\cdots\cdots\cdots\cdots\cdots\cdots\cdots\cdots \text{〔12.11〕}$$

しかし，T が無限に大きくなるにつれて，$V_T/(1+R)^T$ はゼロに近づき，〔12.11〕式は，次のように単純化する．

$$V_0 = \sum_{t=1}^{T=\infty} \frac{Y_t - I_t}{(1+R)^t} \quad \cdots\cdots\cdots\cdots\cdots\cdots\cdots\cdots\cdots\cdots\cdots\cdots\cdots\cdots\cdots\cdots \text{〔12.12〕}$$

あるいは，代替的に，普通株の価値は，次のように表される．

$$P_0 = \sum_{t=1}^{T=\infty} \frac{Y_t - I_t}{(1+R)^t} / n_0 \quad \cdots\cdots\cdots\cdots\cdots\cdots\cdots\cdots\cdots\cdots\cdots\cdots \text{〔12.13〕}$$

〔12.12〕式は，たいへん重要な結論を表している．実際，それは，企業体の価値は，利益と投資の流れのみの関数であることをいっていることである．

2）株式評価モデルに対するキャッシュ・フロー・アプローチ，利益アプローチおよび配当アプローチの一致

通常は〔12.12〕式に集約されるように，M-M 分析の結果は，株式の評価づける種々のアプローチを調和させる基礎を提供しているとはみえない．しかしながら，実際面では，それは提供しているのである．次に，その種々のアプローチからその点をみてみよう．

(1) キャッシュ・フロー・アプローチ

キャッシュ・フロー・アプローチは次のことを主張している．経営活動からのキャッシュ・インフローと投資目的のためのキャッシュ・アウトフローとの差異としてキャッシュ・フローを定義する場合の期間にわたって，正味キャッシュ・フローを生みだす企業体の能力はどういう計算によってなるのかということである．前者は，利益 Y に減価償却費 b を加えたものに等しく，後者は，投資に費やされた貨幣総額に等しい．しかし，投資支出総額は企業体の株式 I に，企業体の利益を生みだすのに使われる資本を取り替えるのに必要な金額，

すなわち企業体の減価償却費を加えたものに等しい．したがって，それは次のようになる．

キャッシュ・インフロー$_t = (Y_t + b_t)$ ……………………………………〔12.14〕

キャッシュ・アウトフロー$_t = (I_t + b_t)$ …………………………………〔12.15〕

(キャッシュ・インフロー) − (キャッシュ・アウトフロー)
  $= (Y_t + b_t) − (I_t + b_t) = [Y_t − I_t]$ ………………………………〔12.16〕

しかし，〔12.13〕式は，M-M の基本的評価モデルが $(Y_t − I_t)$ の流れを割り引くことを含んでいることをすでに知っている[21]．このことが事例にあてはめられれば，M-M のモデルは，企業体の正味キャッシュ・フローに焦点を合わせることによって，達成されたものとして同じ結果を生みだしていると結論づけることができる．

(2) 利益アプローチ

利益アプローチについてはどうか．それは M-M 結果と一致できうるか．その答えは，われわれが利益をどう定義するかに依存する．アナリストたちは，株式価値は期間中の企業体の会計上の純利益の現在価値すなわち Y_t の現在価値を採ることに基づかなければならないと論じてきた．このアプローチは〔12.12〕式と明らかに一致しない．しかし，これは特に驚くに当たらない．会計上の利益の流れの資本化は，むしろささいな事例すなわちある企業体が一定の利益水準をもち，配当として各期間それらのすべてを支払うとき，すなわち Y_t が D_t に等しいとき，を除いてほとんど意味をもたない．しかしながら一般的な場合，それは一種の二重計算を意味する．現在の利益は，それらが配当の形態で株主に支払われるかどうか計算される．もし，それらが留保されるならば，続いて計算される追加利益を生みだす作業に取りかかるのである．

単純な例証によってこの点が説明される．企業体は各期間 Y を稼得し，投資を必要としないと仮定してみよう．これらの状況のもとでは，企業体は，配当の形態ですべての利益を支払い，株式の価値は，次のように達成される．

$$P_0 = \sum_{t=1}^{\infty} \frac{Y}{(1+R)^t} = \frac{Y}{R} \quad \dots\dots\dots\dots\dots\dots\dots\dots\dots\dots\dots\dots\dots\dots\dots\dots\dots\dots \quad [12.17]$$

しかし,もしその企業体が永久に各期間 k%の利益で投資するために,最初の期間,配当を優先することを決定するならばどうか。このような状況のもとでは,2番の期間の最初に各期間 $Y+kY$ を稼得する（支払う状況にある）であろう。そのときまったく理論的に,株式の価値は次のようになるであろう。

$$P_0 = \sum_{t=2}^{\infty} \frac{Y+kY}{(1+R)^t} \quad \dots\dots\dots\dots\dots\dots\dots\dots\dots\dots\dots\dots\dots\dots\dots\dots\dots\dots \quad [12.18]$$

しかしながら,すべての会計上の利益を単に資本化することに基づいた評価モデル・アプローチは,それらがどのように採用されるかにかかわらず,最初の期間の利益の現在価値 $Y/(1+R)$ を〔12.18〕式の右辺に加えるよう要求するであろう。明らかに,これは二重計算となるであろう。というのは最初の期間の利益の留保は,2番の期間の最初の各期間 kY の追加を可能にすることになるから。

しかしながら,もしわれわれが M-M によって提示されたアプローチを利用するならば,われわれは,企業体が最初の期間に配当するか留保し投資するかどうかにかかわらず,正確な答えをえることに注目してみよう。両事例の場合,われわれは $Y_t - I_t$ を資本化する。留保がないと $I_1 = 0$ であり,われわれは単に利益を資本化するにすぎない。最初の期間の留保によって,$Y_1 - I_1 = 0$ であり,$Y_2 \sim Y_\infty = Y + kY$ となる。

基本的に M-M アプローチは期間を通じて企業体の真の経済利益を表している。よく考えてみると,これはまったく理論的であり,明白である。もし Y_t が一定を保持し,I_t が増大するならば,すなわちもし企業体が Y_t の同じ流れを維持するためにもっと投資をなすならば,真の経済利益は減少する。代替的に,もし Y_t が I_t の減少とともに維持されるならば,真の利益は増大する。もちろん,もっと典型的な状況において,一期間に投資した額は,未来の期間におけるより大きな利益を生みだすために増大される。これが真の経済利益にお

ける増大に導くであろうかどうかは，生みだされた額の相対的な割引価値の規模に依存する．たとえば，上述した例証では，真の経済利益は，もし最初の期間になされる投資利益率 k が割引率 R を超えるならば増大するであろう．

要約すれば，M-M アプローチ，利益が真の経済的期間において定義される限り，利益を資本化する理論と矛盾しない．そうでないとき，このアプローチは会計上の利益の流れを割り引くことにおいて絶対的な誤りを説明することになろう．

(3) 配当アプローチ

評価モデルに対する配当アプローチが，なぜ M-M の結果と矛盾しないかを理解することは比較的容易である．配当アプローチは，根本的には株式の現在価値が未来において現在の発行済み株式に支払われる配当の流れに等しいことを主張している．

われわれは次式によって，配当アプローチを定義することができる．

$$V_0 = \sum_{t=1}^{\infty} \frac{D_{(t,0)}}{(1+R)^t} \qquad [12.19]$$

ただし $D_{(t,0)}$ は，0 期において発行済み株式に支払われた t 期における配当支払いを表している．代替的に，われわれは次のように書く．

$$V_0 = \frac{1}{(1+R)} D_{(1,0)} = \sum_{t=1}^{\infty} \frac{D_{(t+1,0)}}{(1+R)^{t+1}} \qquad [12.20]$$

さて，〔12.20〕式の $\sum_{t=1}^{\infty} \frac{D_{(t+1,0)}}{(1+R)^{t+1}}$ に注目してみよう．それは，第 2 期から無限期において現在の発行済み株式に支払われる配当の現在価値を表している．しかしわれわれは，支払われる配当総額に現在の発行済み株式によって表される株式総数の百分率をかけたものの現在価値として簡単に書くことができる．この百分率は $(1-n_1^*/n_1)$ に等しい．ただし $n_1 = n_0 + n_1^*$ である．このようにわれわれは次式をもつ．

$$\sum_{t=1}^{\infty} \frac{D_{(t+1,0)}}{(1+R)^{t+1}} = \sum_{t=1}^{\infty} \frac{D_{(t+1,1)}}{(1+R)^{t+1}} \left(1 - \frac{n_1^*}{n_1}\right) \qquad [12.21]$$

しかしながら，定義によれば，われわれは次のことを知る．

$$\sum_{t=1}^{\infty} \frac{D_{(t+1,1)}}{(1+R)^{t+1}} = \frac{V_1}{(1+R)} \quad \cdots\cdots\cdots\cdots\cdots\cdots\cdots\cdots\cdots\cdots\cdots\cdots \text{〔12.22〕}$$

〔12.21〕式に $V_1/(1+R)$ を代入すれば，次のようになる．

$$\sum_{t=1}^{\infty} \frac{D_{(t+1,0)}}{(1+R)^{t+1}} = \frac{V_1(1-n_1^*/n_1)}{(1+R)} = \frac{V_1 - V_1 n_1^*/n_1}{(1+R)} \quad \cdots\cdots\cdots\cdots \text{〔12.23〕}$$

しかし，われわれはまた次のことを知っている．

$$\frac{n_1^*}{n_1} = \frac{n_1^* P_1}{n_1 P_1} \quad \cdots\cdots\cdots\cdots\cdots\cdots\cdots\cdots\cdots\cdots\cdots\cdots\cdots\cdots\cdots\cdots\cdots\cdots \text{〔12.24〕}$$

また，

$$n_1 P_1 = V_1 \quad \cdots\cdots\cdots\cdots\cdots\cdots\cdots\cdots\cdots\cdots\cdots\cdots\cdots\cdots\cdots\cdots\cdots\cdots\cdots\cdots\cdots \text{〔12.25〕}$$

さらに代入することによって，われわれは次式をえる．

$$\sum_{t=1}^{\infty} \frac{D_{(t+1,0)}}{(1+R)^{t+1}} = \frac{V_1 - V_1 n_1^* P_1 / V_1}{(1+R)} = \frac{V_1 - n_1^* P_1}{(1+R)} \quad \cdots\cdots\cdots\cdots\cdots \text{〔12.26〕}$$

もし，現在われわれは〔12.20〕式における $\sum_{t=1}^{\infty} \frac{D_{(t+1,0)}}{(1+R)^{t+1}}$ に $\frac{V_1 - n_1^* P_1}{(1+R)}$ を代入すれば，次式をえる．

$$V_0 = \frac{D_{(1,0)}}{(1+R)} + \frac{V_1 - n_1^* P_1}{(1+R)}$$

$$= \frac{D_{(1,0)} + V_1 - n_1^* P_1}{(1+R)} \quad \cdots\cdots\cdots\cdots\cdots\cdots\cdots\cdots\cdots\cdots\cdots\cdots\cdots\cdots \text{〔12.27〕}$$

これはまさに M-M によって引き出されるものと同じ方程式であり，〔12.4〕式として表されてきた．われわれは〔12.12〕式をえるために，それを利用することができることを知っている．したがって，われわれは配当資本化アプローチが株式評価に対し，利益の資本化およびキャッシュ・フローの資本化アプローチと矛盾しないものであるということができる．

3）配当政策と株価モデル（確実性下）

ここでは，確実性下のもとで配当政策と株式価値に限定してみると，M-Mモデルは，次のようにいうことができる．M-Mモデルは，株式を評価するためのキャッシュ・フロー・アプローチ，利益アプローチおよび配当アプローチは同じ評価に導くということを証明している事実に基づけば，企業体の配当政策は，それが株式価値に影響を与えないという意味で無関係であると結論づけることができる．M-Mは，次のように述べている．[22]「経済学におけるその他の多くの命題のように，投資政策が所与であると，配当政策が無関係であるということは，一度それについて考えれば明らかである．結局，合理的で完全な経済環境のもとでは『財務的幻想』は何もないということが一般原理のひとつの例にすぎないのである．そこでは，価値は，現実の考察——この場合，企業体の資産の利益獲得能力および企業体の投資政策——によってのみ決定されるものであり，利益獲得能力の成果がどのような分配によってパッケージ化されるかによるものではない．

M-Mの背後にある論理は，〔12.4〕式を再度みることによってまったくはっきりするほど明快である．期間1における企業体の配当政策が，その期間の期首における株式価値に関し，2つの相殺的影響をもっている．配当の増大がD_1を上昇させるが，それはまたn_1^*を上昇させる．換言すれば，期間1における企業体の投資政策を所与とすると，すなわち，I_1の大きさを所与とすると，配当は，それが売却されなければならない新株の総額を決定する．D_1の総額は売却される株式の価値総額$n_1^* P_1$に一致する．もちろん，すべての未来の期間における配当および株式の販売の変化との間の関係についても，同様なことが本当となる．M-Mは，次のように結論する．[23]「企業体の投資政策が所与とすると，企業体が選択し，従う配当政策は，株式の現在価格にも株主に対する利益総額にも影響を与えないであろう．」

M-Mの学説が正しいとすると，配当政策は意味をもたないことになるのであろうか．次に別の見解をみてみよう．

3—2. 最適配当政策

配当政策と株価との関連はないとする見解が,アメリカ財務学会において有力であるとはいえ,経営者は配当政策に重大な関心をもっている事実は否定できない.ということは,経営学的にみて,配当政策に何らかの原理をもたせることは重要となる.配当政策が対環境主体(株主集団)への政策原理として位置づけられるとするならば,いわゆる意思決定論的財務論における理論モデルのなかでも明らかにされる必要がある.ここでは,「意思決定論的財務論」のなかから,ゴードン(Gordon, M. G.)やブリガム(Brigham, E. F.)の研究を取り上げ,簡潔にみてみることにする.[24]

配当政策は,企業体における利益を株主に支払うか,再投資のために留保するかを決定することを意味している.この場合,ゴードンやブリガムが前提とする基本的株価モデルは,次のように表される.

$$P_0 = \frac{D_1}{k_s - g} \quad \cdots\cdots\cdots\cdots\cdots\cdots\cdots\cdots\cdots\cdots\cdots\cdots\cdots\cdots\cdots\cdots\cdots\cdots\cdots\cdots \quad [12.28]$$

ただし,P_0=現在の株価

D_1=今期の配当で株式の新規購入者が受け取る最初のキャッシュ・フロー

k_s=他の投資に利用できるリスク度と利益を考慮した株式の適切な利益率

g=株価における期待成長率(gは利益と配当の期待成長率であり,gは期間にわたって一定していると期待される)

このモデルは,次のことを示している.つまり,より多くの現金配当を支払う政策は D_1 を上昇させ,その結果,株価を上昇させるであろうということである.しかしながら,現金配当の上昇は,再投資へ利用可能な貨幣を少なくすることを意味する.つまり,企業体への利益を少なく投下することは,期待成長率をより低くし,株価を低下させることになる.したがって,配当政策は2つの相反する影響をもっていることになり,最適配当政策は,現在の配当と未

来の成長との間のバランスを図るものであり，それによって，株価を極大化することになる．以上の点が，最適配当政策を考える中心的意味内容であると考える．

　一方，ブリガムによると，最適配当政策論の基点として，配当政策の残余理論を取り上げている[25]．ブリガムによると，通常，資本予算（capital budgeting）と資本コスト（the cost of capital）の説明において，資本コストと投資機会スケジュール（investment opportunity schedules）は，資本コストが決められる以前に結びつけられなければならないことを示してきた．換言すれば，最適資本予算，限界資本コストおよび限界投資利益率が同時的に決定される．ここではその枠組みを利用して，この配当政策の残余理論を考えるのである．次に，それを簡潔に示してみよう．

　これは，4つのステップに従って考えている．すなわち，① 最適資本予算の決定，② その予算をまかなうために必要な自己資本総額の決定，③ この自己資本総額をまかなうためにできる限りの範囲まで留保利益を利用する，④ 資本予算をまかなうために必要な額よりも多くの利益がある場合にのみ配当を支払う，ということである．この理論の基礎は，投資家が，もし再投資からの利益が他の比較的リスクのある投資から得られる利益率を超えるならば，配当に支払われるよりもむしろ，企業体に留保させ，再投資させることを好むというものである．この理論は，資本コストおよび投資機会（investment opportunities）とも関連した配当政策論であり興味深い．

　なお，最適配当政策に影響するいくつかの制度的側面などの要因が考慮される必要がある．たとえば，配当とキャピタル・ゲインに関する税金の問題，企業体にかかわる投資機会の問題，代替的資本調達源泉の問題，株主が現在の所得を選好するか未来の所得を選好するかの問題である[26]．

　今後，これらの制度的側面を考慮した最適配当政策論が要求されてくるといえよう．そこにおいてはじめて配当政策の経営学的意味が存するのである．

4　自己株式取得と株式消却

4－1．自己株式取得の基礎理論

　自己株式取得とは，企業体が株式市場に流通する自らの株式を買い戻す行為のことである．企業体はその経営成果の分配として，株主に配当を支払うが，自己株式取得も企業体の経営成果の分配方法のひとつとして位置付けることができる．企業は流通する株式を買い戻すことによって，1株当たりの自社の株式の価値を濃密にすることができる．つまり株価上昇を通して株主へ利益の還元を行うことができる．ただし，注意しなければならないのは，前節でわれわれがM-Mの理論をもとに考察したように，企業の価値そのものは自己株式取得を実施する前後で理論的には変化しないことである．本節ではまず，フェアチャイルド（Fairchild, R. 2006）とケノン（Kennon, 2005）の自己株式取得に対する株価への影響の議論を整理する．

　フェアチャイルドによれば，実務家と学者の間でポピュラーな誤解として，自己株式取得と消却を行うことによって，発行済み株式数を減少させ株価（時価総額）を上昇させることが可能であるとの認識があるという．ケノンは，企業の株価および，株主の富を増加させる方法として，自己株式取得を通じた発行済み株式数の減少が有効であるとの認識を示し，株価成長が収益成長より重要であると主張している．そして買戻しは，収益が停滞した状況においても，株価成長を創造することが可能であると述べている．

　ケノンは，次の例によってそれを説明している．

　エッグシェルキャンディ社という企業があり，その企業の株価は1株当たり50ドル．そして発行済み株式数は10万株で時価総額は500万ドルとなっている．そしてエッグシェル社は本年100万ドルの利益を上げたとする．ただしこの利益は，前年と同じ水準である（前年と同じように本年もキャンディを生産し販売した）．

ここで問題になるのは成長率である．昨年100万ドルの収益を上げた企業が本年の収益も100万ドルのみ．つまり成長率が0％である．この結果に驚いた経営陣は株主のためになんらかの方法を考えたいと考え，自己株式取得を実施することを決定する．そのための資金は本年獲得した収益である100万ドルを用いる．そして，その100万ドルを資金に2万株（50ドル×2万株＝100万ドル）の自己株式取得を行い，それを消却する．この結果，エッグシェル社の発行済み株式数は8万株となる．自己株式取得前に全株式に対して1％（1,000株）所有していた株主は，自己株式取得後に全株式に対して1.25％（1,000株）の株式を所有していることになる．つまり25ポイントの増加である．1株当たり50ドルだったものが，一晩で62.50ドルの価値になる．企業が発行済み株式数を減らす場合，株式を企業に売却しない株主の株式は，企業の全株式のなかでより大きな割合を占めることにつながる．これを繰り返せばいつかは発行株式数が5株だけの企業になり，1株100万ドルの価値が生じることもありえなくはない．したがって，株式の買戻しが株主に無制限の富を供給するようにみえる．

しかし，当然のことながら，これは間違いである．資本構成を変更したり配当性向を変更したり，自己株式取得を行うことによって価値を創造することはできない．価値を創造するものは企業の投資プロジェクトおよび企業の業績である．エッグシェル社はその業績を改善していないので，M-Mの理論によれば，株式の買戻しが価値を創造することにはつながらない．

フェアチャイルドはこのエッグシェル社の株式買戻しの不適切を実証するために，配当評価モデル（Dividend Valuation Model : DVM）を使用している．DVMは株主に利用可能な予期された将来のキャッシュ・フローを割り引いた現在価値によって企業の株式の価値が決定される．現在価値をえるために，株式コスト（すなわち企業に投資するために要求される株主へのリターン）の使用により，予期された将来のキャッシュ・フローを割り引くことが必要である．

単純化のため，キャッシュ・フローは各期の終わりに，一定の金額ずつ一括

して入ってくると考え，0期をスタートとする．

$$V_0 = \frac{N_0(1+g)}{\rho - g} \quad \cdots\cdots\cdots\cdots\cdots\cdots\cdots\cdots\cdots\cdots\cdots\cdots\cdots\cdots\cdots\cdots\cdots\cdots\cdots \quad [12.29]$$

〔12.29〕式の V_0 は0期における市場価値を表し，N はネットキャッシュ，ρ は株式資本コスト，g が成長率とする．これが基本式となる．次に0期の期末にその期のキャッシュ・フローが確定したとする．すると式は〔12.30〕のようになる．

$$V_0 = N_0 + \frac{N_1(1+g)}{\rho - g} \quad \cdots\cdots\cdots\cdots\cdots\cdots\cdots\cdots\cdots\cdots\cdots\cdots\cdots\cdots\cdots \quad [12.30]$$

さらにこの〔12.30〕式に，先にあげたエッグシェル社の例を当てはめる．はじめに，N_0 および N_1 のキャッシュ・フローは毎期100万ドルと固定されている．次に g（成長率）は0である．そして V_0 は500万ドルである．これが以下の〔12.31〕式になる．

$$V_0 = 1,000,000 + \frac{1,000,000}{\rho} = 5,000,000 \quad \cdots\cdots\cdots\cdots\cdots\cdots\cdots \quad [12.31]$$

〔12.31〕式より，インプライドの資本コストは25％（$\rho = 0.25$）であるのがわかる．このパーセンテージは投資家が，エッグシェル社に投資するための最低限の要求利回りである．エッグシェル社の毎期のキャッシュ・フローは100万ドルであり，その株式コストは25％であると判明した．さらに各期末に100万ドルの収益が手に入るので，〔12.31〕式は〔12.32〕式のように書き換えることができる．

$$V_0 = 1,000,000 + \frac{1,000,000}{0.25} = 5,000,000 \quad \cdots\cdots\cdots\cdots\cdots\cdots\cdots \quad [12.32]$$

つまり100万ドルのキャッシュ・フローを株式コストで割った400万ドルに，毎期の100万ドルのキャッシュを加えた500万ドルが，Eggshell社の株式価値である．これは最初の前提の1株50ドル×発行済み株式10万株（＝500万ドル）と等しくなる．

次にケノンの例に戻ると，0期のキャッシュ100万ドルは自己株式取得に充てられる．よって〔12.32〕式は〔12.33〕式のように書き換えられる．

$$V_0 = \frac{1,000,000}{0.25} = 4,000,000 \quad \cdots\cdots\cdots\cdots\cdots\cdots\cdots\cdots\cdots\cdots\cdots\cdots \text{〔12.33〕}$$

ここでのポイントは，期末に得たキャッシュを自社株取得に充足したために総価値が400万ドルに減少している点である．そして発行済み株式数が10万株から8万株に減少している点である．つまり，自己株式取得前が50ドル（500万ドル/10万株）だった株価が，買戻し後も50ドル（400万ドル/8万株）と変わらない点である．もしこれが自己株式取得ではなく，配当であったと仮定するならば，期初40ドルの株価（400万ドル/10万株）が，1年待つことによって，（400万ドル+100万ドル=500万ドル）/10万株=50ドルとなり，配当権利落ち後に再び40ドルへと下落する．つまりは，期初の40ドルは，1年待つことにより，期末に株式コスト分（25％）だけ上昇しているということである．

1期で100万ドルを用いて自己株式取得を行い，8万株に減少した発行済み株式を，さらに2期において新たに手にした100万ドルで同様の行動を繰り返せば（100万ドル/62.5ドル=1.6万株の株式を買入れ消却）発行済み株式数は6.4万株にまで減少する．この自己株式取得を5年度まで繰り返せば，図表12―8の通りになる．さらに，比較として，自己株式取得を行わずに，毎年得られた100万ドルを再投資（ただしNPVはゼロ）に当てた場合が図表12―9である．

図表12―8の1株当たり株価をみれば，株価が発行済み株式の減少に合わせて，年々高くなっているのがわかる．ただし，ここで重要なのは，図表12―8と12―9をみればわかるが，双方とも1株当たり株価はまったく同じである（毎年25％ずつ上昇）．

これはつまり，図表12―8の株価の上昇をもたらしているのは，自己株式取得ではなく，〔12.31〕式で求めた，株式コストであるということを示唆して

図表12—8　毎年自己株式取得を行ったケース

年度	自社株買戻し前の発行済み株式数	自社株買戻し後の発行済み株式数	株式の価値（自社株買戻し前）	株式の価値（自社株買戻し後）	1株当たり株価（買戻し前後）
0	100,000	80,000	5,000,000	4,000,000	50.0
1	80,000	64,000	5,000,000	4,000,000	62.5
2	64,000	51,200	5,000,000	4,000,000	78.1
3	51,200	40,960	5,000,000	4,000,000	97.7
4	40,960	32,768	5,000,000	4,000,000	122.1
5	32,768	26,214	5,000,000	4,000,000	152.6

出所）Fairchild（2006：35）

図表12—9　自己株式取得を行わずに再投資したケース

年度	発行済み株式数	期末の株式価値	期初の株式価値	期末の1株当たり株価	Zero-NPV
0	100,000	5,000,000	4,000,000	50.0	1,000,000
1	100,000	6,250,000	5,000,000	62.5	1,250,000
2	100,000	7,812,500	6,250,000	78.1	1,562,500
3	100,000	9,765,625	7,812,500	97.7	1,953,125
4	100,000	12,207,031	9,765,625	122.1	2,441,406
5	100,000	15,258,789	12,207,031	152.6	3,051,758

出所）Fairchild（2006：35）

いる．株主が取ったリスク（株式資本コスト）の分だけ上昇しているのみで，新たなる企業価値の創造にはつながっていないことがわかる．

では自己株式取得は，そもそも企業価値に対してまったくの無意味な政策なのであろうか？　確かに，自己株式取得はM-Mやフェアチャイルドの議論をみるように完全市場においては，富の創造は行えない．しかし，フェアチャイルドの例で示されているように，キャンディを生産する企業のような成熟産業や，新規市場の開拓が難しい成長性の乏しい産業や衰退産業において，本当に果たして同様の結果になりうるのであろうか．得られた利益をすべて再投資に回し，生産ラインの新設や，工場の建設を行ったところで，それらが既存の設備と同様の販売（売上高）につながるとは限らない．必要以上に投資された生産ラインや工場が遊休化する可能性は十二分に考えられる．むしろ，売り上げが頭打ちの成熟・衰退産業においては過剰投資となる可能性が高い．これはフ

図表12—10　再投資が新たなるキャッシュ・フローを生まなかったケース

年度	発行済み株式数	期末の株式価値	期初の株式価値	期末の株価	利　益
0	100,000	5,000,000	4,000,000	50	1,000,000
1	100,000	6,000,000	5,000,000	60	1,000,000
2	100,000	7,000,000	6,000,000	70	1,000,000
3	100,000	8,000,000	7,000,000	80	1,000,000
4	100,000	9,000,000	8,000,000	90	1,000,000
5	100,000	10,000,000	9,000,000	100	1,000,000

出所）筆者作成

リー・キャッシュ・フロー仮説が仮定する状況である．つまり，NPVがマイナスになる事業・投資案件に経営者が投資を行ってしまい，企業価値が毀損するケースである．

たとえば，極端な例として，毎年得られた利益を再投資したものの，それらが新たなるキャッシュ・フローを生まなかったと仮定する．すると，Eggshell社の株価は図表12—10のように推移する．

図表12—8・12—9の株価と比較し，明らかに図表12—10の株価が低いのが判別できる．株式コストが25％であるにもかかわらず，株価の成長は1年目に20％，2年目に16.7％，3年目に14.3％，4年目に12.5％，5年目には11.1％まで減少している．これはNPVがマイナスの投資を行っている以上，当然の結果となるが，実際にこのようなケースは極端であるものの，これに近い状況に陥っている企業は多いのではないかと考えられる．

そして自己株式取得は，このようなケースを回避するために実施されるペイアウト政策のひとつでもあると考えられる．したがって，自己株式取得そのものが企業価値を創造するわけではないが，企業価値を毀損する状況を回避するのには大いに有益となるであろう．

4—2．自己株式取得に関する諸仮説の整理

自己株式取得は配当と同様に，完全市場のもとでは企業価値の創造につながらないことを前節では明らかにした．しかし同時に自己株式取得を実施することによって，過剰投資の抑制につながる可能性も提起した．そこで本節では，

さらなる企業体の自己株式取得の考察とその諸仮説の紹介を行いたい．

　企業の自己株式取得にはいくつかの重要な効果が発生する．ひとつ目は企業の現金が自己株式取得の費用に充てるため減少し，結果として企業の総資産が減少する．2つ目は自己株式を買い戻すことから企業の資本が減少する．そして企業に負債が存在していれば，その企業の負債比率も上昇する．この2つはいわゆる最適資本構成の議論へとつながる．最適資本構成の詳細は他章で述べるが，企業にはそれぞれ企業価値を最大化するような資本と負債の比率が存在すると考えられている．つまり自己株式取得は，資本を減少させ負債比率を上昇させることから最適資本構成を実現する手段にもなりうる．

　また株式市場の需給の面では，自己株式取得は買い手の増加を意味し，株価の下支え効果も期待できる．株価急落時や低迷時にその効果はより大きくなる．

　そして，これらに関連して自己株式取得にはいくつかの付帯的な効果も発生する．まずひとつ目は，キャッシュの減少から，過剰投資のリスクが軽減される．なぜキャッシュの減少が過剰投資のリスクの減少へとつながるのか．それは，現代の発展した経営と所有の分離の関係に起因する．たとえば経営者自身が100％株主のオーナー企業を想定すると，この企業にはキャッシュの減少と過剰投資のリスクの減少の関係は成り立たない．なぜなら所有と経営が一体化しているからである．所有と経営が一体化していれば，経営者の利益と所有者の利益は一致する．しかし，所有者と経営者が分離していれば，その利益は必ずしも一致するとは限らない．つまりエージェンシー問題の発生である．経営者はそもそも所有者（株主）の代理人であり，誠実にその経営を実行する義務が発生する．だが，実際の経営者が本当にそのように経営を行っているかをチェックするには，多くの時間とコストが必要とされる．そのため，実際に経営者が善行義務を果たしているかのチェックを100％の割合で行うのは困難である．そして困難である以上，株主はその不確実性をリスクと考え，その企業への投資はそれ相応の割引率を用いて意思決定される．現在の株価は，その不確実性を含んだ株価であるともいえる．

逆にその不確実性を消し去ることができれば，それ以外の要因が一定であったとしても株価は上昇するのではないか．不確実性が消去されれば，消去される前と比べ，低い割引率を適用することが可能となり，結果として株価も上昇する．そしてその不確実性を低減させる方法のひとつが，自己株式の取得である．

自己株式の取得を行うと，キャッシュが減少し，経営者は自由な投資を行うことが困難になる．それは一見すると経営に対してマイナスの効果が発生するように感じられるが，最低限必要な投資を実施した後であれば，それは大きな問題とはなりえない．反対に過剰なキャッシュを企業が抱えていると，経営者はしなくてもいい投資を決断するかもしれない．

つまり，キャッシュを制限することによって，経営者の規律付けを図っているのである．そして規律付けが行われた経営者のエージェンシーコストは低減し，企業価値は増加する．これがいわゆるフリー・キャッシュ・フロー仮説である．

次に発生する自己株式取得の効果として，株式市場への影響が考えられる．代表的な仮説のひとつがシグナリング仮説と呼ばれるものである．企業の経営者は一般の投資家と比較し，情報優位にあると考えられる．そのため，自己株式の取得の決定は，より情報優位にある経営者が「自社の株式は割安である」との意思表示を間接的に市場に示していると考えられている．市場はそのシグナルに反応し，株価は上昇する．自己株式取得は貴重なキャッシュを使用するため，そのシグナリング・コストも高く，そのシグナルは有効なシグナルと考えられる．たとえばフェアマーレン（Vermaelen, T., 1981）は買付けの発表に対して正の異常収益率の存在を確認し，シグナリング仮説を支持する分析結果を示している．

一方，ラングとリッゼンバーガー（Lang, L. H. & R. H. Litzenberger, 1989）は，シグナリング仮説とフリー・キャッシュ・フロー仮説を検討し，トービンの q が大きい企業よりも小さい企業の方がより市場の反応度が高いことからシグナ

リング仮説よりもフリー・キャッシュ・フロー仮説の方が有意であると結論づけている．またノヘルとターラン（Nohel, T. & V. Tarhan, 1998）は，自己株式の取得後に営業パフォーマンスが改善しているのは成長性の低い企業のみで，成長性の改善により利得が発生したのではなく，効率的な資産の活用や，資産の売却などにより発生したと指摘している．つまり自己株式取得は企業の資本構成を変更させる単なる財務上の取引ではなく，企業の総資産の削減を意図したリストラクチャリングであるとし，自己株式取得はフリー・キャッシュ・フロー仮説により，もっとも説明できると結論付けている．さらに，キャッシュ・フローとエージェンシーの問題ではオプレア（Oprea, R., 2008）が，キャッシュ・フローの自己取引・敵対的買収に対する影響をエージェンシー問題から分析し，キャッシュ・フローの高い企業ほど，より厳しいエージェンシー問題に直面していると指摘している．

5 ペイアウト政策と企業価値

5－1．M-M理論と企業価値

これまでみてきたようにM-Mが仮定する完全市場のもとでは，配当や自己株式取得が企業価値に影響を与えないのは明白である．ではペイアウト政策は実際の企業価値にも影響を与えないのであろうか．M-Mは，完全市場として次のような仮定のもとで考察を行っている．

(1) 税金が存在しない．
(2) 取引コストが存在しない（株式の売却のみならず新規発行の際にもコストは掛からない）．
(3) 企業の投資決定に配当の影響は受けない．またキャッシュ・フローも配当政策の影響を受けず一定である．
(4) エージェンシーコストは存在せず，情報の非対称性も存在しない（企業の経営者は自己の利益を求めて資金を浪費することはない）．

(5) 金利が同一．（リスクフリーレート）

　これらの仮定は，モデルの構築上必要な仮定ではあるが現実の市場とは相容れないケースも多い．たとえば(1)の税金に関しては，初期のモデルを発展させたモデル（修正命題）にて M-M は，配当は課税下においても企業価値に関して無関連であると証明しているが，負債を増やすことによる倒産リスクの上昇などは考慮されていない．(2)の取引コストは，現実の市場には存在しており，(4)のエージェンシーコストも存在する可能性が高く，情報の非対称性も当然発生し，(5)の金利は同一ではない．(3)の企業の投資決定に配当の影響は受けない可能性は存在するが，これも不確実である．

　つまり M-M の定理は数学的には文句のつけどころがなく，完全に正しい理論ではあるが，それがそのまま現実の市場に適用できるかどうかには疑問符がつく．

　配当政策は企業利益の分配策であることから，企業から現金の流出が必ず伴う．したがって，仮に悪意のある企業が会計利益の操作などで，見かけ上の利益をあげていたとしても，実際に利益をあげることができなければ，その企業は継続的に多くの配当を支払うことはできない．配当の支払いには，ただの会計データの公表よりも，より強い信頼性のシグナルが含まれていると考えることができる．

　たとえば，増配のニュースは，多くの場合プラスのアナウンスであると考えられる．なぜなら，経営者はもともと配当金額の変更には消極的である．将来見込まれる利益にある程度の自信が持てるまでは簡単に配当金の増額を行わない．そのため，増配を決定するということは，企業経営者が自社の将来の業績を楽観していると投資家に解釈されるためである．

　ここで注意して欲しいのが，この結論は経営者と投資家との間で情報の非対称性が存在しているとの仮定を暗黙においている点である．もし経営者と投資家の間に情報の非対称性が存在しなければ，経営者が判断した増配の決定は投資家にたいしての有効なシグナルとはなりえない．M-M の仮定ではこれは存

在していないことになっており，その結果，配当は企業価値に無関連となっている．しかし，実際の市場では，経営者と投資家との間で情報の格差が存在するのは明白な事実で，そのため実際の企業価値を議論するうえでは，この点は考慮されなければならない．

配当に関して，リントナー（Lintner, J., 1956）が，経営者は後になって元に戻さなければならないような配当の変化は好まない．特に，増配を後で止めなければならなくなることを心配するとしているように，実際の企業および市場を取り巻く環境下においては，一度増額してしまった配当の減配は，自身の経営政策の失敗を意味することなどもあり，より確実な自信を持てるまで増配は行わない．その結果，それを公表したときのシグナルはより，投資家の企業の将来見通しへの強いプラスのアナウンスとなる．

またダモダラン（Damodaran, A., 2004）は1960年から1996年のアメリカ企業の配当政策の分析において，4つの指摘を行っている．まずひとつ目は「配当は利益の後を従っている」．つまり，利益が増加するとそれに伴って配当が増加し，逆に利益が減少すると，それに伴って配当も減少しているということである．2つ目は「企業は配当の変更を嫌がる」ということである．特に減配に対してはこの傾向が強く，これが「粘着的な」配当政策を助長していると指摘している．3つ目は，配当は利益よりずっと滑らかに推移するということ，4つ目は配当政策には企業のライフサイクルごとに明確な違いがみられるということである．

このなかで，配当が利益の後を追っているというのは，配当が利益のなかから支払われるので，長期的にみて正の相関があるのは自然なことである．さらにリントナーが指摘したように，企業は頻繁に配当金額を変更することは少ない．理由として，配当を増額すると，将来にわたる制約をうけることがあげられる．高い水準の配当を継続的に支払えると見込まれるまで，企業は配当の増額を見送る傾向がある．そして逆に減配は株価の下落を招くことになるおそれや，経営者自身の評価に関わる問題のため，可能な限り避けようとする．その

結果，配当金額は現状維持となることが多い．ダモダランの調査によれば，1981年から1990年のアメリカの公開企業において，配当を変更しなかった企業が圧倒的に多く，変更した企業のなかでは増配企業が平均で減配企業に比べて5倍の数にも上っている．この結果からも，企業経営者は配当政策の変更を嫌い，減配は極力避けようとする傾向がうかがえる．

さらに配当に関して，グリフィン（Griffin, C., 2010）は投資家が企業が配当を支払うかどうかの期待をどの程度持っているかも重要と指摘している．数年来増配を続けていた企業が，突然減配や配当無しに方針転換すれば，それは株価にとって非常にマイナスとなる．また，流動性の問題では，仮にM-Mの仮定した完全市場であった場合，取引コストは掛からず，取引価格も一定の正しい価格で常時取引されるが，流動性リスクが存在する市場では，売買価格に大きく差が生じ，その売買成立には多くの時間がかかる場合も想定される．グリフィンはそこで配当が投資家のその流動性リスクを緩和すると指摘している．バネージィー（Banerjee, S., 2007）らによれば，より流動性の低い株式（出来高が少なかったり，取引の成立しない日が多い）の場合，配当を受け取る可能性が高いことを指摘しており，さらに，ベッカーブリーズ（Becker-Blease, J., 2006）によれば，流動性の増加は資本コストの低下にもつながると指摘している．

これらの研究からも実際の市場においてはペイアウト政策は企業価値には無関連ではないとの結論をえることができる．では，ペイアウト政策が実際の企業の価値にどのような影響を及ぼすのであろうか．次にその影響の度合いを簡単にみていこう．

今回，分析対象とするのは，東証一部上場企業のうち，2006年に「自己株式の取得に関するお知らせ」（及びそれに類似するタイトル）のアナウンスを行った企業のうち，発表日前後2年以内に，株式分割を行った企業や，データの欠損値が認められる企業，及び金融関係（銀行業，証券，商品先物取引業，その他金融など）に属する業種の企業を除外した企業であり，このサンプルを対象にイベントスタディ分析を行った．

図表12―11 累積異常収益率の推移

出所）筆者作成

イベントスタディ分析を行う際の期待収益率の計算には，式〔12.34〕に示したマーケットモデルを用い，βとaの推定期間としてアナウンス日を基準に－119日から－21日を設定した．また異常収益率の計算期間としては－20日から＋91日までとして分析を行った．

$$\hat{R}_{i,t} = a + \beta R_{mt} + \varepsilon_{it} \quad \quad 〔12.34〕$$

また異常収益率の計算は以下のように行う．

$$AR_{i,t} = R_{i,t} - \hat{R}_{i,t}$$

$$\hat{R}_{i,t} = a_{it} + \beta_{it}(R_{mt}) \quad \quad 〔12.35〕$$

$AR_{i,t}=i$銘柄のt日の異常収益率

$R_{i,t}=i$銘柄のt日の収益率

$R_{mt}=$TOPIXの収益率

その結果は図表12―11のようになった．

異常収益率は発表日前の－3～－1日までマイナスで推移した後に，発表日から＋6日までプラスで推移しており，＋1～＋6日までの合計は1.31％であった．つまりアナウンスがあった当日の終値で当該株式を購入すれば6日間で1.31％の超過収益のリターンを得られたということになる．そして，この結果は自己株式の取得がプラスのアナウンスを含んでいるという事実を示唆し

ており，実際の証券市場において自己株式取得が企業価値にとって良い影響を与えうるペイアウト政策であることが明らかになったといえよう．

5－2．配当対自己株式取得

ペイアウト政策における主要な2つの政策となるのが配当と自己株式取得である．ではこの2者間にはいかような違いが存在するのであろうか．これまでみてきたように企業成果の分配という面においてはこの両者に違いは存在しない．配当であろうと自己株式取得であろうと，企業は一定の利益を獲得しなければ実施できない．したがって，この分配政策の前提は企業が利益を獲得しており，その利益を株主に還元するという基本的な流れとなる．またその基本的な流れは株主の代理人として位置付けられる経営者に課された義務である．

株主への利益分配と位置付けられる両者であるが，当然その違いは存在する．配当は配当割引モデル（Dividend Discount Model: DDM）に代表されるように古くから実施されており，企業価値を推定する上で重要なファクターのひとつと考えられてきた．極端な仮定ではあるが，仮に株式を売買できる市場がない場合（または非公開企業の場合）企業の株式を所有して得られるメリットは配当のみである．つまり配当割引モデルでも仮定しているように，株式の売買を前提とせず，企業が永久に存在し配当を支払えるだけの利益をあげられるならば，企業の価値というのは将来得られる配当の現在価値に等しくなる．このように配当と企業価値は密接に関連している．

株式市場が存在しており，企業の株価が業績などによって変動する場合はどうであろうか．当然のことであるが，投資家は企業の成長に期待して投資を行う．そのため仮に無配の企業であろうと企業価値は存在する．たとえば成長著しいベンチャー企業などの場合，現在配当を行っているのか無配であるのかは，それほど大きな問題と考えられないことが多い．しかし，ベンチャー企業に配当は未来永劫期待しないかと問われれば，それは正しいとはいえない．多くのベンチャー企業がそうであるように，ある一定の段階からは配当金が支払われるケースが多い．それは企業成長の鈍化を原因とする場合や，手元資金の余剰

から生じる場合など，さまざまなきっかけが考えられる．直近で大きな話題となったのが米国のアップル社（Apple）のペイアウト政策である．アップルはパソコン，音楽端末，スマートフォンなどのヒット商品を続々開発し，巨額の利益を獲得している企業である．アップル社はもともとはマッキントッシュ（Macintosh: MAC）と呼ばれるパソコンを開発していた企業であった．1980年代から1990年代以降のパソコン業界ではCPU（Central Processing Unit）にインテル（Intel）のプロセッサを，OS（基本ソフト）にマイクロソフト（Microsoft）の製品（Disk Operating System: DOS, Windows）を搭載したパソコンが市場の中心に位置していた．これは2014年現在も変わりがない．当時市場の中心がインテルやマイクロソフトなどが構成するパソコンであったものの，アップルはクリエイターやデザイナーなどのアクティブな人びとに好まれ，コアなファンを獲得していた．だが，一部の消費者には熱狂的に支持されていたが，それが市場の大多数の顧客となることはなく，徐々に業績は低迷していった．しかし，1998年にiMacと呼ばれるデザイン性に優れたパソコンをヒットさせると，2000年から現在に掛けてはiPodやiPhone，iPadなど新製品を次々ヒットさせ，巨額の利益をあげる企業にまで成長した．

　しかし同時に，ここ数年は成長の鈍化も指摘され，2013年には2015年までに総額で1,000億ドルものペイアウト政策を行うと発表した．日本円にして（1ドル100円換算）10兆円もの巨額なペイアウトである．

　ペイアウトの規模・効果についての議論はここでは避けるが，少なくとも投資家がアップルに対して企業成果の分配を配当や自己株式の取得を通じて求めたということである．つまり，ベンチャー企業といえども，長期的にはペイアウト政策を検討する時期が必ず来るのである．

　また投資家にはそれぞれの選好というものも存在する．事業拡大期のベンチャー企業はあまり配当を実施せず，円熟期の企業は相対的に多くの配当を支払う傾向があるが，これに対して投資家はその投資先をそれぞれの選好にあわせて決定する．いわゆる配当の顧客効果である．投資家は自らの選好に合う配当

政策を実施する企業を好むといわれている．米国の研究では配当利回りを各企業の投資家の属性で回帰分析し，年配の投資家や所得の低い投資家を基盤とする安全な企業ほど，所得の高い投資家や若い投資家を基盤とする企業よりも多くの配当を支払っているという結果もある．

　配当を実施する際，いくつかのメリットが存在する．ひとつ目は市場に対するメッセージ性である．来期の収益見通し，役員人事，新規事業など，企業は資本市場に対してさまざまなメッセージを発する．そのなかでも増配や減配のメッセージは投資家に対して極めて強いメッセージとなる．企業の経営者は，配当の変更を好まないことは前節でも述べたが，そのため増配はよりポジティブに，減配はよりネガティブなシグナルとして市場に受け取られる．また2つ目は顧客効果の観点から，企業がより自社にとって好ましい投資家を誘引できる可能性である．ただし，絶対的な効果としては市場に対するメッセージ性の方がより強い効果となると考えられる．

　しかし配当は一度決定してしまった水準が将来的に経営者の足枷となる可能性も存在する．つまり，企業業績が悪化した場合にも，なかなか減配を行いにくいという点である．特に企業業績の改善が一時的なものである場合や，そもそも不動産の売却などの特別利益による業績の改善の場合である．この場合，配当の増額は経営者にとって将来の柔軟性を低下させる結果となる．

　一方，自己株式取得はどうであろうか．自己株式取得は配当と比較し，次のようないくつかのメリットが存在する．まずひとつ目は自己株式取得は，基本的には1回限りの資金分配と考えられることである[27]．そのため，企業の利益改善が一時的な場合や，特別利益をもとにしたような場合には有効な手段となる．2つ目は，配当は基本的に決められた水準が決められた時期に支払われるが，自己株式取得は最初に買い戻す株式の総数と，使用資金の総額さえ決めれば，いつどのタイミングで，どれだけ買い戻すかは経営者の裁量に委ねられる．これは経営者にとって非常に大きなメリットとなる．3つ目は自己株式取得は必要とした株主にのみ利益分配が可能という側面も存在する．配当は基本的にす

べての株主に平等に利益が分配され，理論的には配当落ち日には配当の分だけ株価は下落する．しかし，自己株式取得であれば，現金を必要とする株主は株式を売却することによって現金をえることができ，逆に現金よりも株式を継続的に保有したい株主はそのまま保有が可能になる．4つ目は自己株式取得は，社外流通株式を減少させるため，仮に経営陣などの内部者に株式の所有者が存在すれば，必然的に持ち株比率は上昇し，企業の経営権の強化につながる．5つ目は，株価暴落時などの際の，株価の下支え機能が考えられる．

　これらは配当と比べ自己株式取得が優れていると考えられる点である．また実際に米国などでは配当を実施する企業は減少し，自己株式取得を行う企業は増加している．

　しかし，自己株式取得は一度限りの利益分配で，企業の利益改善が一時的な場合や，特別利益をもとにしたような場合には有効な手段と述べたが，逆説的には，現金配当は同じ費用を掛けても投資家に対し，企業の将来見通しのより強いコミットメントを与えることになる．また日本の企業においては，基本的に配当を実施する企業が多く，配当を実施した上でさらに自己株式の取得を行う企業がほとんどである．自己株式取得は配当に比べ優位な点が数々みられるが，完全に上位代替となり，配当を駆逐するような存在とまではならないであろう．ただし，企業業績が改善し，よりペイアウト政策の重要性が増すならば，必然的に自己株式取得の需要は増えてくるものと考えられる．

6　ペイアウト政策に関する若干の整理

　以上にわたって，ペイアウト政策に関し，経営学的立場から若干の考察を加えてきた．ペイアウト政策は，経営体からみた環境主体のひとつとしての株主集団に対する経営意思決定過程の一部であると考えられる．その場合，経営体の目標と環境主体としての株主集団の目標との相違から，ペイアウト政策が意味をもつことが理解される．つまり，ペイアウト政策の経営学的研究が生まれ

てくることを意味している．

　ところで，ペイアウト政策を分配論として意味づける場合には，配当性向や総還元（配当＋自己株式取得）の基準を明らかにする必要がでてくる．当然，配当性向や総還元はそれぞれの企業によって異なってくるが，経営体は，株主集団に対し，一定の目標配当性向や総還元を事前的に経営情報として経営体側から提示することが重要である．株主はその情報を吟味し企業へ投資を行うことが可能となり，幾ばくかの不確実性が払拭される．ただし，これはあくまで目標水準の提起であり，その実現性如何によってあまり効果が現れないかもしれない．

　しかし，配当性向基準は経営のグローバル化（特に資金調達面でのグローバル化）にも伴い，今後も重要視する必要があると考えられる．さらに，わが国の現状をみる場合，一般に今後の低成長経済を考えれば，この配当性向を高める必要性が生ずる．というのは，低成長経済においては，一般の会社の成長は低いものであり，会社の株式価値は十分高められないことを想起しなければならないからである．つまり，経営学的には，分配論の位置づけが，再度，重要視されてくると思われる．一方，各主体の経営目標を支えるもののひとつとしての「株価極大化」を経営財務目標とした場合，株価が配当政策によって影響されうるかどうかの問題を明らかにすることが必要となる．ミラーとモジリアーニは，投資政策が所与のもとで，「株価は配当と無関係である」という命題を証明した．彼らの見解は彼らの理論構造の枠組みで正しく，アメリカ・ファイナンス学会でも支持されてきた．

　しかしながら，配当政策がわれわれの考える資本調達論とのかかわりあいで問題にすることになれば，当然，配当政策の位置づけは無視できないものであると考えられる．配当政策の問題は，経営機能との関連のなかで，理論的に位置づけられる必要がある．[28]

　最後に，経営学的見地からみて，アメリカを中心に展開されてきた経営財務の理論的題材をベースにし，わが国における経営財務の問題に接近する方向を

検討してみたい．その方向が日本的経営財務政策の理論および原理の確立になると考える．

注）
1）ここでの展開は，山城章の「企業体制論研究」の教えによるところが大であり，文献としては，主として次のものを参考にしている．
　　山城章（1961）『現代の企業』森山書店．
　　山城章（1970）『経営原論』丸善．
2）経営体の概念については，次を参照されたい．
　　山城章（1970）『経営原論』丸善，pp.66-68.
3）図表12―1は「資本的企業体制の段階」と「現代的経営体制の段階」の2つの比較で考えられている．
4）環境論については，次を参照されたい．
　　小椋康宏（1977）「経営戦略に関する一考察―経営体の環境対応の理論の一環として―」東洋大学経営研究所，pp.31-48.
5）「資本の証券化」がこのような考え方をとるひとつの基礎となっている．
6）アメリカ財務論学界では，「株価極大化原理」を打ち出して展開する方法は，現在，通説と考えられているようである．
7）以下は，主として次の文献による．Brigham, E. F. (1979) *Financial Management : Theory and Practice,* 2nd ed., The Dryden Press.
8）*Ibid.,* pp.5-6.
9）Lewellen, W. G. (1969) "Management and Ownership in the Large Firm," *Journal of Finance,* Vol.24, May, pp.299-322.
　　ここにおいて，ルウェレンは，経営者が大部分，「株価極大化」を指向する意思決定をなしているように思われると結論づけている．
　　しかしながら，わが国の大会社の多くの経営者が「株価極大化」を行動指針として意思決定をなしているかについては，はなはだ疑問である．
10）わが国においても，実質的な「乗っ取り」が近い将来，見られるようになるのではないかと予想する．
11）Brigham, *op. cit.,* pp.6-7.
12）*Ibid.,* p.9.
13）*Ibid.,* p.10.
14）*Ibid.,* p.11.
15）山城章（1970）『経営原論』丸善，pp.159-163.
16）細井卓（1961）『配当政策』（増補版）森山書店，第7章．
17）Guthmann, H. G. & H. E. Dougall (1962) *Corporate Financial Policy,* 4th ed.,

Prentice-Hall.
18) Donaldson, E. F. & J. K. Pfahl (1963) *Corporate Finance*, 2nd ed., The Ronald Press.
19) Miller, M. H. & F. Modigliani (1961) "Dividend Policy, Growth and the Valuation of Shares," *Journal of Business*, Vol.34, pp.411-433.
20) 本節では，次の文献から負うところが大である．
  Tiniç, S. M. & R. R. West (1979) *Investing in Securities : An Efficient Markets Approach*, Addison-Wesley, pp.435-460.
21) Miller & Modigliani, *op. cit.*, pp.415-421.
22) *Ibid.*, p.414.
23) *Ibid.*, p.414.
24) ゴードン，ブリガムの見解については，主として次のものを参考にした．
  Gordon, M. J. (1963) "Optimal Investment and Financing Policy," *Journal of Finance*, pp.264-272.
  Brigham, E. F. & M. J. Gordon (1968) "Leverage, Dividend Policy and the Cost of Capital, *Journal of Finance*, Vol.23, pp.85-104.
  Brigham, *op cit.*, pp.74-89, pp.618-622.
  なお，ゴードンを中心とする最適配当政策論は，次を参照されたい．
  小椋康宏『経営財務』同友館，pp.165-174.
25) Brigham, *op. cit.*, pp.618-622.
  加えて，次の文献などを参照されたい．
  Weston, J. F. & E. F. Brigham, *Managerial Finance*, 5th ed., The Dryden Press, pp.694-697.
  小椋，前掲書，pp.174-178.
26) アメリカの特徴については，次の文献が参考となる．
  Brigham, *op. cit.*, pp.622-636.
  Van Horne, J. C. (1980) *Financial Management and Policy*, 5th ed., Prentice Hall, pp.347-366.
27) 基本的には自己株式取得は単発的に行うものであるが，継続的に自己株式取得を実施する企業も存在する．
28) このことは，経営学的研究方法に基づく配当政策論が必要であることを主張しているのである．

参考文献

Banerjee, S., Gatchev,V. & P. Spindt (2007) "Stock market liquidity and firm dividend policy," *Journal of Financial and Quantitative Analysis*, 42(2), pp.369-384.

Becker-Blease, J. & Paul, D. (2006) "Stock liquidity and investment opportunities: Evidence from index additions," *Financial Management*, 35(3), pp. 35-48.

Damodaran, A. (1999) *Applied Corporate Finance : A User's Manual*. (三浦良造・兼広崇明・蜂谷豊彦・中野誠・松浦良行・山内浩嗣訳 (2004)『コーポレート・ファイナンス戦略と応用』東洋経済新報社

Fairchild, R. (2006) "When Do Share Repurchases Increase Shareholder Wealth," *Journal of Applied Finance* (Spring/Summer) pp. 31-36.

Fama. E. F. & K. R. French (2001) "Disappearing Dividends: Changing Firm Characteristics or Lower Propensity to Pay," *Journal of Financial Economics*, Vol. 60, pp. 3-43.

Griffin, C. (2010) "Liquidity and Dividend Policy: International Evidence," *International Business Research*, Vol. 3, No. 3, July, pp. 3-9.

Grullon, G. & R. Michaely (2002) "Dividends. Share Repurchases and the Substitution Hypothesis," *Journal of Finance*, Vol. 57, pp. 1649-1684.

Kennon, J., (2005) "Share Repurchase Programs-Increasing Earnings Per Share with Stock Buybacks," (http://beginnersinvest.about.com/cs/investinglessons/l/blsharerepurcha.htm)

Lang, L. H. P. & R. H. Litzenberger (1989) "Dividend Announcements: Cash Flow Signaling vs. Free Cash Flow Hypothesis," *Journal of Financial Economics*, 24, pp. 181-191.

Lintner, J. (1956) "Distribution of Incomes of Corporations among Dividends, Retained Earnings, and Taxes," *American Economic Review*, 46, pp. 97-113.

Miller, M. H. & F. Modigliani, (1961) "Dividend policy, growth and the valuation of shares," *Journal of Business*, 34, pp. 411-433.

Miller, M. H. & K. Rock (1985) "Dividend Policy under Asymmetric Information," *Journal of Finance* 40, pp. 1031-1051.

Nohel, T. & V. Tarhan (1998) "Share Repurchases and Firm Performance: New Evidence on the Agency Costs of Free Cash Flow," *Journal of Financial Economics*, 49, pp. 187-222.

Oprea, R. (2008) "Free Cash Flow and Takeover Threats; An Experimental Study," *Southern Economic Journal*, 75 (2), pp. 351-366.

Skinner, D. J. (2008) "The evolving relation between earnings, dividends, and stock repurchases," *Journal of Financial Economics*, 87. pp. 582-609.

Vermaelen, Theo (1981) "Common Stock Repurchases and Market Signaling: An Empirical Study," *Journal of Financial Economics*, Vol. 9. No. 2, pp. 138-183.

井出正介 (1994)『日本の企業金融システムと国際競争』東洋経済新報社.

小椋康宏 (1982)「配当政策に関する一考察」『経営論集』20, pp. 65-85, 東洋大学.

小椋康宏（1984）『日本的経営財務論』中央経済社.
小山明宏（2005）『経営財務論（新訂版）―不確実性，エージェンシー・コストおよび日本的経営―』創成社.
藤井辰朗（2012）「金庫株の消却が株価に及ぼす影響についての考察」『2012年経営行動研究年報』経営行動研究学会.
細井卓（1961）『配当政策（増補版）』森山書店.
宮島英昭・蟻川靖浩・齊藤直（2001）「日本型企業統治と『過剰』投資：石油ショック前後とバブル期の比較分析」『フィナンシャル・レビュー』60号，財務省.
山城章（1970）『経営原論』（経営学全書①）丸善.

第13章　知的財産の価値評価

無形資産

特許権　　ブランド

ロイヤルティ

経済的寄与率

今や企業価値の大半が知的財産あるいは無形資産の占める割合が高くなったといわれて久しい．工業化時代から情報化時代へ変遷したといわれる近年において，企業が競争上優位に立つためには，「アイデアや知恵」といった知的財産や無形資産を有効活用することが不可欠である．また，特許権などの知的財産権は，権利濫用と判断されない限りは独占禁止法の適用除外とされており，排他的な権利により独占事業を営むことが可能となり，独占的超過利潤を上げることができる．それにより投資プロジェクトの収益を高めることができ，正味現在価値（Net Present Value : NPV）が高まる結果として，さらに企業価値を高めることができる．それは知的財産や無形資産が，より企業価値を高めることを意味する．それに物的資本の乏しいわが国にとって，人的資本が生み出した知的財産を有効活用することは，激化する国際競争上優位に立ちうるために必要不可欠な経営戦略といえる．さらにビジネスがボーダレス化するなかで，TRIPS（Trade Related Aspects of Intellectual Property Rights）協定の履行に伴い，世界的に知的財産権を尊重する機運は高まっているといえる．

　そして知的財産は企業戦略だけではなく，国家戦略としての意味合いも持っている．

　さて，本章では，知的財産の価値評価をその目的とするが，そのニーズは多方面に存在する．たとえば，第1に知的財産を活用した資金調達のため，第2に他社からライセンスを受けたり，逆に他社に対してライセンスするため，第3に知的財産侵害がなされた場合の損害額算定のためなどである．また，従業員の職務対価の正当額を算定する場合にもここで論じている評価手法は活用可能である．

1　知的財産の価値評価手法

　知的財産の主要な価値評価手法には，コスト・アプローチ（Cost Approach）とマーケット・アプローチ（Market Approach），そしてインカム・アプローチ

(Income Approach) がある．

　まずコスト・アプローチは，代替と効用の経済原則を基礎としている．この手法の前提概念は，知的財産の購入者がそれと同等の効用をもつ代替的知的財産の額以上の金銭は支払わないということである．そして取得日の価値で計測されるが，その際に用いられるのが，取替費用（replacement cost）と再生産費用（reproduction cost）である．前者の取替費用は当該資産と同等の効用をもつことに必要な金額として，後者の再生産費用は当該資産と同等なものを作製するのに必要な金額として算定される．しかし知的財産の費用はいずれの方法で算定しようとも価値を示すことは稀であるが，価値に近づけるために，経済的減価償却を行う．そこで考慮に入れるのが，物理的減耗，機能的陳腐化，経済的陳腐化である．[1]

　次にマーケット・アプローチは効率的市場と合理的行動という経済原則を基礎としている．そして過去に行われた類似取引のデータが合理的価値を示していると信頼している．つまり比較可能な資産取引を行う活発な市場が存在し，その資産が過去に取引されており，またその資産の取引価格に関する情報が入手可能であるということを条件とする．無論，同一の資産の存在は非常に稀なので，実際に取引された資産と当該資産を，成長率や収益率などの定量データを下に分析して価値を算出する．

　そしてインカム・アプローチとは予測と合理的期待という経済原則を基礎としており，代表的な評価手法はDCF法（Discounted cash-flow method）である．つまり資産の経済的使用可能期間を通じて将来の経済的便益の現在価値を評価する方法である．これは，もっとも理論的な評価方法であり，多くの種類の知的財産について，比較的信頼できる評価結果をえることができる．また知的財産の価値評価において，注意すべき点は，DCF法を用いて一般に企業価値を算定する場合は，継続価値を仮定するが，知的財産は有効期間が存在する．[2]

　そしてその他，知的財産を評価する上で重要なファクターは，知的財産の経済的寄与率である．これはDCF法によって算定されたものは基本的に企業価

値あるいは事業価値であり，そのなかで知的財産がどの程度キャッシュ・フローを生むことに寄与しているかを示す割合である．次にその算定方法を検討する．

1－1．知的財産の経済的寄与率

企業あるいは事業全体に対する知的財産の経済的寄与率とは，いかに算定すべきなのであろうか．ここでは利益三分法と簿価超過法，そしてスミス＝パール法（Smith and Parr：以下Ｓ＆Ｐと略す）の３つの方法を示す．

第１に日本で行われている知的財産の経済的寄与率に関する手法である「利益三分法」は，東京地裁1962（昭和37年）判決のなかで示された方法である．そこで「特許発明を独占的に実施してあげた事実上の年間利益金は資金力，営業力，特許権の３要素の相乗的効果に基づくものであり，その比重に応じて資本提供者，営業実施者，特許権者に配分されるべきである」[3]と判示された．それは以下の式で示される．

$$L = G \times \frac{c}{a+b+c} \times (1-H) \quad \cdots\cdots\cdots\cdots\cdots\cdots\cdots\cdots\cdots\cdots \quad [13.1]$$

L：特許権による収益，G：当該商品の収益，a：資金力，b：営業力，c：特許権，H：修正係数

しかしながらこの方法は，評価者の恣意性が多分に含まれる手法であり，積極的には支持し得ない．

第２に簿価超過法は，超過分の知的財産の簿価を加えたものを知的財産の時価として，それを総資産（市場価値が同等の価値をもつとして算定）で割ったものを知的財産の経済的寄与率とする．簡単に言えば，知的財産の時価総資産のうちの市場ウェイトを寄与率とする考え方である．

第３にＳ＆Ｐ法は，ゴードン（Gordon, V. S.）とラッセル（Russell, L. P.）が提唱した方法であるが，この手法によると，知的財産の市場ウェイトに知的財産の期待収益率をかけて，加重平均資本コストで割ったものを知的財産の経済的寄与率としている．両者の関係は，簿価超過法による知的財産の経済的寄与率

に知的財産の期待収益率をかけて，WACC で割ったものが S＆P 法による知的財産の経済的寄与率と等しい．

　一般的には S＆P 法の知的財産が簿価超過法の知的財産を上回る関係にある．そのときは知的財産の期待収益率が WACC を上回っている状態である．逆に S＆P 法の知的財産が簿価超過法の知的財産を下回る場合，知的財産の期待収益率が WACC を下回っている状態であるので，そのときは企業に投資するよりも国債や市場ポートフォリオを購入した方が良いという状態である．つまり当該企業の市場的優位性がまったくないことを示している．

　商品の経済的便益は，知的財産だけであげられるものではない．企業は金融資産，有形資産，投資資産，そして知的財産などから成り立っている．経済的便益は，これら補完的資産を統合することによって生み出され，収益という形で実現される．それぞれの資産が収益に寄与しており，各資産カテゴリーの相対的ウェイトをそれぞれに伴うリスクの大きさに基づいて，企業の収益の額をその構成要素に配分しなければならない．このように考える根拠について，パールの言葉を引用することにする．

　「製品を生み出す企業は競争的環境にいる．その製品の価格は激しい競争をうけて，利益は乏しいものとなる．そのような環境で，効率的市場は結果として製品の価格をあるレベルに安定させる．そのレベルとは，市場の参加者がその事業で投資した資産に見合った収益率を獲得させるものである．この公正な収益は，運転資本，有形固定資産，無形資産で獲得しえる．しかし典型的に超過収益はある製品の生産や売上からは獲得し得ない．独占権を持った技術を用いて，価値の高い製品を生産する会社が，……プレミアム価格を要求できる[4]」．つまり，収益とは独占したものではなく，運転資本や有形固定資産からは公正な収益しかあげ得ず，知的財産のみが超過収益をあげるという観点から，知的財産の経済的寄与分を導き出そうとしている．この考え方は，後述するロイヤルティ・レートの算定も含めて，S＆P 法における知的財産の価値評価全般に一貫している．さて，ここで企業の各構成要素についての概略を次に示してお

く．

　金融資産は，正味運転資本のことをいい，流動資産から流動負債を差し引いたものである．流動資産には売掛金，棚卸資産，現金，短期有価証券などがある．その総計から，買掛金，未払費用などの流動負債が差し引かれる．運転資本は企業の資産のうち，もっとも流動性が高いものである．そしてその投資リスクは本質的に他のカテゴリーと比べて小さい．運転資本に対する適正投資収益率は，通常，全体としてのWACCよりも低くなる．そこで運転資本の適正投資収益率は，リスク水準の低い短期証券投資の利益率が用いられる．もし運転資本が事業に投資されていなければ，企業は，リスクの小さい短期証券からの収益率を享受できたはずである．従って，運転資本に対して最低でもそれと同等の収益率が事業活動を通して得られなければならない．しかしながら，流動資産が流動負債よりも小さく，運転資本がマイナスとなる場合には，計算が煩雑になるので，簡便化のために流動資産をそのまま用いてもよいと考える．

　有形固定資産には，建物や機械設備などがある．これらの資産は運転資本ほどの流動性はないが売買は可能である．これらの資産の収益率は，固定資産を担保として商業銀行が貸し付けを行う場合の利子率，あるいは不動産業者に委託した場合の運用利率に近似するものと考えることができる．

　知的財産（あるいは無形資産）は，もっともリスクが高い．これらの資産にはほとんど融通性がない．たとえば事業が失敗したときに，従業員に対する教育などの価値も失われる可能性が高い．これら資産の収益率の算定手法は，まず企業全体の収益率をWACCとして算定して，金融資産と有形資産について妥当な収益率を見積もることで，知的財産がもたらすべき適正な収益率を求めることができる．これらの議論を，図を使って説明すると，図表13−1のようになる．

　簡便化のために，知的財産が生む将来キャッシュ・フローは1期のみ，資本と負債が時価評価でそれぞれ60％，40％の資本構成を持ち，そのとき負債資本コストが8％で株式資本コストが12％とし（加重平均資本コストは9.12％），

図表 13—1　時価評価された貸借対照表と各期待収益率

出所）筆者作成

図表 13—2　時価試算表

資産カテゴリー	①資産市場価格ウェイト	②必要収益率	③WACC	④同左ウェイト	⑤CFの配分（円）
金融資産	0.15	0.05	0.0075	0.082	1,640,000
有形固定資産	0.25	0.06	0.015	0.165	3,300,000
投資など	0.20	0.09	0.018	0.197	3,940,000
知的財産	0.40	0.1263	0.0507	0.556	11,120,000
合計	1.00		0.0912	1.00	20,000,000

出所）筆者作成

　時価評価で金融資産15％，有形固定資産25％，投資など20％，知的財産40％の資産構成をもつ企業を想定する．また，金融資産の必要収益率を5％，有形固定資産の必要収益率を6％，投資などの必要収益率を9％，そして知的財産の必要収益率が現段階では不明，加えて実行税率を40％と考えてみる．そして将来キャッシュ・フローを2,000万円とする．資産市場価格ウェイトに必要収益率を掛けたものすべて合計してWACCが9.12％になるように，知的財産の必要収益率や資本コストを算定する．そして④をキャッシュ・フローに掛けると，⑤の配分を算定することができる．この例では，知的財産の寄与分が55.6％と求められた．従って，この知的財産の価値は，その寄与分のキャッシュ・フロー（11,120,000円）を1＋割引率（1.0912）で割ると，10,190,616円と求められる．

　ここで知的財産の価値の公式を示せば以下のようになる．

$$知的財産の価値 = \sum_{t=1}^{n} \frac{E(CF_t)}{(1+k)^t} \times AR_t = \sum_{t=1}^{n} \frac{E(CF_{IPt})}{(1+k)^t} \quad \cdots\cdots\cdots\cdots [13.2]$$

$E(CF_t)$：将来 CF，k：割引率，AR_t：知的財産の経済的寄与率，$E(CF_{IPt})$：知的財産を基とする将来 CF

知的財産の評価は企業評価や事業評価と基本的な考え方は同じであるが，知的財産の経済的寄与率という重要なファクターが追加されている．知的財産の経済的寄与率は，以下の式で表せる．

$$AR_t = \frac{W_4 \times E(R_{IP})}{WACC} = 1 - \frac{W_1 \times E(R_{WC}) + W_2 \times E(R_{FA}) + W_3 \times E(R_{IA})}{WACC}$$
$$\cdots\cdots\cdots\cdots\cdots\cdots\cdots\cdots\cdots\cdots\cdots\cdots\cdots\cdots\cdots\cdots\cdots\cdots\cdots\cdots\cdots\cdots\cdots\cdots\cdots\cdots [13.3]$$

W_1，W_2，W_3，W_4：各資産の時価の割合（全て加算すれば1となる），$E(R_{IP})$：知的財産の期待収益率，$E(R_{WC})$：金融資産の期待収益率，$E(R_{FA})$：有形固定資産の期待収益率，$E(R_{IA})$：投資資産の期待収益率

なお，ここでは当該企業がその知的財産のみによって作られた製品だけしか販売していないと仮定したが，一般産業の企業を考慮すると，実際その商品は，数多く扱っているうちのひとつであろう．その場合は企業全体の価値を事業部門の価値に，さらに製品ラインの価値に分解して，知的財産の価値を評価しなければならない．また，ここでは知的財産を1種類と単純に考えたが，熟練労働力，実務マニュアル，商品・サービスを有利な条件で受けられる仕入契約，販売力，顧客の愛顧など，さらには特許権や，商標権，著作権，営業機密などに分類しなければならない場合もある．このとき特許，商標，著作権などの算定は DCF 法が望ましいが，労働力，流通ネットワーク，業務慣行などはコスト・アプローチが望ましいとされている．[5]

1-2. ロイヤルティ・レートの評価手法

1）簡便な評価手法

知的財産は売買したり，証券化するときだけでなく，ライセンスの場合にも

価値評価を行う．前者は価値を価額で示すが，後者は百分率で示す点が異なる．本項の目的は適正なロイヤルティ・レートを算定する手法を示すことにある．ここでは科学技術などの例を用いて検討する．

ライセンス契約の対価がロイヤルティと呼ばれるものであるが，ロイヤルティの支払額あるいは受取額は，当該知的財産の投資価値に対する適切な投資収益率と等しいものでなければならないとパールは指摘している[6]．つまり知的財産を創出するための研究開発費などを知的財産に対する1種の投資として，投資収益率をロイヤルティ・レートと表現した投資資産とみなすのである．加えていうならば，知的財産のライセンスは，多くの契約条項から成り立っており，ロイヤルティ・レートは，主に将来収益と条約条項に基づいた投資リスクに影響をうけることになる．しかしながら，ロイヤルティ・レートの算定も非常に困難であり，知的財産固有の要因に左右される．このロイヤルティを正確に算定する唯一の方法はない．比較的簡便な方法として考えられているのが，①25％ルール（慣習法），②マーケット・アプローチ，③利益率法，そして④研究開発費利益率法などである．いずれの方法にもリスクに基づく適正なリターンとの考え方が採られていない．

2） 分析的アプローチ

知的財産権における損害賠償請求訴訟における損害賠償額の算定は，高度な正確性を要求される．その要求に答えられているかは疑問であるが，このアプローチは，裁判所が用いた合理的ロイヤリティを導き出す手法である[7]．これは知的財産の経済的寄与を侵害製品の販売によって見込まれる利益と標準的な業界の利益水準との差として算定しようとするものであり，次式で表現される．

ロイヤルティ・レート＝見込み収益率－通常収益率

この通常収益率とは，当該技術を有しない場合のある産業での事業活動から獲得するであろう収益を意味する．言いかえれば，業界の「相場」というものである．参考になるものとして，技術ライセンスの相場がある．

図表13―3を見てわかるとおり，ひとつの企業のなかでさえ利益率の変動

図表13-3　技術ライセンス・レートの相場

(単位：%)

会社	1994	1993	1992	1991	平均
アップル	4.3	5.4	11.4	10.6	7.9
AST	3.1	4.3	10.3	13.7	7.9
コンパック	11.7	9.6	7.9	9.1	9.6
デル	7.2	-1.4	6.9	7.5	5.1
ゲートウェイ	5.2	8.6	9.3	9.5	8.2
カンパニー Avg	6.3	5.3	9.2	10.1	7.7
スーパー PC	12.0	11.0	15.0	16.0	13.5

出所）Russell, Parr & Suillivan（1996：219）

が大きく，業界の利益率に大きな幅があるので，いわゆる相場を特定するのは困難であると思われる．したがって，業界の相場が明らかな場合にのみ利用可能な手法であるといえる．この業界の相場が明らかな場合というのは，競争が激しいような日用品と比べるような場合である．それは競争が激しいので，運転資本や有形固定資産からは適正な収益しか得られない状態である．つまり知的財産を利用するためには異なる種類の資産を統合する必要があるという貸借対照表の観点も考慮に入れることによって知的財産の寄与分を知ることが出来るようになるのである．そして商品を製造，販売するのに利用された補完的資産に関する投資収益は標準的な業界収益と等しく，この額は価値の高い製品を商品化して獲得した全収益から除いて，その差額は知的財産の寄与額と考えることによって，それを合理的なロイヤルティとした．それは以下の式で定義される．

　　ロイヤルティ・レート＝価値の高い製品の利益率−日用品の利益率

　ここでのベンチマークとなる日用品の収益は，知的財産がないので一般的とされる製品，知的財産の製品が競争下にあり，同等か類似した業界にある製品，そして補完的資産における投資額が類似している製品を分析することによって算定できる．しかしながらこの修正された分析的アプローチも，通常の業界利益が通常の製品の分析から推定できた場合にしか機能しないことに対する批判に答えきれているわけではない．以上の手法は，侵害訴訟において発達してき

たとはいえ，一般的なライセンス交渉にも有用な方法である．

3）DCF 法を利用したロイヤルティ・レートの算定

DCF 法を利用してロイヤルティ・レートを算出する方法もある．その際の割引率は，将来 FCF のリスクを反映させたものである．基本的には前述した DCF 法による知的財産の価値評価の手法と同じである．それを応用してロイヤルティ・レートを導出する．

最初は，その資産の保有に伴うすべての権利，義務，責任がライセンシーに移転したと仮定してロイヤルティを算定する．その場合のロイヤルティは，資産の保有者が求める収益率に等しくなる．その後，ライセンスの契約内容によって，ライセンスの当事者の間でどのようにリスク配分されるかによって，ロイヤルティ・レートは変動する．たとえば，ライセンサーのリスクが増加すればロイヤルティは高くなるし，ライセンシーのリスクが増加すればロイヤルティは低くなる．

適正な収益率に基づいてロイヤルティを算定するには，経済的便益のうち知的財産の寄与分を考慮に入れた FCF を算出する必要がある．前項の例をそのまま利用すると，FCF は 10,190,616 円であるから，仮に売上高を 1 億円とした場合，FCF を売上高で割って求められた値 10.19％ が，ロイヤルティの参考値となる．この数値が，当該知的財産の保有に関わるすべての権利を持った投資家が求めるであろう収益率である．つまりこのロイヤルティには，知的財産についての権利だけでなく，果たさなければならないすべての義務も含まれている．その主な義務には，たとえば，権利侵害訴訟に対して，当該訴訟にかかるすべての費用を負担する義務とか，当該知的財産の価値を維持するための研究開発を続けなければならないという義務もある．

権利侵害への対応に関する契約が影響を与えたロイヤルティ・レートは，ライセンシーが負担する権利侵害の防御に必要な金額を明らかにして，その額を知的財産の寄与分のキャッシュ・フローから控除して算定できる．この手法は，後者の研究開発義務を考慮に入れたロイヤルティ・レートの算定にも利用でき

る．以上より，ロイヤルティ・レート算定の基本的公式を示すと以下のようになる．したがって，売上高における将来FCF率に知的財産の経済的寄与率をかけたものとして表すことができる．

$$RR_t = \frac{E(FCF_t)}{E(S_t)} \times AR_{IP} \quad \cdots\cdots\cdots\cdots\cdots\cdots\cdots\cdots\cdots\cdots [13.4]$$

RR_t：ロイヤルティ・レート，$E(S_t)$：MDの予想売上高，$E(FCF_t)$：MDの予想FCF，AR_{IP}：知的財産の経済的寄与率

4）ロイヤルティ・レートの実際

従来，日本において一般産業のロイヤルティ・レートは，特許庁によって作成された国有特許権の実施料算定方法を参考にして計算されていた[8]．それによれば，実施料は売上高の2～4％程度となっており，実務もこれらの数値が基準になっているので，当然に低いものとなっていた．ちなみに，合理的ロイヤルティ・レートの平均は，アメリカでは11％，わが国では42％といわれている[9]．特許庁でも実施料率決定を自由化したので[10]，今後日本においても，知的財産の価値に応じたロイヤルティ・レートが算定されることになるであろう．しかしながらアメリカでも，価値に応じたロイヤルティ・レートの算定が行われているとは限らない[11]．それは知的財産のリスクや価値が，本源価値と乖離する何らかの要因があることに起因する．いわゆる価値評価と価格決定は異なるということである．

活発な知的財産市場が存在しない現在において，現実的に知的財産が一物一価の法則のもとに価格が決められるということはありえない．価格を決めるのは最終的には交渉力である．その交渉力には，交渉する者の才能だけでなく，それぞれの企業の立場も問題となる．従って，前述したような知的財産の評価によって算定された形は，ひとつの出発点に過ぎない．それが，リスクとロイヤルティ・レートがリンクしていない理由のひとつであろう．

1-3．その他の知的財産の評価手法

その他の評価手法としては，無形資産アプローチ，ナレッジ・キャピタル・

アプローチ (Knowledge Capital Approach), 利益倍数法, ベイン・アンド・カンパニー・アプローチ (Bain and Company Approach), そして経済産業省が開発したブランド価値評価モデル[12]などがある.

1) 無形資産アプローチ

NCI リサーチによって開発された手法である. 税引前利益から純資産利益率 (Return on Tangible Assets) に自社の有形資産額を乗じた値を差し引くと「無形資産による利益額」が算出できる. この「無形資産による利益額」に3年間の平均課税額を乗じた値を「無形資産による利益額」から差し引くと,「無形資産による税引後の価値」が算定できる. これを自社の知的財産がもつ経済的寿命などを考慮した正味額とするために, 資産の維持経費などを表す適切な割引率でこの値を割ると, 知的財産などの無形資産の無形資産価値計算値 (Calculated Intangible Value) が算定できるという考え方である.

2) ナレッジ・キャピタル・アプローチ

これはバルーク・レブ (Baruch Lev) によって考案された手法である. この手法は, 知的資産利益=年間利益-(有形固定資産+財務資産からの利益)によって表される. ただし, 有形資産及び財務資産からの利益はそれぞれ帳簿上の資産価値に期待利益率 (たとえば有形資産には7％, 財務資産には4.5％) を乗じて算出したものである. この数式によって「知識資産利益 (知識資産によって得た利益)」を求める. 算出された「知識資産利益」を業界別の「知識資産期待利益率」で割り引くことにより知的財産の価値を算出するというものである. たとえば知的資産期待利益率とは, ソフトウェアやバイオテクノロジー, 製薬業界なら少なくとも10.5％ということになっている.

3) 利益倍数法 (Interbrand Approach)

本章で取り上げる利益倍数法には, UK のインターブランド (Interbrand) 社のものがある. インターブランド社による手法は, ブランド力乗数 (brand-strength multiple) とブランド利益 (earnings attributable to the brand) を元に評価するものである.

まず純利益の計算としては，過去3年間の利益を用いて，単年度の不規則な評価を排除し，利益の平準化を図っている．次にブランドに総合的評価を与えるために，マーケティング的，かつ戦略的な7つの基準を用いている．ブランドスコアとして，主導性（Leadership），安定性（Stability），市場性（Market），国際性（Internationality），方向性（Trend），サポート（Support），法律上の保護（Protection）の7つである．そしてインターブランド社の開発したSカーブを用い，市場におけるブランド力を財務数値に置き換えることを目的としている．各要素に複雑な項目が絡んでくる．たとえば主導性には，売上高，シェア動向，価格決定力，市場環境への影響度合いなどがその算定に関連してくると思われる．しかし業種によっては7つの要素すべてが該当するとは限らない場合があるとも言える．このアプローチに関しては，「ブランド力乗数法は，ブランド製品による収益を重視するが，ブランドが用いられた事業全体の価値についての分析をおろそかにしている．この方法がはたしてブランドや商標の価値を決める手法として適切であるか，われわれは疑問に感じられる[13]」とスミスとパールによって批判されている．

4）ベイン・アンド・カンパニー・アプローチ

またベイン・アンド・カンパニー（Bain and Company）社によるブランド価値評価手法は資産価値算定アプローチや利益創出アプローチがある．ここでは前者の方法を論ずる．資産価値算定アプローチは，ブランド価値を無形固定資産の「暖簾（Good will）」とみなすアプローチである．ブランド力が向上し，利益を生めばキャッシュ・フローの創出につながるという前提の下に，そのブランドが属する事業の将来CFを予測して算出する方法である．キャッシュ・フローの予測期間，割引率の推計の仕方によって大きく金額が変動する点に評価の困難さがある．この手法によれば，ブランドの属する事業の将来CFを予測し，一定の割引率を乗じて現在価値を算出する．これが事業価値である．次に資産から負債の時価総額を差し引き，純資産価値を算定する．そして上で算出した事業価値から純資産価値を差し引いてブランド価値とする．これはいわゆ

る簿価超過法の1種ともいえる．

2 知的財産を活用したファイナンス

2-1．知的財産を活用した資金調達手法

知的財産を活用した資金調達手法としては，デットファイナンスとしての知的財産担保融資やアセットファイナンスとしての証券化などがある．そして証券化スキームのなかには民法上の組合，商法上の匿名組合，さらに信託法と資産流動化法に基づくものが上げられる．スキームの詳細については法律系の論文に譲る[14]．ここでは担保融資と証券化の財務的意義を論ずるにとどめる．

1）担保融資

知的財産担保に関する関心が高まった背景には，銀行その他の金融機関が，土地神話の崩壊によって不動産の担保価値に着目した融資から事業の収益性を重視したものへと融資姿勢を転換させつつあり，創業者の経営支配を維持するなどの理由から投資よりも融資によって資金調達しようとしているベンチャー企業の資金調達ニーズが高まっているなどの事情がある．しかしその実体は無担保融資に限りなく近い．何故ならば銀行が担保として知的財産を取得したとしてもそれを活用する人材の確保が困難であるから，実際担保としての意味合いが低いのである．しかし純然たる無担保融資でない以上，理論的には資本コストを低減させる効果がある．また，特許権の場合には人材確保などの難点が存在するが，比較的に権利の流動性が高いアニメ作品の著作権を担保とした成功報酬型著作権担保ローンが当時の富士銀行（現みずほフィナンシャルグループ）によって，2000年1月に開発された．

2）証券化

企業にとっての証券化のメリットは，新たな資金調達の手段となるという点である．たとえば，コーポレートファイナンスが困難な企業でも優良な知的財産が存在すれば，当該資産だけを他と区別して切り離し，企業の資産や収益力

に関わらず，比較的有利な条件で資金調達を行うことが可能となる．より具体的に論ずれば，第1に証券化の対象となった知的財産を保有していた原権利者（originator）が倒産してもその知的財産が生み出すキャッシュフローが投資家の元利金の支払のために確保されるようにすることである．これは倒産隔離（bankruptcy remote）と呼ばれている．第2に知的財産の受け皿期間そのものの業務制限を行うことで，受け皿そのものが倒産しない措置を講じている．そして第3に原権利者あるいは受け皿機関が倒産した場合に，銀行や保険会社による保証や保険でカバーするなどの工夫も講じる場合がある．外部の第三者機関の協力をえることで，証券の信用力を補完する方法であることから「外部信用補完」と呼ばれている．以上のようなスキームを活用することで，企業本体が資金調達を行う場合と比べて，資本コストを低減させる効果がある．

2−2．知的財産の証券化主要事例

知的財産の証券化は，1992年に行われたディズニーのケースがリーディングケースであった．ディズニーはその後，1997年にも東京ディズニーランドの将来のロイヤルティ収入（主に入場料収入）を背景とした6億ドルの債券を発行している．それが東京ディズニーシーの事業費の一部に当てられた．

また欧州サッカー業界において，1992年にイングランドのサッカークラブであるアーセナルがハイブリー・ボンド（Highbury Bond）を発行した．これはクラブのサポーターをターゲットとしており，債券の購入者は，シーズンチケットの購入権を保証された．

上記の事例は著名企業の所有する知的財産を背景としたコーポレートファイナンスに過ぎなかったが，個人の名声を背景として債券が発行されたのが，デビッド・ボウイ（David Bowie）のボウイ・ファンドである．ボウイ・ファンドはムーディーズによりA3の格付を得た期間10年の確定利付債券である．[15] またこれを全額引き受けたプルデンシャル・インシコーランスは，7.9%の利子をえることになった．[16] そして映画の収益を背景とする債券が，1999年にイタリア最大の映画会社であるチェッキ・ゴーリ（Cecchi Gori）により発行されて

図表13―4　知的財産の証券化主要事例

名称あるいは企業名	国	年	対象資産	金額
ディズニー	米	1992	ディズニー映画の著作権ポートフォリオ	4億ドル
ハイブリー・ボンド	英	1992	シーズンチケット購入権	1,400万ポンド
ボウイ・ファンド	米	1997	著名なアルバムのロイヤルティ収益を背景とする債券	5,500万ドル
ドリーム・ワークス	米	1997	映画のロイヤルティ収入	3億2,500万ドル
ボンド・ボンド	伊	1999	映画興業収益、ビデオの売上及びテレビ会社からのロイヤルティ収益	5兆リラ
バイオ・ファーマ	米	2000	HIVウィルス感染者に対する治療物質にかかる特許権のロイヤルティ収入	1億ドル
パテント・ファンドTM	日	2000	特許権に基づく損害賠償請求権の証券化	300億円以上
ときめきメモリアル	日	2000	ゲームソフト新作販売収入	7.7億円
ピンチェンジモデル	日	2003	合成音声に使う音響装置の関連技術特許権	154～266百万円

出所）筆者作成

いる．

　日本において，娯楽系で証券化されたとして，ギャガ・コミュニケーションズが海外の映画版権を購入するために，商品ファンド法に基づく映画ファンドを構築した例がある．

　そして著名な例としては2000年11月のコナミによる「ゲームファンド™ときめきメモリアル®」である．これは最低投資額10万円の個人向け小口商品であり，投資家に対して新作ゲームの出荷本数に応じた収益を分配される．

　以上のように，国内外共に知的財産の証券化は音楽・映画・スポーツ・ゲームなどの娯楽産業を中心に発達してきた．それは原権利者自身が商品・サービスを提供するだけではなく，ブランドなどのライセンスによるロイヤルティ収入が大きいことが理由として上げられるだろう．そして今まで資金調達に成功してきた事例は，必ず過去の実績があり，将来のキャッシュ・フローやボラティリティが予測しやすいものに限られているように思われる．その点，特許権の証券化が進まないのは，そもそも価値評価が困難であることと，リスクが高

いことで投資家を募ることが困難なことにあると思われる．

そのようななかで，2003年2月に日本で初めての特許権の証券化が経済産業省の主導下において行われ，わが国でも知的財産の証券化がいよいよ本格化してきたといえる．今後，特許権の価値評価に関するデータベース化が進み，合理的な価値評価が行われる結果として，特許権の証券化が今まで以上に急速に進展することは想像に難くない．

注）
1）物理的減耗：製造機械などによくみられる現象であり，新しい資産と同じスピード，信頼性，正確さで機能し得なくなる．機能的陳腐化：先端技術によって性能が高く価格の安い効率的な機械が市場に登場すると，従来の資産の価値は減少する．経済的陳腐化：経済的条件が変化すると，従来の資産に対する需要が減少し，供給が過剰になる（スミス，G. L.・R. L. パール著，菊地純一監訳（1996）『知的財産と無形資産の価値評価』中央経済社，p.181）．
2）特許権の法的有効期間は出願の日から20年とされているが，特許権を用いた商品・サービスが20年間売れ続けるかどうかはわからない．経験的にもゲームソフトなどのライフサイクルは極めて短いと思われる．従って，厳密に考えれば，知的財産の価値評価に当たっては，法的有効期間でなく経済的有効期間を適用すべきである．
3）本事件では，小資本で簡単に実施されることから，a：b：cの比を1：2：2とし，将来競業者が出現することを予想して，修正係数は0.2とされた（東京地判昭37．5．7『下民集』12巻5号，p.972）．なお，欧米の実務では，特許権者が受領すべき対価を4分の1が妥当としている．それは企業の利益が資本，組織，労働，技術の4つの総合的成果に他ならないと指摘されているからである．もし技術が未完成であれば，25％より低減させるなどの操作が必要となる．
4）Parr, R. L. & Sullivan, P. H. (1996) *Technology Licensing Corporate Strategies for Maximizig Value*, John Wiley & Sons, Inc., p.217.
5）ブラック＝ショールズ（Black, Fischer and Scholes, Myron）がオプションに基づく方法を用いて金融資産を価値評価することを導き，その後，数多くの研究者がその考え方に対する実物資産の価値評価の適用可能性について論じ，近年，特許に適用するまでに及んでいる．いわゆるリアル・オプションで特許価値を算定するわけだが，知的財産の価値評価における権威者であるパールは以下のように批判している．「オプション価格決定法が収益の確率分布，利率及びオプション行使日までの時間の関係を扱うという意味で，伝統的な資本投資計画法とオプション価格決定法の相違点を指摘し，実際の投資決定にオプション価格決定法を

用いることは非論理的意思決定の敢行である。」（ロバート・ピケスリー，鈴木公明訳（2003）「特許の価値評価：オプションに基づく方法と更なる研究の可能性を考慮した特許価値評価法の検討（その1）」『知財管理』Vol.53, No.2, p.247).
6) Parr & Sullivan, *op. cit.*, p.209.
7) この判決における損害に対するロイヤルティ・レートは，侵害者が侵害活動着手以前に作成した事業計画書の財務数値に基づいて計測された．裁判所は侵害者の予想利益率を37～42％，当時の業界の平均利益率を7～12％と認定し，侵害者はこれを保有し，残りを特許権者に支払うことで仮想的交渉の合意が成立するものと認定し，合理的ロイヤルティ・レートを30％と算出した（In TWM Mfg. Co., lnc. v. Dura Corp, 789 F. 2d 895, 899 [Fed. Cir. 1986]).
8) 詳細は，東京弁護士会法律研究部・無体財産権法部会編（1995）『別冊NBL No.33 知的所有権をめぐる損害賠償の実務』商事法務研究会，p.27を参照のこと．
9) ここでの数値は，知財に関する損害賠償請求訴訟において認定されたレートであって，知財関連ビジネス全体で示されたレートではないことに注意しなければならない（竹田和彦『特許の知識〔第6版〕』ダイヤモンド社，p.319)．ここでの合理的実施料とは，特許権者と侵害者が侵害行為開始時に特許実施許諾を行っていたら，その結果両者の合意が成立したであろう実施料のことである．
10) 特許庁『特許権など契約ガイドラインの制定について』平成10年6月29日．
11) Parr & Sullivan, *op. cit.*, 1996, p.244.
12) 経済産業省のブランド価値評価モデルについては紙幅の都合上，本稿では論じないが，広瀬義州・桜井久勝（2003）『知的財産の証券化』日本経済新聞社，pp.81-88に詳細に記述されている．
13) Smith, Gordon V. & Parr, Russell L., (2000) *Valuation of Intellectual Property and Intangible Assets*, 3rd ed. John Wiley & Sons, p.316.
14) 広瀬・桜井，前掲書，2003年に詳細に記されている．
15) 著作権などの知的財産の証券化における格付の場合，信用分析の要素は，①トラッキングデータの分析，②業界動向，③オペレーション，④ロス率，⑤前期項目のボラティリティが検討され，次に将来的に発生する資産の規模分析，発生した将来債券の回収率分析を行う（小池恒（2001）『エンタテインメントファイナンスで夢を買う』ダイヤモンド社，pp.163-164).
16) 鈴木公明（2001）「知的資産担保証券化の潮流」『知財管理』Vol.51, No.11, p.1705.

参考文献

Parr, Russell L. & Patrick H. Sullivan（1996）*Technology Licensing, Corporate Strategiesfor Maximizing Value*, John Wiley & Sons.
Smith, Gordon V. & Russell L. Parr（2000）*Valuation of Intellectual Property and*

Intangible Assets, Third Edition, John Wiley & Sons.（菊地純一監訳（1996）『知的財産と無形資産の価値評価』中央経済社，ただし邦訳は第2版のもの）．

大津山秀樹（2003）「知的財産評価の金融工学的アプローチ」『アクティブレビュー』第3号，pp.18-22．

白石和孝（1997）『知的無形資産会計』新世社．

鈴木公明（2001）「知的資産担保証券化の潮流」『知財管理』Vol.51，No.11，pp.1703-1722．

鈴木公明（2003）『知的財産の価値評価―特許権の証券化と積極的活用に向けて』IMS出版．

寺本振透（1999）「知的財産を活用した資金調達の手法」『知財管理』Vol.49，No.6，pp.737-742．

広瀬義州・桜井久勝（2003）『知的財産の証券化』日本経済新聞社．

山田有人（2001）『コンテンツビジネスで失敗しない法則』日経BP社．

ロバート・ピケスリー（鈴木公明訳）（2003）「特許の価値評価：オプションに基づく方法と更なる研究の可能性を考慮した特許価値評価法の検討（その1）」『知財管理』Vol.53，No.2，pp.229-252．

ロバート・ピケスリー（鈴木公明訳）（2003）「特許の価値評価：オプションに基づく方法と更なる研究の可能性を考慮した特許価値評価法の検討（その2）（完）」『知財管理』Vol.53，No.3，pp.463-472．

渡邉俊輔（2002）『知的財産戦略・評価・会計』東洋経済新報社．

付表1　複利表

年度	利子率（年）														
	1%	2%	3%	4%	5%	6%	7%	8%	9%	10%	11%	12%	13%	14%	15%
1	1.010	1.020	1.030	1.040	1.050	1.060	1.070	1.080	1.090	1.100	1.110	1.120	1.130	1.140	1.150
2	1.020	1.040	1.061	1.082	1.102	1.124	1.145	1.166	1.188	1.210	1.232	1.254	1.277	1.300	1.323
3	1.030	1.061	1.093	1.125	1.158	1.191	1.225	1.260	1.295	1.331	1.368	1.405	1.443	1.482	1.521
4	1.041	1.082	1.126	1.170	1.216	1.262	1.311	1.360	1.412	1.464	1.518	1.574	1.630	1.689	1.749
5	1.051	1.104	1.159	1.217	1.276	1.338	1.403	1.469	1.539	1.611	1.685	1.762	1.842	1.925	2.011
6	1.062	1.126	1.194	1.265	1.340	1.419	1.501	1.587	1.677	1.772	1.870	1.974	2.082	2.195	2.313
7	1.072	1.149	1.230	1.316	1.407	1.504	1.606	1.714	1.828	1.949	2.076	2.211	2.353	2.502	2.660
8	1.083	1.172	1.267	1.369	1.477	1.594	1.718	1.851	1.993	2.144	2.305	2.476	2.658	2.853	3.059
9	1.094	1.195	1.305	1.423	1.551	1.689	1.838	1.999	2.172	2.358	2.558	2.773	3.004	3.252	3.518
10	1.105	1.219	1.344	1.480	1.629	1.791	1.967	2.159	2.367	2.594	2.839	3.106	3.395	3.707	4.046
11	1.116	1.243	1.384	1.539	1.710	1.898	2.105	2.332	2.580	2.853	3.152	3.479	3.836	4.226	4.652
12	1.127	1.268	1.426	1.601	1.796	2.012	2.252	2.518	2.813	3.138	3.498	3.896	4.335	4.818	5.350
13	1.138	1.294	1.469	1.665	1.886	2.133	2.410	2.720	3.066	3.452	3.883	4.363	4.898	5.492	6.153
14	1.149	1.319	1.513	1.732	1.980	2.261	2.579	2.937	3.342	3.797	4.310	4.887	5.535	6.261	7.076
15	1.161	1.346	1.558	1.801	2.079	2.397	2.759	3.172	3.642	4.177	4.785	5.474	6.254	7.138	8.137
16	1.173	1.373	1.605	1.873	2.183	2.540	2.952	3.426	3.970	4.595	5.311	6.130	7.067	8.137	9.358
17	1.184	1.400	1.653	1.948	2.292	2.693	3.159	3.700	4.328	5.054	5.895	6.866	7.986	9.276	10.76
18	1.196	1.428	1.702	2.026	2.407	2.854	3.380	3.996	4.717	5.560	6.544	7.690	9.024	10.58	12.38
19	1.208	1.457	1.754	2.107	2.527	3.026	3.617	4.316	5.142	6.116	7.263	8.613	10.20	12.06	14.23
20	1.220	1.486	1.806	2.191	2.653	3.207	3.870	4.661	5.604	6.727	8.062	9.646	11.52	13.74	16.37

年度	利子率（年）														
	16%	17%	18%	19%	20%	21%	22%	23%	24%	25%	26%	27%	28%	29%	30%
1	1.160	1.170	1.180	1.190	1.200	1.210	1.220	1.230	1.240	1.250	1.260	1.270	1.280	1.290	1.300
2	1.346	1.369	1.392	1.416	1.440	1.464	1.488	1.513	1.538	1.563	1.588	1.613	1.638	1.664	1.690
3	1.561	1.602	1.643	1.685	1.728	1.772	1.816	1.861	1.907	1.953	2.000	2.048	2.097	2.147	2.197
4	1.811	1.874	1.939	2.005	2.074	2.144	2.215	2.289	2.364	2.441	2.520	2.601	2.684	2.769	2.856
5	2.100	2.192	2.288	2.386	2.488	2.594	2.703	2.815	2.932	3.052	3.176	3.304	3.436	3.572	3.713
6	2.436	2.565	2.700	2.840	2.986	3.138	3.297	3.463	3.635	3.815	4.002	4.196	4.398	4.608	4.827
7	2.826	3.001	3.185	3.379	3.583	3.797	4.023	4.259	4.508	4.768	5.042	5.329	5.629	5.945	6.275
8	3.278	3.511	3.759	4.021	4.300	4.595	4.908	5.239	5.590	5.960	6.353	6.768	7.206	7.669	8.157
9	3.803	4.108	4.435	4.785	5.160	5.560	5.987	6.444	6.931	7.451	8.005	8.595	9.223	9.893	10.60
10	4.411	4.807	5.234	5.695	6.192	6.728	7.305	7.926	8.594	9.313	10.09	10.92	11.81	12.76	13.79
11	5.117	5.624	6.176	6.777	7.430	8.140	8.912	9.749	10.66	11.64	12.71	13.86	15.11	16.46	17.92
12	5.936	6.580	7.288	8.064	8.916	9.850	10.87	11.99	13.21	14.55	16.01	17.61	19.34	21.24	23.30
13	6.886	7.699	8.599	9.596	10.70	11.92	13.26	14.75	16.39	18.19	20.18	22.36	24.76	27.39	30.29
14	7.988	9.007	10.15	11.42	12.84	14.42	16.18	18.14	20.32	22.74	25.42	28.40	31.69	35.34	39.37
15	9.266	10.54	11.97	13.59	15.41	17.45	19.74	22.31	25.20	28.42	32.03	36.06	40.56	45.59	51.19
16	10.75	12.33	14.13	16.17	18.49	21.11	24.09	27.45	31.24	35.53	40.36	45.80	51.92	58.81	66.54
17	12.47	14.43	16.67	19.24	22.19	25.55	29.38	33.76	38.74	44.41	50.85	58.17	66.46	75.86	86.50
18	14.46	16.88	19.67	22.90	26.62	30.91	35.85	41.52	48.04	55.51	64.07	73.87	85.07	97.86	112.5
19	16.78	19.75	23.21	27.25	31.95	37.40	43.74	51.07	59.57	69.39	80.73	93.81	108.9	126.2	146.2
20	19.46	23.11	27.39	32.43	38.34	45.26	53.36	62.82	73.86	86.74	101.7	119.2	139.4	162.9	190.0

付表2　年金終価表

年度	年金利														
	1%	2%	3%	4%	5%	6%	7%	8%	9%	10%	11%	12%	13%	14%	15%
1	1.000	1.000	1.000	1.000	1.000	1.000	1.000	1.000	1.000	1.000	1.000	1.000	1.000	1.000	1.000
2	2.010	2.020	2.030	2.040	2.050	2.060	2.070	2.080	2.090	2.100	2.110	2.120	2.130	2.140	2.150
3	3.030	3.060	3.091	3.122	3.153	3.184	3.215	3.246	3.278	3.310	3.342	3.374	3.407	3.440	3.473
4	4.060	4.122	4.184	4.246	4.310	4.375	4.440	4.506	4.573	4.641	4.710	4.779	4.850	4.921	4.993
5	5.101	5.204	5.309	5.416	5.526	5.637	5.751	5.867	5.985	6.105	6.228	6.353	6.480	6.610	6.742
6	6.152	6.308	6.468	6.633	6.802	6.975	7.153	7.336	7.523	7.716	7.913	8.115	8.323	8.536	8.754
7	7.214	7.434	7.662	7.898	8.142	8.394	8.654	8.923	9.200	9.487	9.783	10.089	10.405	10.730	11.067
8	8.286	8.583	8.892	9.214	9.549	9.897	10.260	10.637	11.028	11.436	11.859	12.300	12.757	13.233	13.727
9	9.369	9.755	10.159	10.583	11.027	11.491	11.978	12.488	13.021	13.579	14.164	14.776	15.416	16.085	16.786
10	10.462	10.950	11.464	12.006	12.578	13.181	13.816	14.487	15.193	15.937	16.722	17.549	18.420	19.337	20.304
11	11.567	12.169	12.808	13.486	14.207	14.972	15.784	16.645	17.560	18.531	19.561	20.655	21.814	23.045	24.349
12	12.683	13.412	14.192	15.026	15.917	16.870	17.888	18.977	20.141	21.384	22.713	24.133	25.650	27.271	29.002
13	13.809	14.680	15.618	16.627	17.713	18.882	20.141	21.495	22.953	24.523	26.212	28.029	29.985	32.089	34.352
14	14.947	15.974	17.086	18.292	19.599	21.015	22.550	24.215	26.019	27.975	30.095	32.393	34.883	37.581	40.505
15	16.097	17.293	18.599	20.024	21.579	23.276	25.129	27.152	29.361	31.772	34.405	37.280	40.417	43.842	47.580
16	17.258	18.639	20.157	21.825	23.657	25.673	27.888	30.324	33.003	35.950	39.190	42.753	46.672	50.980	55.717
17	18.430	20.012	21.762	23.698	25.840	28.213	30.840	33.750	36.974	40.545	44.501	48.884	53.739	59.118	65.075
18	19.615	21.412	23.414	25.645	28.132	30.906	33.999	37.450	41.301	45.599	50.396	55.750	61.725	68.394	75.836
19	20.811	22.841	25.117	27.671	30.539	33.760	37.379	41.446	46.018	51.159	56.939	63.440	70.749	78.969	88.212
20	22.019	24.297	26.870	29.778	33.066	36.786	40.995	45.762	51.160	57.275	64.203	72.052	80.947	91.025	102.444

年度	年金利														
	16%	17%	18%	19%	20%	21%	22%	23%	24%	25%	26%	27%	28%	29%	30%
1	1.000	1.000	1.000	1.000	1.000	1.000	1.000	1.000	1.000	1.000	1.000	1.000	1.000	1.000	1.000
2	2.160	2.170	2.180	2.190	2.200	2.210	2.220	2.230	2.240	2.250	2.260	2.270	2.280	2.290	2.300
3	3.506	3.539	3.572	3.606	3.640	3.674	3.708	3.743	3.778	3.813	3.848	3.883	3.918	3.954	3.990
4	5.066	5.141	5.215	5.291	5.368	5.446	5.524	5.604	5.684	5.766	5.848	5.931	6.016	6.101	6.187
5	6.877	7.014	7.154	7.297	7.442	7.589	7.740	7.893	8.048	8.207	8.368	8.533	8.700	8.870	9.043
6	8.977	9.207	9.442	9.683	9.930	10.183	10.442	10.708	10.980	11.259	11.544	11.837	12.136	12.442	12.756
7	11.414	11.772	12.142	12.523	12.916	13.321	13.740	14.171	14.615	15.073	15.546	16.032	16.534	17.051	17.583
8	14.240	14.773	15.327	15.902	16.499	17.119	17.762	18.430	19.123	19.842	20.588	21.361	22.163	22.995	23.858
9	17.519	18.285	19.086	19.923	20.799	21.714	22.670	23.669	24.712	25.802	26.940	28.129	29.369	30.664	32.015
10	21.321	22.393	23.521	24.709	25.959	27.274	28.657	30.113	31.643	33.253	34.945	36.723	38.593	40.556	42.619
11	25.733	27.200	28.755	30.404	32.150	34.001	35.962	38.039	40.238	42.566	45.031	47.639	50.398	53.318	56.405
12	30.850	32.824	34.931	37.180	39.581	42.142	44.874	47.788	50.895	54.208	57.739	61.501	65.510	69.780	74.327
13	36.786	39.404	42.219	45.244	48.497	51.991	55.746	59.779	64.110	68.760	73.751	79.107	84.853	91.016	97.625
14	43.672	47.103	50.818	54.841	59.196	63.909	69.010	74.528	80.496	86.949	93.926	101.465	109.612	118.411	127.913
15	51.660	56.110	60.965	66.261	72.035	78.330	85.192	92.669	100.815	109.687	119.347	129.861	141.303	153.750	167.286
16	60.925	66.649	72.939	79.850	87.442	95.780	104.935	114.983	126.011	138.109	151.377	165.924	181.868	199.337	218.472
17	71.673	78.979	87.068	96.022	105.931	116.894	129.020	142.430	157.253	173.636	191.735	211.723	233.791	258.145	285.014
18	84.141	93.406	103.740	115.266	128.117	142.441	158.405	176.188	195.994	218.045	242.585	269.888	300.252	334.007	371.518
19	98.603	110.285	123.414	138.166	154.740	173.354	194.254	217.712	244.033	273.556	306.658	343.758	385.323	431.870	483.973
20	115.380	130.033	146.628	165.418	186.688	210.758	237.989	268.785	303.601	342.945	387.389	437.573	494.213	558.112	630.165

付表3　複利原価表

年度	利子率（年）														
	1%	2%	3%	4%	5%	6%	7%	8%	9%	10%	11%	12%	13%	14%	15%
1	.990	.980	.971	.962	.952	.943	.935	.926	.917	.909	.901	.893	.885	.877	.870
2	.980	.961	.943	.925	.907	.890	.873	.857	.842	.826	.812	.797	.783	.769	.756
3	.971	.942	.915	.889	.864	.840	.816	.794	.772	.751	.731	.712	.693	.675	.658
4	.961	.924	.888	.855	.823	.792	.763	.735	.708	.683	.659	.636	.613	.592	.572
5	.951	.906	.863	.822	.784	.747	.713	.681	.650	.621	.593	.567	.543	.519	.497
6	.942	.888	.837	.790	.746	.705	.666	.630	.596	.564	.535	.507	.480	.456	.432
7	.933	.871	.813	.760	.711	.665	.623	.583	.547	.513	.482	.452	.425	.400	.376
8	.923	.853	.789	.731	.677	.627	.582	.540	.502	.467	.434	.404	.376	.351	.327
9	.914	.837	.766	.703	.645	.592	.544	.500	.460	.424	.391	.361	.333	.308	.284
10	.905	.820	.744	.676	.614	.558	.508	.463	.422	.386	.352	.322	.295	.270	.247
11	.896	.804	.722	.650	.585	.527	.475	.429	.388	.350	.317	.287	.261	.237	.215
12	.887	.788	.701	.625	.557	.497	.444	.397	.356	.319	.286	.257	.231	.208	.187
13	.879	.773	.681	.601	.530	.469	.415	.368	.326	.290	.258	.229	.204	.182	.163
14	.870	.758	.661	.577	.505	.442	.388	.340	.299	.263	.232	.205	.181	.160	.141
15	.861	.743	.642	.555	.481	.417	.362	.315	.275	.239	.209	.183	.160	.140	.123
16	.853	.728	.623	.534	.458	.394	.339	.292	.252	.218	.188	.163	.141	.123	.107
17	.844	.714	.605	.513	.436	.371	.317	.270	.231	.198	.170	.146	.125	.108	.093
18	.836	.700	.587	.494	.416	.350	.296	.250	.212	.180	.153	.130	.111	.095	.081
19	.828	.686	.570	.475	.396	.331	.277	.232	.194	.164	.138	.116	.098	.083	.070
20	.820	.673	.554	.456	.377	.312	.258	.215	.178	.149	.124	.104	.087	.073	.061

年度	利子率（年）														
	16%	17%	18%	19%	20%	21%	22%	23%	24%	25%	26%	27%	28%	29%	30%
1	.862	.855	.847	.840	.833	.826	.820	.813	.806	.800	.794	.787	.781	.775	.769
2	.743	.731	.718	.706	.694	.683	.672	.661	.650	.640	.630	.620	.610	.601	.592
3	.641	.624	.609	.593	.579	.564	.551	.537	.524	.512	.500	.488	.477	.466	.455
4	.552	.534	.516	.499	.482	.467	.451	.437	.423	.410	.397	.384	.373	.361	.350
5	.476	.456	.437	.419	.402	.386	.370	.355	.341	.328	.315	.303	.291	.280	.269
6	.410	.390	.370	.352	.335	.319	.303	.289	.275	.262	.250	.238	.227	.217	.207
7	.354	.333	.314	.296	.279	.263	.249	.235	.222	.210	.198	.188	.178	.168	.159
8	.305	.285	.266	.249	.233	.218	.204	.191	.179	.168	.157	.148	.139	.130	.123
9	.263	.243	.225	.209	.194	.180	.167	.155	.144	.134	.125	.116	.108	.101	.094
10	.227	.208	.191	.176	.162	.149	.137	.126	.116	.107	.099	.092	.085	.078	.073
11	.195	.178	.162	.148	.135	.123	.112	.103	.094	.086	.079	.072	.066	.061	.056
12	.168	.152	.137	.124	.112	.102	.092	.083	.076	.069	.062	.057	.052	.047	.043
13	.145	.130	.116	.104	.093	.084	.075	.068	.061	.055	.050	.045	.040	.037	.033
14	.125	.111	.099	.088	.078	.069	.062	.055	.049	.044	.039	.035	.032	.028	.025
15	.108	.095	.084	.074	.065	.057	.051	.045	.040	.035	.031	.028	.025	.022	.020
16	.093	.081	.071	.062	.054	.047	.042	.036	.032	.028	.025	.022	.019	.017	.015
17	.080	.069	.060	.052	.045	.039	.034	.030	.026	.023	.020	.017	.015	.013	.012
18	.069	.059	.051	.044	.038	.032	.028	.024	.021	.018	.016	.014	.012	.010	.009
19	.060	.051	.043	.037	.031	.027	.023	.020	.017	.014	.012	.011	.009	.008	.007
20	.051	.043	.037	.031	.026	.022	.019	.016	.014	.012	.010	.008	.007	.006	.005

付表4　年金現価表

年度	利子率（年）														
	1%	2%	3%	4%	5%	6%	7%	8%	9%	10%	11%	12%	13%	14%	15%
1	.990	.980	.971	.962	.952	.943	.935	.926	.917	.909	.901	.893	.885	.877	.870
2	1.970	1.942	1.913	1.886	1.859	1.833	1.808	1.783	1.759	1.736	1.713	1.690	1.668	1.647	1.626
3	2.941	2.884	2.829	2.775	2.723	2.673	2.624	2.577	2.531	2.487	2.444	2.402	2.361	2.322	2.283
4	3.902	3.808	3.717	3.630	3.546	3.465	3.387	3.312	3.240	3.170	3.102	3.037	2.974	2.914	2.855
5	4.853	4.713	4.580	4.452	4.329	4.212	4.100	3.993	3.890	3.791	3.696	3.605	3.517	3.433	3.352
6	5.795	5.601	5.417	5.242	5.076	4.917	4.767	4.623	4.486	4.355	4.231	4.111	3.998	3.889	3.784
7	6.728	6.472	6.230	6.002	5.786	5.582	5.389	5.206	5.033	4.868	4.712	4.564	4.423	4.288	4.160
8	7.652	7.325	7.020	6.733	6.463	6.210	5.971	5.747	5.535	5.335	5.146	4.968	4.799	4.639	4.487
9	8.566	8.162	7.786	7.435	7.108	6.802	6.515	6.247	5.995	5.759	5.537	5.328	5.132	4.946	4.772
10	9.471	8.983	8.530	8.111	7.722	7.360	7.024	6.710	6.418	6.145	5.889	5.650	5.426	5.216	5.019
11	10.37	9.787	9.253	8.760	8.306	7.887	7.499	7.139	6.805	6.495	6.207	5.938	5.687	5.453	5.234
12	11.26	10.58	9.954	9.385	8.863	8.384	7.943	7.536	7.161	6.814	6.492	6.194	5.918	5.660	5.421
13	12.13	11.35	10.63	9.986	9.394	8.853	8.358	7.904	7.487	7.103	6.750	6.424	6.122	5.842	5.583
14	13.00	12.11	11.30	10.56	9.899	9.295	8.745	8.244	7.786	7.367	6.982	6.628	6.302	6.002	5.724
15	13.87	12.85	11.94	11.12	10.38	9.712	9.108	8.559	8.061	7.606	7.191	6.811	6.462	6.142	5.847
16	14.72	13.58	12.56	11.65	10.84	10.11	9.447	8.851	8.313	7.824	7.379	6.974	6.604	6.265	5.954
17	15.56	14.29	13.17	12.17	11.27	10.48	9.763	9.122	8.544	8.022	7.549	7.120	6.729	6.373	6.047
18	16.40	14.99	13.75	12.66	11.69	10.83	10.06	9.372	8.756	8.201	7.702	7.250	6.840	6.467	6.128
19	17.23	15.68	14.32	13.13	12.09	11.16	10.34	9.604	8.950	8.365	7.839	7.366	6.938	6.550	6.198
20	18.05	16.35	14.88	13.59	12.46	11.47	10.59	9.818	9.129	8.514	7.963	7.469	7.025	6.623	6.259

年度	利子率（年）														
	16%	17%	18%	19%	20%	21%	22%	23%	24%	25%	26%	27%	28%	29%	30%
1	.862	.855	.847	.840	.833	.826	.820	.813	.806	.800	.794	.787	.781	.775	.769
2	1.605	1.585	1.566	1.547	1.528	1.509	1.492	1.474	1.457	1.440	1.424	1.407	1.392	1.376	1.361
3	2.246	2.210	2.174	2.140	2.106	2.074	2.042	2.011	1.981	1.952	1.923	1.896	1.868	1.842	1.816
4	2.798	2.743	2.690	2.639	2.589	2.540	2.494	2.448	2.404	2.362	2.320	2.280	2.241	2.203	2.166
5	3.274	3.199	3.127	3.058	2.991	2.926	2.864	2.803	2.745	2.689	2.635	2.583	2.532	2.483	2.436
6	3.685	3.589	3.498	3.410	3.326	3.245	3.167	3.092	3.020	2.951	2.885	2.821	2.759	2.700	2.643
7	4.039	3.922	3.812	3.706	3.605	3.508	3.416	3.327	3.242	3.161	3.083	3.009	2.937	2.868	2.802
8	4.344	4.207	4.078	3.954	3.837	3.726	3.619	3.518	3.421	3.329	3.241	3.156	3.076	2.999	2.925
9	4.607	4.451	4.303	4.163	4.031	3.905	3.786	3.673	3.566	3.463	3.366	3.273	3.184	3.100	3.019
10	4.833	4.659	4.494	4.339	4.192	4.054	3.923	3.799	3.682	3.571	3.465	3.364	3.269	3.178	3.092
11	5.029	4.836	4.656	4.486	4.327	4.177	4.035	3.902	3.776	3.656	3.543	3.437	3.335	3.239	3.147
12	5.197	4.988	4.793	4.611	4.439	4.278	4.127	3.985	3.851	3.725	3.606	3.493	3.387	3.286	3.190
13	5.342	5.118	4.910	4.715	4.533	4.362	4.203	4.053	3.912	3.780	3.656	3.538	3.427	3.322	3.223
14	5.468	5.229	5.008	4.802	4.611	4.432	4.265	4.108	3.962	3.824	3.695	3.573	3.459	3.351	3.249
15	5.575	5.324	5.092	4.876	4.675	4.489	4.315	4.153	4.001	3.859	3.726	3.601	3.483	3.373	3.268
16	5.668	5.405	5.162	4.938	4.730	4.536	4.357	4.189	4.033	3.887	3.751	3.623	3.503	3.390	3.283
17	5.749	5.475	5.222	4.990	4.775	4.576	4.391	4.219	4.059	3.910	3.771	3.640	3.518	3.403	3.295
18	5.818	5.534	5.273	5.033	4.812	4.608	4.419	4.243	4.080	3.928	3.786	3.654	3.529	3.413	3.304
19	5.877	5.584	5.316	5.070	4.843	4.635	4.442	4.263	4.097	3.942	3.799	3.664	3.539	3.421	3.311
20	5.929	5.628	5.353	5.101	4.870	4.657	4.460	4.279	4.110	3.954	3.808	3.673	3.546	3.427	3.316

編著者紹介

小椋康宏（おぐら　やすひろ）

1945年　岐阜県に生れる
1969年　一橋大学大学院商学研究科修士課程修了
1970年　東洋大学経営学部専任助手，専任講師，助教授を経て，
　　　　現在，東洋大学経営学部教授　博士（経営学）
専　門　経営学・経営財務論
主要著書『経営財務（増補版）』同友館　1984年
　　　　『日本的経営財務論』中央経済社　1984年
　　　　『経営学原理（新版）』（共著）学文社　2010年
　　　　『経営環境論（第2版）』（編著）学文社　2001年
　　　　『企業論（第3版）』（共著）2007年
　　　　『経営教育論』（編著）学文社　2000年

日本経営学基礎シリーズ3
コーポレート・ファイナンス論　　2015年1月20日　第一版第一刷発行

編著者　小　椋　康　宏
発行所　㈱学　文　社
発行者　田　中　千　津　子
　　　　東京都目黒区下目黒3-6-1 〒153-0064
　　　　電話 03(3715)1501　振替 00130-9-98842
落丁，乱丁本は，本社にてお取替え致します。
定価は売上カード，カバーに表示してあります。
ISBN978-4-7620-2507-5　印刷／㈱亨有堂印刷所
Ⓒ 2015 OGURA Yasuhiro Printed in Japan